Kyle Idleman

Das Herz eines Nachfolgers

Über den Autor

Kyle Idleman ist Pastor in der *Southeast Christian Church* in Louisville, Kentucky. Die Gottesdienste der Gemeinde werden von über 20 000 Leuten besucht. Er spricht auch auf regionalen und nationalen Konferenzen. Von ihm bislang auf Deutsch erschienen: der Bestseller „not a fan.".

KYLE IDLEMAN

DAS HERZ EINES
NACHFOLGERS

WER IST
DEIN GOTT?

AUS DEM ENGLISCHEN
VON WOLFGANG GÜNTER

FÜR MEINE FRAU DESIRAE

Ein solches Geschenk lässt mich den Schenkenden
noch mehr lieben.

FÜR ROB SUGGS

Deine Fähigkeiten werden nur noch von deiner Demut
und deiner Barmherzigkeit übertroffen.
Ich danke dir für deine wertvollen Beiträge und deine
Unterstützung beim Schreiben dieses Buches.

SDG

INHALT

EINFÜHRUNG

Es war nur ein schlichtes Gespräch mit meiner achtjährigen Tochter Morgan am Abend. Doch es veränderte mein Leben und meine Gemeinde.

Ich saß auf ihrer Bettkante, um das Nachtgebet mit ihr zu sprechen. Aber vorher hatte sie für mich noch eine Überraschung auf Lager. Sie hatte etwas auswendig gelernt und wollte es mir unbedingt zeigen.

„Papa", meinte sie, „soll ich dir die Zehn Gebote aufsagen?"

„Du kannst sie alle auswendig?"

Sie lächelte stolz.

„Sehr gut", erwiderte ich, gleichfalls lächelnd. „Dann mal los!"

Ich legte mich neben sie und hörte zu, während sie sich durch die großartigste Zehn-Besten-Liste aller Zeiten arbeitete, die ursprünglich auf Steintafeln niedergeschrieben worden war und in 2. Mose 20 festgehalten ist.

In singendem Tonfall sagte sie sie auf: „Du sollst keine anderen Götter neben mir haben ... du sollst dir kein Bildnis machen."

Und so weiter. Als sie fertig war, meldete sich mein „innerer Lehrer". Ich meinte: „Morgan, das war toll! Aber sag mal: Hast du schon einmal eins der Gebote gebrochen?"

Wieder lächelte sie, dieses Mal jedoch nicht schüchtern, sondern eher schuldbewusst. Ungefähr so, wie ich lächele, wenn mich meine Frau fragt, was denn mit den sauren Fruchtgummis passiert ist, die eigentlich für die Frühstücksdosen unserer Kinder vorgesehen waren. Ich konnte Morgan ansehen, dass sie versuchte, eine ehrliche Antwort zu geben, ohne sich selbst zu belasten, und beschloss, ihr zu helfen.

„Na, dann sehen wir mal", meinte ich und rieb mir das Kinn. „Hast du schon einmal gelogen?"

Sie nickte zögernd.

„Hast du dir schon einmal etwas gewünscht, das jemand anderem gehörte, und zwar so sehr, dass es dir am liebsten gewesen wäre, der andere würde es gar nicht besitzen?" Wieder nickte sie, und ihr dämmerte, dass sie sich des Begehrens schuldig gemacht hatte.

Ich machte weiter. „Ich weiß, dass du niemanden umgebracht hast, Morgan. Aber warst du schon mal richtig wütend auf jemanden? Vielleicht so sehr, dass du ihn – wenn auch nur für einen Augenblick – gehasst hast? Und, Morgan, hast du vielleicht ... äh, zum Beispiel ... deine Eltern schon einmal nicht geehrt?"

Die Antwort darauf kannten wir beide.

Das Gespräch verlief anders, als sie sich das vorgestellt hatte. Aber so läuft das nun einmal, wenn der eigene Vater Pastor ist. Sie seufzte tief, und ich erkannte sofort, was das bedeutete. Es war dasselbe Seufzen, das ich manchmal am Sonntag zu hören bekomme, wenn jemand das Interesse an der Predigt verliert. Also war es an der Zeit, mit dem Predigen aufzuhören und eine Einladung auszusprechen.

Doch noch bevor ich dazu kam, leuchteten ihre Augen auf, und sie meinte: „Papa, ein Gebot fällt mir ein, das ich noch nie gebrochen habe. Ich habe mir noch nie ein Götzenbild gemacht!"

Also, darauf wollte ich *unbedingt* etwas erwidern.

Ich wollte meiner Tochter nämlich erklären, dass das genau das Gebot ist, das *jeder* von uns am häufigsten bricht.

Ich wollte ihr erklären, was Martin Luther einmal gesagt hatte – dass man die anderen neun Gebote nicht brechen kann, ohne zunächst dieses eine zu brechen. Doch als ich neben meiner Tochter lag, beschloss ich, die Theologiestunde lieber auf den nächsten Tag zu verschieben. Wir beteten zusammen und dankten Gott dafür, dass er Jesus geschickt hatte, um Sünde und Schuld von uns zu nehmen. Als ich ging, schenkte ich ihr ein Lächeln, küsste sie auf die Stirn und sagte ihr, wie stolz ich auf sie sei, dass sie die Zehn Gebote auswendig gelernt hatte.

Doch als ich die Treppen hinunterging, fragte ich mich, wie viele Menschen die Sache mit den Götzen genauso sehen wie Morgan. Vielleicht betrachten sie die Zehn Gebote als eine weitere Sammlung von Verhaltensregeln, etwa wie die, die im Schwimmbad aufgehängt wird – am Becken nicht rennen, nicht ins flache Wasser springen oder ins Becken pinkeln. Eine lange Liste mit Regeln. Und die Regel mit den Götzenbildern haken wir schnell ab, weil wir meinen, dass wir uns ohnehin daran halten.

Immerhin hat diese ganze Sache mit dem Götzendienst mit unserer Welt nichts mehr zu tun. Das Gebot war für die damalige Zeit bestimmt, nicht für heute. Oder?

Die eintausend Stellen oder so, die sich in der Bibel auf den Götzendienst beziehen, gehen uns doch wohl nichts mehr an. Wir kennen niemanden, der sich vor einer goldenen Statue oder einem geschnitzten Götzenbild niederkniet. Ist der Götzendienst nicht den Weg der groß karierten Anzüge, Schulterpolster und Plastiksandalen gegangen? Sind wir darüber nicht längst hinweg?

Götzendienst erscheint uns etwas so Primitives zu sein. Hat irgendwie nichts mehr mit unserem Alltag zu tun. Braucht man überhaupt ein Buch über Götzendienst? Warum nicht gleich ein Buch über Regentänze und Medizinmänner schreiben?

Trotzdem ist Götzendienst das Thema Nummer 1 in der Bibel, und das sollte uns eigentlich zu denken geben. In jedem biblischen Buch wird der Götzendienst angesprochen. Mehr als fünfzig Gesetze in den fünf Büchern Mose beschäftigen sich mit diesem Thema. Im Judentum gehörte er sogar zu den vier Vergehen, für die die Todesstrafe verhängt wurde.

Als ich meinen Glauben und mein Leben durch die Brille

des Gebotes zum Thema „Götzendienst" betrachtete, hat das meine Beziehung zu Gott von Grund auf verändert. Viele Mitglieder meiner Gemeinde haben dasselbe gesagt, nachdem wir uns intensiv mit diesem Thema beschäftigt hatten. Wir haben begriffen, wie wichtig dieses Thema ist, und das gab uns eine völlig neue Richtung vor.

Wenn wir das Leben durch diese Brille betrachten, wird deutlich, dass hier ein Krieg ausgebrochen ist. Die Götzen sind in den Krieg gezogen und man darf sie nicht unterschätzen. Die Götzen kämpfen darum, wer in meinem Herzen auf dem Thron sitzen darf. Viel steht auf dem Spiel. Alles, was mit mir zu tun hat, alles, was ich tue, alle meine Beziehungen, alles, was ich mir erhoffe, erträume oder wünsche, hängt davon ab, welcher Götze diesen Krieg gewinnt.

Von dem gefährlichsten und zerstörerischsten Krieg bekommen wir meistens überhaupt nichts mit. Ich kann verstehen, dass meine achtjährige Tochter dieses Gebot noch nicht in seiner ganzen Bedeutung erfasst hatte, doch das eigentliche Problem besteht darin, dass es uns Erwachsenen in der Regel auch nicht anders geht. Ich frage mich, wie viele von uns genauso denken wie Morgan, weil sie glauben, dass sie das Thema „Götzendienst" ein für alle Mal abhaken können.

Was ist denn, wenn es dabei *nicht* um Statuen geht? Wenn die Götzen im Hier und Jetzt *keine* kosmischen Wesenheiten mit seltsamen Namen sind? Wenn sie in einem so alltäglichen Gewand daherkommen, dass wir sie überhaupt nicht als Götzen erkennen? Wenn wir in unserer Fantasie, mit unseren Internet-Suchmaschinen, unserem Portemonnaie oder unserem Kalender vor ihnen „niederknien"?

Was wäre, wenn ich Ihnen zeigen würde, dass jede einzelne Sünde, mit der Sie zu kämpfen haben, jede Enttäuschung, mit der Sie fertigwerden müssen, und sogar das Gefühl, Ihr Leben hätte keinen Sinn, mit Götzendienst zu tun hat?

TEIL 1

KRIEG DER GÖTTER

KAPITEL 1

EIGENTLICH GEHT'S UM GÖTZENDIENST

Götzendienst spielt in der Bibel eine wichtige Rolle,
er prägt unser persönliches Leben,
doch unserer fehlerhaften Einschätzung zufolge ist er irrelevant.

Os Guinness

Stellen Sie sich einen Mann vor, der andauernd husten muss. Die halbe Nacht liegt er deswegen wach, und seine Husten-anfälle unterbrechen jede Unterhaltung, die länger dauert als ein oder zwei Minuten. Sein Husten hält sich so hartnäckig, dass er schließlich zum Arzt geht.

Der Arzt untersucht ihn gründlich.

Lungenkrebs.

Nun stellen Sie sich vor, dass der Arzt sich bewusst ist, wie schwer diese Nachricht den Mann treffen wird. Also sagt er seinem Patienten nichts von dem Krebs. Stattdessen stellt er ein Rezept aus, verschreibt ihm einen starken Hustensaft und erzählt ihm, dass er sich bald besser fühlen werde. Der Mann ist von dieser Diagnose begeistert. Und ja, gleich in dieser Nacht schläft er viel besser. Der Hustensaft hat sein Problem offenbar gelöst.

In der Zwischenzeit frisst der Krebs still und heimlich sei-nen Körper auf.

Als geistlicher Leiter und Lehrer rede ich jede Woche mit Menschen, die ~~husten.~~

Probleme haben.

Kummer bewältigen müssen.

unter Stress leiden.

betrügen.

lüstern sind.

Geld ausgeben.

sich Sorgen machen.

mit etwas aufhören.

Medikamente nehmen.

Dingen aus dem Weg gehen.

auf der Suche sind.

Sie kommen zu mir und erzählen mir von ihren Problemen.

Sie machen ihrem ganzen Frust Luft.

Sie gestehen, dass sie entmutigt sind. Sie zeigen mir ihre Verletzungen.

Sie bekennen ihre Sünden.

Wenn ich mich mit Menschen unterhalte, weisen sie immer darauf hin, wo ihrer Meinung nach das Problem liegt. Ihrer Auffassung nach haben sie mit ihrer Diagnose ins Schwarze getroffen. Sie leiden unter hartnäckigem Husten. Doch ich habe Folgendes entdeckt: Sie reden nur über Symptome, nicht über die eigentliche Krankheit – und bei der handelt es sich immer um Götzendienst.

Fallstudie 1: Es geht nicht um Geld

Als ich im Büro eintreffe, sitzt er schon vor der Tür. Ich wette, er ist schon seit einer Viertelstunde da. Ich halte ihn für einen Mann, der in seinem ganzen Leben noch nie zu spät zu einem Termin gekommen ist.

Seine Kleidung und seine Schuhe könnte ich mir niemals leisten. Eigentlich, so geht mir durch den Kopf, sollte ich auf *ihn* warten, zum Beispiel, weil er mich in geschäftlichen Fragen berät. Ich lächle bei dem Gedanken, dass er vielleicht dasselbe denkt. Doch irgendetwas passt nicht zu seinem sorgfältig zusammengestellten Outfit. Aber was?

Jetzt habe ich's. Seine Augen. Sie blicken besorgt drein, nicht so zuversichtlich wie die eines erfolgreichen Geschäftsmannes.

In meinem Büro biete ich ihm einen Stuhl an. Er lässt sich nicht auf Small Talk ein und kommt gleich zur Sache. Er ist ein geradliniger Typ, der beherzt zupackt – das sieht man sofort.

„Ich mache mir Sorgen um meine Familie", meint er mit einem tiefen Seufzer.

„Ihre Familie? Sind Sie darum gekommen?"

„Eigentlich nicht. Es geht natürlich um mich. Ich mache mir Sorgen wegen dem, was ich ihnen angetan habe. Ihrer Zukunft. Unserem Namen."

Seine Geschichte ist kurz und alles andere als schön. Das Finanzamt hat ihn erwischt, er hat in großem Stil Steuern hinterzogen. Er zählt die verschiedenen Vorwürfe auf, die gegen ihn erhoben werden, und ich verstehe nicht einmal alle. Er schon, das wird mir deutlich. Und noch etwas anderes wird mir deutlich: Einen großen Teil seines restlichen Lebens wird er der Aufgabe widmen, das Geld wieder hereinzubekommen, das er durch die Geldstrafe verloren hat, die bald gegen ihn verhängt werden wird.

Ich weiß nicht genau, was ich ihm sagen soll. Er versteht offensichtlich, wie ernst seine Situation ist. Ich will ihm auch ganz bestimmt keine juristischen Ratschläge erteilen. Doch ich spüre, dass es ihm nicht nur darum geht, erwischt worden zu sein; ihm ist es wichtiger, wie er mit dem, was er getan hat, klarkommen kann.

Einen Augenblick sitzen wir schweigend da. Schließlich blickt er auf und sagt: „Eine Sache geht mir immer wieder durch den Kopf, und ich finde keine Antwort darauf – nämlich das Warum."

„Abgesehen vom finanziellen Gewinn, meinen Sie?"

Er lacht kurz auf. „Finanzieller Gewinn? Kyle, ich habe das Geld überhaupt nicht gebraucht, nicht einen Penny. Ich bin Multimillionär. Ich hätte zu meinem Buchhalter gehen, die Steuer in der vollen Höhe bezahlen und ein Mehrfaches der Summe spenden können und dabei immer noch dasselbe luxuriöse Leben führen können. Es hätte mir gar nicht wehgetan, die Steuern zu zahlen. Welchen Betrag ich der Regierung auch immer geschuldet habe, ich hätte es nicht einmal gespürt, wenn er nicht mehr auf meinem Konto gewesen wäre."

Das ist definitiv nicht meine Welt, aber ich lächle, nicke und gebe vor, dass ich ihn verstehen kann. „Na gut, wenn die finanzielle Seite keine Rolle spielte, wie sieht dann Ihre plausibelste Theorie aus, was das Warum betrifft?"

Er sieht mir geradewegs in die Augen, bevor sein Blick zum Fenster abschweift. Die Sonne scheint auf sein Gesicht und ich nehme einen feuchten Schleier in seinen Augen wahr.

„Das habe ich ja gesagt, Kyle. Ich weiß es nicht. Ich versteh's wirklich nicht. Das war so eine Riesendummheit und normalerweise begehe ich keine Dummheiten. Weder im Hinblick auf Geld noch auf irgendetwas anderes. Und hören Sie ..." Er wirft mir einen flüchtigen Blick zu. „Ich weiß, dass ich ein Sünder bin. Das verstehe ich. Ich habe kein Problem damit, zuzugeben, dass mein Verhalten Sünde war. Eine wirklich furchtbare Sünde. Aber warum gerade *diese* Sünde? Warum eine so sinnlose Sünde, die überhaupt nicht notwendig war?"

Wir reden darüber. Wir reden über sein Leben, seine Familie, seine Kindheit und Dinge, die ihn geprägt haben. Er soll einsehen, dass die Sünde nicht einfach aus dem Nirgendwo auftaucht. Normalerweise wächst sie dort, wo man den Samen dafür gelegt hat.

Wir müssen etwas tiefer graben.

„Sie haben gesagt, dass Sie das Geld eigentlich gar nicht gebraucht haben", meine ich. „Aber Geld ist für Sie schon ziemlich wichtig, oder?"

„Klar. Natürlich."

„Wichtig genug, dass es für Sie den größten Antrieb und das wichtigste Ziel Ihres Lebens darstellt?"

Er denkt nach. „Ja, das kann man wohl so sagen."

„Ist es vielleicht Ihr Götze?"

Einen Augenblick lang scheint er die Frage nicht zu verstehen. Dann atmet er langsam aus. Ich kann die Antwort förmlich auf seinem Gesicht lesen.

„Das war nicht immer so ...", beginnt er.

„Nein, das ist am Anfang nie so. Ziele können zu Götzen werden. Dann dient man ihnen, lebt für sie und bringt ihnen Opfer. Zu Beginn war es so, dass das Geld Ihnen gedient hat. Doch an irgendeinem Punkt haben Sie die Rollen getauscht, oder?"

„So habe ich das noch nie gesehen."

Fallstudie 2: Keine große Sache

Sie ist eine junge Frau, die in unserer Gemeinde aufwuchs. Ihre Angehörigen möchten, dass ich sie aufsuche und mit ihr rede. Sie machen sich Sorgen, weil sie bei ihrem Freund einziehen möchte, der kein Christ ist. Na, das kann ja lustig werden ...

Zweimal rufe ich sie an und hinterlasse ihr eine Nachricht, doch sie ruft nicht zurück. Beim dritten Mal nimmt sie ab. Sie weiß, warum ich anrufe, und versucht, es mit einem Lachen abzutun.

„Ich kann echt nicht glauben, dass meine Eltern so eine große Sache daraus machen", meint sie mit einem nervösen Lachen. Ich sehe förmlich vor mir, wie sie die Augen verdreht. Ihrer Ansicht nach handelt es sich um einen minderschweren Fall von Husten, nichts, dessentwegen man sich Sorgen machen müsste.

„Also, ich weiß es zu schätzen, dass du dir ein paar Minuten Zeit für mich genommen hast. Aber eine Frage muss ich dir stellen: Könnte es sein, dass *du* das alles genau verkehrt herum siehst?"

„Was meinst du damit?"

„Dass sie nicht aus einer Mücke einen Elefanten machen, sondern du aus einem Elefanten eine Mücke?"

Ein nervöses Lachen. „Es ist keine große Sache", wiederholt sie.

„Würde es dir etwas ausmachen, wenn ich dir sage, warum es meiner Meinung nach eine große Sache ist?" Sie seufzt und fängt an, mir alle Gründe aufzuzählen, die ich ihrer Meinung nach gleich vorbringen werde.

Ich unterbreche sie mit einer Frage. „Hast du schon mal darüber nachgedacht, was es dich kosten wird, wenn du bei deinem Freund einziehst?"

„Meinst du die Wohnungsmiete?"

„Nein, ich rede nicht unbedingt über Geld. Ich meine, was deine Familie dabei empfindet und den Druck, den du von ihnen aushalten musst. Das ist doch in gewisser Hinsicht ein Preis, den du zahlen musst, oder?"

„Ja, schon, aber das ist doch *ihr* Problem."

„Und wie hoch ist der Preis im Hinblick auf deine zukünftige Ehe?"

„Ich weiß doch nicht einmal, ob wir überhaupt heiraten werden", entgegnet sie.

„Ich rede auch nicht davon, dass du *ihn* heiraten wirst, denn statistisch gesehen ist das höchst unwahrscheinlich."

Sie versteht, worauf ich hinauswill, aber ich gehe noch etwas weiter. „Was wird das deinen zukünftigen Ehemann kosten? Welchen Preis muss er für deine Entscheidung zahlen?" Sie hält inne und muss darüber nachdenken.

Ich zähle noch mehr Gründe auf, warum diese Entscheidung eine große Sache ist, weil sie sie mehr kostet, als sie ahnt.

„Meine Meinung dazu: Wenn du bereit bist, diesen Preis zu zahlen, muss das für dich ziemlich wichtig sein. Es muss eine wirklich große Sache für dich sein, wenn du bereit bist, das alles auf dich zu nehmen."

Ich nehme ihr Schweigen als Zeichen dafür, dass sie darüber nachdenkt, und komme schließlich auf den springenden Punkt zu sprechen. „Wenn ich sehe, zu welchen Opfern du bereit bist, wenn ich sehe, dass du ignorieren willst, was Gott zu diesem Thema zu sagen hat, dann sieht es für mich so aus, als hättest du diese Beziehung zu deinem Götzen gemacht."

„Was meinst du damit?"

„Ein Götze ist jemand oder etwas, dem wir Opfer bringen und nachlaufen. Aus meiner Sicht sieht es so aus: Auf der einen Seite steht Gott und sagt dir etwas, auf der anderen Seite steht dein Freund und sagt dir etwas anderes. Und du gibst deinem Freund den Vorzug. Die Bibel nennt das Götzendienst und in Wirklichkeit ist das eine ziemlich große Sache."

Dieses Mal folgt kein nervöses Lachen. Sie bekennt: „So habe ich das noch nie gesehen."

Fallstudie 3: Der heimliche Kampf

Er kommt fünf oder zehn Minuten zu spät.

Er hatte mich gefragt, ob wir ein paar Minuten miteinander reden können, und ich schlug vor, dass wir uns auf einen Kaffee treffen. Doch er bat um einen Ort, an dem wir etwas ungestörter wären, und deshalb entschieden wir uns für mein Büro.

Er kommt an und zögert auf der Schwelle, als sei er sich immer noch nicht ganz sicher, ob er die Verabredung einhalten will.

„Kommen Sie herein." Ich lächle und biete ihm einen Stuhl an.

Er lächelt nur kurz zurück. Dann nimmt er Platz und seine Körpersprache verrät seine Anspannung. Er verschränkt die Arme und reibt seinen rechten Ellenbogen. Ich vermute, dass er in meinem Alter ist, Mitte dreißig, ein ganz normaler Mann. Worum es in unserem Gespräch gehen wird, hat er mir vorher nicht verraten, aber ich weiß es. Die Unterhaltung, die wir gleich führen werden, ist mir nur zu vertraut.

Ich stelle ihm ein paar einfache Fragen – was er beruflich macht, wo er herkommt und so weiter –, um das Eis zu brechen und eine angenehme Gesprächsatmosphäre zu schaffen. Nachdem wir uns ein paar Minuten unterhalten haben, schneidet er schließlich das eigentliche Thema an. Ich spüre, dass er seinen ganzen Mut zusammennehmen muss, um über das lange gehütete Geheimnis zu sprechen.

„Ich ... äh ... ich glaube, ich bin pornosüchtig oder so was", stammelt er.

Er starrt auf seine Schuhe.

„Gut. Also, Sie sind nicht der Erste, der auf diesem Stuhl sitzt und diese Worte sagt. Wie lange schlagen Sie sich schon mit diesem Problem herum?"

Er erzählt mir seine Geschichte. Sie begann, als er zwölf war und sich mit seinen Kumpels bestimmte Bilder anguckte – in Illustrierten, die jemand im Kleiderschrank seines Vaters gefunden hatte. Bilder, die ihn zunächst verstörten. Bilder, die sich in seinem Kopf festsetzten, die nicht weggingen, die ihn verfolgten. Bilder, die er noch Jahre später vor sich sah.

Er redet davon, wie sehr er das Internet hasst. Er beschreibt das Web, als sei es sein Todfeind.

„Früher mussten die Leute in diese Läden gehen", sagt er. „Diese schrecklichen Läden, bei denen die Fenster schwarz angemalt waren. Billig und heruntergekommen. Ich habe nie den Mut aufgebracht, in einen solchen Laden zu gehen."

„Aber das Internet ist anonym."

„Genau", erwidert er. „Es ist so einfach. Jede Art von Bild, jede Art von Video kann ich mit einem Klick erreichen. Einfach so. Wenn mich das Verlangen packt, kann ich es sofort befriedigen."

Er spricht im mutlosen Tonfall eines Menschen, der zwanzig Jahre lang Sklave gewesen ist, eines Gefangenen, der jeden Gedanken an Flucht aufgegeben hat.

„Was soll ich denn tun?", meint er. „Etwa den Stecker ziehen? Wie jeder andere bin ich vom Internet abhängig. Und selbst wenn ich nur mein Smartphone benutze – da bekomme ich diese Bilder auch. Wenn ich den Fernseher anschalte, strömen eine Million Versuchungen auf mich ein. Soll ich etwa nur noch das Kinderprogramm gucken?"

Er sagt, dass er nie geahnt hätte, dass die Pornografie einen solchen Schaden in seinem Leben anrichten würde, vor allen Dingen im Hinblick auf zwischenmenschliche Beziehungen. Doch zumindest in einem gewissen Maß scheint er zu begreifen, dass sie sein Frauenbild und die Art und Weise verändert, wie er mit ihnen umgeht.

„Im Grunde ist diese Sache für mich wie ein Jucken", meint er. „Das ist alles. Aber das Jucken vergeht nicht und dann muss ich mich kratzen. Und mit der Zeit kratze ich immer stärker und tiefer. Sie wissen, was ich meine."

„Ja, ich weiß."

Schweigen. Ich bin sicher, dass er von mir dieselben Ratschläge zu hören erwartet, die er schon seit so vielen Jahre zu hören bekommt: „Schalte den Internetfilter in deinem Browser ein. Schließ dich einer Selbsthilfegruppe an. Such dir jemanden, dem du Rechenschaft über dein Tun ablegst. Pass auf, was du dir ansiehst." Hilfreiche Vorschläge, doch ich weiß, dass er sie alle schon viele Male ausprobiert hat, denn sonst säße er nicht hier.

Ich weiß aber auch, dass wir es hier mit einem Götzen zu tun haben, der von seinem Thron gestoßen werden muss, und sein Leiden wird erst enden, wenn das geschehen ist. Bis dahin wird er in keiner Beziehung Intimität genießen können. Er wird Schwierigkeiten haben, mit Gott wirklich in Kontakt zu kommen.

„Sie glauben, Sie hätten ein Problem mit der Lust, aber in Wirklichkeit geht es darum, wen Sie anbeten. Jeden Tag müssen Sie sich die Frage stellen: Will ich Gott anbeten oder den Sex?"

Er sagt es nicht ausdrücklich, aber sein Gesichtsausdruck spricht Bände: „So habe ich das noch nie gesehen."

Das eigentliche Problem

Götzendienst ist nicht einfach nur eine von vielen Sünden, sondern die eine große Sünde, auf die alle anderen zurückgehen. Wenn man an der Oberfläche eines Problems kratzt, das jemandem zu schaffen macht, stößt man meines Erachtens letzten Endes auf einen falschen Gott. Erst wenn dieser Götze vom Thron gestoßen wird und Gott, der Herr, diesen Platz einnimmt, der ihm allein zusteht, wird man das Problem erfolgreich angehen.

Götzendienst ist also nicht ein Thema unter vielen, sondern das wichtigste Thema überhaupt. Alle Wege führen zur uralten und oft übersehenen Frage nach den falschen Göttern. Wenn man sich die glänzende Lackschicht ansieht, fällt einem überhaupt nichts auf, doch sobald man daran kratzt, stößt man in den darunterliegenden Farbschichten darauf – die Götzen sind allgegenwärtig. Es gibt Millionen von unterschiedlichen Symptomen, doch letzten Endes geht es immer um Götzendienst.

Das ist der Grund, warum das erste der Zehn Gebote, die Mose von Gott auf dem Berg Sinai empfing, folgendermaßen lautete: „Ich bin der Herr, dein Gott, der ich dich aus Ägyptenland, aus der Knechtschaft, geführt habe. Du sollst keine anderen Götter haben neben mir" (2. Mose 20,2–3; Luther).

Als Gott den Israeliten zur Zeit Moses dieses Gebot gab, waren sie damit vertraut, von unzähligen Göttern umgeben zu sein. Über vierhundert Jahre hatte das Volk Gottes in der ägyptischen Sklaverei gelebt. Dort wimmelte es förmlich von Göttern. Sie hatten sich über jedes Viertel hergemacht – im buchstäblichen Sinn. Für jedes einzelne Stadtviertel gab es in Ägypten einen Lokalgott. Ägypten war, wenn es um Götter ging, wie Haribokonfekt: Es war für jeden Geschmack etwas dabei.

Der biblische Ansatz ist völlig anders. Wenn Gott sagt: „Du sollst keine anderen Götter haben neben mir", denken wir zunächst an eine Hierarchie: Gott steht an der ersten Stelle, dann kommen die anderen. Doch es gibt überhaupt keinen zweiten oder dritten Platz. Gott will gar nicht mit anderen Göttern wetteifern oder der Erste unter vielen sein.

Gott will sich nicht in eine Hierarchie einordnen lassen. Er will nicht nur Vorrang vor den anderen Göttern haben, nein, er duldet überhaupt keinen neben sich. Den hebräischen Begriff, der hier mit „neben mir" übersetzt wird, kann man auch mit „in meiner Gegenwart" wiedergeben.

Gott weigert sich, seinen Platz an der Spitze eines Organisationsdiagramms einzunehmen. Er ist die Organisation selbst. Er ist nicht an der Position des Vorstandsvorsitzenden interessiert. Er ist der Vorstand selbst. Und das Leben kann erst dann richtig losgehen, wenn alle, die sonst noch um den Vorstandstisch Ihres Herzens sitzen, gefeuert werden. Er ist Gott und für diese Position gibt es keine anderen Bewerber. Es gibt keine Teilzeitgötter, keine ehrenamtlichen Götter, keine Interimsgötter, keine Assistenten der Regionalgötter.

Gott sagt das nicht etwa, weil er etwas verunsichert wäre, sondern weil es in diesem Universum, das er geschaffen hat, die Wahrheit ist. Nur einem einzigen Gott gehört diese Schöpfung und er erhält sie am Leben. Nur ein Gott hat sie entworfen, und er allein weiß, wie sie funktioniert. Er ist der einzige Gott, der uns helfen kann, der uns Orientierung geben, unsere Bedürfnisse stillen und uns retten kann.

Wenn wir das 20. Kapitel von 2. Mose lesen, sehen wir, dass der eine wahre Gott mit Imitaten und Ersatzgöttern ein für alle Mal abgeschlossen hat. Er befiehlt seinem Volk, dieses Pantheon einzureißen und die Götzen nach Hause zu schicken. Götzen haben hier nichts mehr zu suchen. Gott achtet darauf, dass sein Volk begreift: Er ist der einzige Gott. Er ist Gott, der Herr.

Vielleicht denken Sie jetzt: *Vielen Dank für die Geschichtsstunde, aber das ist doch alles lange her. In unserer Zeit besteht das Problem doch nicht darin, dass die Leute viel zu viele Götter anbeten, sondern dass sie überhaupt keinen Gott anbeten.*

Trotzdem vermute ich, dass die Liste der modernen Götzen länger ist als die damalige Liste. Wir nennen sie heute anders, doch das ändert nichts daran, worum es eigentlich geht. Wir haben vielleicht keinen Gott des Handels, keinen Gott des Ackers, keinen Gott der Fruchtbarkeit oder der Jagd mehr. Aber wir haben Aktienportfolios, Autos, Erotik und Sport. Wenn es wie ein Götze daherkommt, dann ist es auch einer.

Man kann es Husten nennen und nicht Krebs, aber trotzdem ist es noch genauso tödlich.

Neue Götzen

Wenn wir diese Götzen identifizieren wollen, dann besteht eines der Probleme darin, dass wir dabei nicht den bekannten Fallstricken der Religion begegnen; es handelt sich um Dinge, die häufig an sich nicht falsch sind. Hat Gott etwas gegen Vergnügen? Gegen Sex? Geld? Macht?

Diese Dinge sind nicht unmoralisch, sondern amoralisch, das heißt zunächst einmal moralisch gesehen neutral. Sie könnten sich für eine Sache einsetzen, die an sich löblich ist, beispielsweise die Familie oder den eigenen beruflichen

Aufstieg. Sie könnten sich sogar für einen guten Zweck engagieren, etwa den Hungrigen zu essen zu geben und die Kranken zu heilen. All das ist gut.

Zu einem Problem wird es jedoch in dem Augenblick, in dem es Gottes Stelle einnimmt, in dem Augenblick, in dem Ihr Einsatz zu einem Selbstzweck wird und Sie damit nicht länger Gott dienen. Denn dann wird diese Sache für Sie zum Götzen. Wenn Sie irgendjemanden oder irgendetwas in Ihrem Leben so verehren, wie es nur Gott, dem Herrn, zusteht, dann wird dieser Mensch oder diese Sache per Definition zu Ihrem Götzen.

Wenn wir also diese Götzen identifizieren wollen, müssen wir uns ansehen, wofür wir uns mit ganzer Kraft einsetzen, womit wir unsere Zeit verbringen. Man kann die Götzen, die gegen uns Krieg führen, auch erkennen, wenn man sich einmal das anschaut, was man selbst „erschafft".

Rufen Sie sich die Gebote einmal in Erinnerung:

Erstens: Keine anderen Götter.

Zweitens: Wir sollen uns keine anderen Götter *machen*, um sie anzubeten.

Die tiefe Weisheit dieses zweiten Gebots liegt darin, dass man alles und jedes auf dieser Welt so zurechtbiegen kann, dass daraus ein Götze wird und deshalb zu einem falschen Gott erhoben werden kann, wenn er auf unserer Liste dessen, was uns wichtig ist, ganz oben steht. Das ist Götzendienst im Heimwerkerverfahren: Wir suchen uns etwas aus dem breiten Angebot aus, mischen und sortieren ein wenig und basteln uns daraus einen eigenen Götzen.

Als Gott Mose oben auf dem Berg Sinai die Zehn Gebote gab, fing unten das Volk an zu jammern, weil das Ganze so lange dauerte. Mose hatte seinem Bruder Aaron die Verantwortung übertragen, und die Israeliten forderten lauthals einen Götzen, der ihnen die Richtung vorgeben sollte. Sie sammelten alles Gold, schmolzen es ein und fertigten daraus das

Goldene Kalb an, um es anzubeten. Schon ein bisschen ironisch, oder? Genau in dem Augenblick, als Gott Mose erklärte, dass er keine anderen Götter neben sich duldet, bastelten sich die Menschen dort unten ein Götzenbild.

Einige Hundert Seiten später folgt in der Bibel eine Betrachtung darüber, was diese Menschen eigentlich getan hatten: „Am Berg Horeb goss sich das Volk Israel ein goldenes Kalb und betete das Standbild an. Die Macht und Hoheit ihres Gottes tauschten sie ein gegen das Abbild eines Gras fressenden Stieres!" (Psalm 106,19–20).

Das war kein guter Tausch – der Schöpfergott gegen einen selbst gemachten Götzen.

Sind wir da wirklich so anders? Wir ersetzen Gott durch Statuen, die wir selbst geschaffen haben.

Ein Haus, das wir ständig ausbauen.

Eine Beförderung, die ein größeres Büro mit sich bringt.

Die Aufnahme in einen exklusiven Club.

Eine Mannschaft, die den Pokal holt.

Einen durchtrainierten Körper mit Waschbrettbauch.

Wir arbeiten hart daran, uns unser eigenes goldenes Kalb zu basteln.

Ich höre schon, was Sie sagen wollen: „Das kann man doch von allem und jedem behaupten. Sie greifen sich irgendein Thema heraus, alles, wofür ich mich interessiere, und dann behaupten Sie, das wäre mein Götze."

Ganz genau.

Alles kann zum Götzen werden, sobald es den Platz Gottes in Ihrem Leben einnimmt.

Ich will es noch einmal genauer formulieren: Alles, was Ihrem Leben einen neuen Sinn gibt oder zu einer Triebfeder wird, deutet vermutlich auf einen Götzen hin. Denken Sie einmal darüber nach, welche Ziele Sie verfolgen und was Sie sich selbst „geschaffen" haben. Und dann stellen Sie sich die Frage: Warum?

Wenn Sie unter einer Essstörung leiden: Warum?

Wenn es bestimmte Themen gibt, die Sie sofort aus der Haut fahren lassen: Warum?

Wenn Sie dieses Wochenende einen ausgedehnten Einkaufsbummel machen wollen, obwohl Sie Schulden haben: Warum?

Wenn Sie unzählige Stunden damit verbringen, an Ihrem Auto herumzuschrauben oder Ihr Haus zu renovieren: Warum?

Wenn wir diese Dinge als Formen des Götzendienstes betrachten wollen, brauchen wir dafür ein neues Vokabular. Lassen Sie die Vorstellung von goldenen Kälbern und vielarmigen Götterstatuen hinter sich. Vergessen Sie sogar einen Augenblick lang die Vorstellung, Götzendienst sei nur ein Punkt auf einer zehnteiligen Liste von Ge- und Verboten.

Die nächste Übung mag Ihnen ein wenig eigenartig vorkommen, aber haben Sie etwas Geduld.

Ich möchte, dass Sie sich Götzendienst wie einen Baum vorstellen.

Versuchen Sie sich einmal eine jener mächtigen Eichen aus uralten Zeiten vorzustellen. Die eindrucksvollen Äste strecken sich in alle Richtungen, kleine Äste sprießen aus den großen hervor. Und wenn die Erosion einsetzt – weil der Baum am Ufer eines Flusses steht –, kann man sehen, wie weit und tief die Wurzeln reichen.

Und stellen Sie sich jetzt vor, dass an den zahlreichen Ästen dieses Götzen-Baumes etwas angebunden ist.

Von einem baumelt ein Topf voller Gold.

An einem anderen Ast alle möglichen Speisen, die köstlichsten Speisen, die man sich nur vorstellen kann.

Ein weiterer Ast läuft am Ende in eine Art flachen Teller aus, und wenn Sie näher herantreten, sehen Sie, dass es sich in Wirklichkeit um einen Spiegel handelt, der Ihnen das idealisierte Bild Ihrer selbst zeigt.

Ein weiterer Ast ist mit kunstvollen Schnitzereien versehen. Sie folgen den geschwungenen Linien mit den Blicken und entdecken, dass damit zwei Menschen in einer sinnlichen Umarmung dargestellt werden.

An einem Ast hängen Früchte, und zwar in Form von Schlüsselbünden – einer gehört zu einer luxuriösen Limousine, ein weiterer zu einem Ferienhaus im Süden.

Ein merkwürdiger Baum. Er hat viele Äste und an jedem ist ein bestimmter Gegenstand angebracht.

Der springende Punkt ist der: Götzendienst ist der Baum, aus dem unsere Sünden und Probleme hervorwachsen.

Götzendienst ist der entscheidende Punkt überhaupt. Er ist der Baumstamm und alle anderen Probleme sind nur die Äste.

KAPITEL 2
DAS SCHLACHTFELD DER GÖTZEN

Manchmal begehen große Unternehmen schlimme Fehler. Erinnern Sie sich noch an AOL?* Vor einigen Jahren veröffentlichte AOL die gesammelten Suchanfragen von 650 000 Nutzern. Damit wollte das Unternehmen seine marktbeherrschende Stellung demonstrieren.

Wenn nun beispielsweise jemand „Ergebnisse Bundesliga" in die Suchmaschine eintippte, wurde diese Suche erstens gespeichert und war zweitens öffentlich einsehbar.

Jetzt fragen Sie: „Was hatte sich AOL dabei gedacht?" Aber das Unternehmen hatte zu gewissen Vorsichtsmaßnahmen gegriffen. Klarnamen wurden nicht benutzt – nur die Benutzernummern. Man sah also nicht, ob Klaus Müller darunter war, der in der gleichen Straße lebte wie man selbst, sondern nur die anonyme Bezeichnung „Nutzer 545 354", der nachsehen wollte, wie Borussia Dortmund abgeschnitten hatte.

Das Problem dabei war allerdings, dass die Sicherheitsvorkehrungen nicht streng genug waren. Die *New York Times* zeigte bald darauf, dass man einer Benutzernummer auch einen Namen zuordnen konnte.

Wie war das möglich? Nehmen wir an, Nutzer 545 354 suchte nach den Begriffen „Getriebeprobleme 2002 Chevy Camaro". Das allein würde uns nicht viel über ihn verraten, doch gleichzeitig waren damit die anderen Suchanfragen des gleichen Nutzers verknüpft.** Hatte man erst einmal genügend

---

* Diese Geschichte ist tatsächlich wahr: Es gab eine Zeit, da über 50 Prozent aller weltweit hergestellten CDs Gratissoftware von AOL enthielten, die den Zugang zum Internet ermöglichten. Als ich zur Highschool ging, sammelten wir sie immer, um damit Frisbee zu spielen.

** Der Fahrer eines Camaro suchte typischerweise nach den Begriffen „Metallica", „Vokuhila" und „Midlife-Crisis".

Informationen in der Hand, war es nicht schwierig, anhand des Suchverlaufs die Benutzernummer einer bestimmten Person zuzuordnen.

Sie ahnen schon, dass die Leute nicht nur nach Informationen über Autos und Sportergebnisse suchten, sondern auch nach ziemlich albernen Dingen. Traurigen Dingen. Und vielen, vielen verstörenden Dingen.[1] Die Datenspur, die ein Internetnutzer hinterließ, zeichnete ein unbarmherzig exaktes Porträt des Betreffenden.

Man könnte also sagen, dass wir durch unsere Internetsuchen definiert werden.

Was würde Ihre Datenspur über Sie aussagen?

Wohin führt Sie Ihre Suche?

Wonach Sie suchen und welchen Zielen Sie hinterherjagen, legt offen, welcher Gott den Krieg in Ihrem Herzen gewinnt. Stellen Sie sich Ihr Herz einmal als Schlachtfeld der Götter vor. Hier treffen sie aufeinander und kämpfen miteinander. Der Gott, der den Sieg davonträgt, erhebt Anspruch auf den Thron Ihres Herzens.

DIE SUCHE GEHT WEITER

Google und einige andere Internetfirmen verfolgen täglich, monatlich und jährlich die häufigsten Suchbegriffe. Werbefachleute, politische Berater und Kulturbeobachter achten genau darauf, wonach auf der ganzen Welt gesucht wird.

Ende 2011 wurden für die Begriffe „Sex" und „Video" jeweils 338 Millionen Suchanfragen registriert.

Porno: 277 Millionen.

Produkte und Promis wie etwa das iPad oder Lady Gaga schießen oft kurzfristig in die Höhe.

Was Sie im Internet suchen, weiß ich natürlich nicht, und deshalb möchte ich Sie bitten, sich selbst zu prüfen und herauszufinden, wem Ihre Loyalität gehört und wem Sie die Ehre geben. „Behüte dein Herz mit allem Fleiß, denn daraus quillt das Leben" (Sprüche 4,23; Luther). Ihr Herz definiert und beeinflusst, wer Sie sind, was Sie denken und was Sie tun. Weil alles aus dem Herzen hervorgeht, ist Ihr Herz auch die Front, an der die Götter um die Vorherrschaft kämpfen.

Was meinen wir aber, wenn wir vom „Herz" sprechen? Naturwissenschaftlich gesehen ist es das Organ, das das Blut durch den Körper pumpt und ihn so am Leben erhält. Das Herz denkt und fühlt nichts. In der hebräischen Kultur betrachtete man das Herz mit anderen Augen. Es war eine Metapher für den Sitz und das Zentrum der Persönlichkeit, ein spiritueller Knotenpunkt, aus dem das Leben floss. Im Altertum wusste man, dass man ein leichtes Pochen spürte, wenn man das Handgelenk umfasste – was wir heute den Puls nennen. Auch am Hals und an anderen Stellen konnte man den Puls fühlen. Doch wenn man die Hand aufs Herz legte, auf den Mittelpunkt des Menschen, war dieses Pochen stärker zu spüren. Die Annahme lag nahe, dass alles aus dem Herzen floss – für die Hebräer eben nicht nur das Blut, sondern die gesamte Persönlichkeit mit all unseren Motiven, Gefühlen und dem Willen.

Heutzutage neigen wir dazu, alles säuberlich voneinander

zu trennen, was uns zum Menschen macht. Hier haben wir den Geist, dort den Körper. Doch eigentlich wissen wir es besser. Die Wissenschaft hilft uns zu erkennen, dass alles miteinander verbunden ist. Mein körperlicher Zustand hat Einfluss auf das, was ich denke und wie ich mich fühle; und andererseits haben mein Geist und meine seelische Verfassung Auswirkungen auf meine körperliche Gesundheit. Im Lauf des letzten Jahrhunderts haben wir gelernt, die Persönlichkeit ganzheitlicher zu verstehen. Die Hebräer hatten das schon vor langer Zeit begriffen. Sie sprachen davon, dass man Gott von ganzem Herzen, mit ganzer Seele und mit ganzem Verstand lieben solle, doch dabei verstanden sie das Leben als Einheit – und diese Einheit bezeichneten sie als Herz. Im Hebräischen bedeutet dieser Begriff eigentlich „Nusskern". Mein Herz spiegelt meine wahre Identität wider.

Ein Beispiel für die hebräische Denkweise finden wir in Sprüche 27,19 (Neues Leben): „So wie sich ein Gesicht im Wasser spiegelt, spiegelt das Herz den Menschen." Im Herzen zeigt sich meine wahre Identität und aus diesem Grund kämpfen die Götzen um jeden Zentimeter darin.

Die Quelle

Denken wir also über unser Herz nach, und zwar indem wir uns ein bestimmtes Szenario vorstellen. An einem wunderschönen Frühlingstag machen Sie eine Wanderung. Sie hören das Murmeln eines Bachs und bald stoßen Sie auch darauf. Doch irgendetwas stimmt nicht. Sie bemerken, dass irgendjemand seinen Müll dort abgeladen hat – ein hässlicher Anblick. Abfall treibt auf dem Wasser. Nach den leeren Getränkedosen zu urteilen, muss der Müll dort schon eine ganze

Weile gelegen haben.* Und auf dem Wasser liegt ein widerlicher Film.

Sie können nicht einfach so weitergehen, weil das Ihr Gewissen belasten würde. Also hocken Sie sich ans Ufer und beginnen mit dem Aufräumen.

Es dauert einige Stunden, bevor man sieht, dass sich überhaupt etwas verändert. Erstaunlich, wie viel Müll sich dort angesammelt hat. Sie setzen sich hin, ruhen sich einen Augenblick aus und begreifen, dass Sie jeden Tag wiederkommen müssen, bis alles wirklich sauber ist. Aber das ist in Ordnung, denn Sie können stolz auf das sein, was Sie hier geleistet haben.

Doch als Sie am nächsten Tag wiederkommen, sieht es so aus, als hätte jemand Ihre gesamte Arbeit zunichtegemacht.

Es liegt sogar noch mehr Müll herum als am Vortag. Irgendwie hat sich der Abfall über Nacht vermehrt. Sie grübeln darüber nach, dass es eigentlich ziemlich unwahrscheinlich ist, dass jemand zu exakt diesem Abschnitt des Bachs gegangen ist, um seinen Müll loszuwerden, während Sie weg waren. Irgendwas ist hier faul. Also folgen Sie dem Bach flussaufwärts.

Tatsächlich stoßen Sie irgendwann auf einen Müllabladeplatz, der offenbar schon seit Jahren dort ist. Der Schutt rutscht Stück für Stück in den vorbeifließenden Bach. Durch Ihre Aufräumaktion haben Sie für den neuen Müll bloß noch mehr Platz geschaffen. Natürlich könnten Sie nun jeden Tag wiederkommen und aufräumen, doch das wäre eine echte Sisyphusarbeit. Und wo wäre der Sinn des Ganzen?

Wenn Sie wollen, dass der Bach wirklich sauber wird, müssen Sie zur Quelle gehen und sich mit dem eigentlichen Problem befassen.

---

* Crystal Pepsi und Apple Slice, die vom Markt genommen wurden. Danke für diese Erinnerung. Das Leben ist ohne euch nicht mehr dasselbe.

Stellen Sie sich nun Ihr Herz wie die Israeliten als die Quelle vor, aus der Ihr Leben sprudelt – Gedanken, Gefühle, Taten. Wie viel Lebenszeit verbringen Sie damit, sich mit dem sichtbaren Müll zu befassen statt mit der Ursache? Wir verwenden viel Zeit, Geld und Energie auf die Abfallbeseitigung, während jemand flussaufwärts immer weiter Müll ins Wasser kippt. Auch unsere Kirchen und Gemeinden beschäftigen sich immer noch zu sehr mit dem Abschnitt flussabwärts. Es ist so viel einfacher, ein wenig Müll zu sammeln. Sich dagegen mit dem zu befassen, was flussaufwärts vor sich geht, erfordert ein unübersehbares Maß an Engagement. Die Götzen aber wissen, dass das Herz das eigentliche Schlachtfeld ist. Hier wird der Krieg gewonnen.

Wenn wir das Herz aus dem Blick verlieren und uns auf das konzentrieren, was flussabwärts passiert, haben wir es im Grunde nur mit Verhaltensmodifikation zu tun. Der Begriff wurde Mitte des 20. Jahrhunderts in der Psychologie populär. Dahinter verbirgt sich die Vorstellung, dass man eine Veränderung erreichen kann, indem man mess- und beobachtbare Handlungen variiert. Damit werden jedoch nur die Symptome behandelt, um einen schnellen Erfolg zu erreichen.

Hier einige Beispiele dafür, wie wir auf diese Weise den Müll zu beseitigen versuchen:

- Wenn man spielsüchtig ist, sollte man sich von Casinos fernhalten und den Dispo senken.
- Wer zu Wutausbrüchen neigt, sollte tief durchatmen und bis zehn zählen.
- Bei Eheproblemen sollte man sich regelmäßig Zeit füreinander nehmen und dem Ehepartner ein Geschenk kaufen.
- Wenn einem die Schulden über den Kopf wachsen, sollte man seine Kreditkarte(n) zerschneiden.

• Wenn einem das eigene Gewicht entgleitet, sollte man Sport treiben und Diät halten.

Ich will Diäten, schöne Geschenke oder das Zerschneiden von Kreditkarten gar nicht verurteilen. All das können positive Handlungsweisen sein, genauso wie es eine notwendige Aufgabe ist, flussabwärts aufzuräumen. Es ist nur so, dass es im Innersten um unsere Herzenshaltung geht.

Flussaufwärts gehen

Würden Sie sich daher einige Minuten Zeit nehmen und über Ihr Leben nachdenken? Vergessen Sie einen Augenblick lang einmal die Müllbeseitigung, und wandern Sie flussaufwärts, um sich mit dem Kern des Problems zu befassen. Vielleicht mussten Sie sich in letzter Zeit mit Ängsten herumplagen. Wenn wir uns jetzt unterhalten würden, würden Sie vielleicht sagen: „Ich liebe Gott ja. Götzendienst ist für mich kein Thema. Ich habe nur das Problem, dass ich mir zu viele Sorgen mache. Ich bin sehr ängstlich geworden."

Na gut, doch nun gehen Sie einmal flussaufwärts. Was findet sich in Ihrem Herz, das diese Angst verursacht? Wenn Sie sich selbst prüfen, würden Sie vielleicht darauf stoßen, dass Sie das Bedürfnis verspüren, die Dinge unbedingt unter Kontrolle zu haben. Alles muss bis aufs i-Tüpfelchen stimmen, alles muss seine Ordnung haben.* Sie mögen keine Überraschungen und wünschen sich, dass das Leben in berechenbaren Bahnen verläuft.

Das ist doch nichts Schlimmes, oder? Und Arbeitgeber mögen Leute wie Sie. Sie würden Sie als „verantwortungsvoll"

---

* Und unnötige und sinnlose Fußnoten sind echt nervig. Der Satz hat meine volle Zustimmung.

bezeichnen und als jemanden, der auch einen Blick für die Details hat. Trotzdem: Die schlaflosen Nächte sind furchtbar. Dauernd schwirren Ihnen Gedanken im Kopf herum und Sie finden einfach keine Ruhe.

Dieser Kontrollzwang ist ein erbarmungsloser Götze, der von Ihrem Herz Besitz ergriffen hat. Je mehr sich der Wunsch nach Kontrolle in Ihnen ausbreitet, desto mehr wird dieser Wunsch Kontrolle über Sie ausüben – und damit wird der Kontrollzwang zu Ihrem Götzen.

Manchmal verbünden sich die Götzen auch, und nun arbeitet der Gott des Kontrollzwangs vielleicht mit dem Gott der Behaglichkeit zusammen, weil Ihr Bedürfnis, jede Kleinigkeit unter Kontrolle zu haben, davon zeugt, dass Sie es sich in Ihrer Kuschelecke so bequem wie möglich gemacht haben. Und nun glauben Sie vielleicht, Ihr Problem sei die Angst, während es eigentlich darum geht, dass die Götter des Kontrollzwangs und des Wunsches nach Behaglichkeit den Kampf um Ihr Herz gewinnen.

Alle diese Götzen wollen Ihrem Leben eine ganz andere Richtung geben als Gott, der Herr. Gott ruft uns oft aus unserer bequemen Kuschelecke heraus. Er beruft uns zu einem Abenteuer, das Risikobereitschaft und Glauben erfordert. Jesus lädt uns ein, das Kreuz auf uns zu nehmen und ihm nachzufolgen. Und ein Kreuz zu tragen fällt schwer, wenn die Behaglichkeit unser Gott ist. Die Götzen des Kontrollzwangs und der Behaglichkeit werden vermutlich in Konflikt mit Gott, dem Herrn, geraten, der uns zu einer ganz neuen Art von Leben einlädt.

Sehen wir uns ein weiteres Beispiel an. Nehmen wir an, Sie kommen zu mir und erzählen, dass Sie ein Workaholic sind. „Das ist, kurz gesagt, mein Problem", meinen Sie. „Ich bin ein Workaholic. Was kann ich dagegen tun?"

Aus dem Bauch heraus würde ich Ihnen dann als Erstes empfehlen, sich zu zwingen, jeden Tag um fünf nach Hause zu gehen, über das Wochenende keine Arbeit mit nach Hause zu nehmen und sich ein Hobby zu suchen, für das Sie sich richtig begeistern können. Ich würde versuchen, die Symptome zu kurieren.

Doch wenn Sie flussaufwärts gehen, werden Sie wahrscheinlich entdecken, dass das gar nicht das eigentliche Problem ist. Vermutlich gibt es in Ihrem Leben falsche Götzen, die dort gerade ein Chaos anrichten. Was macht einen Menschen zum Workaholic? Vielleicht steht Materialismus dahinter und das Verlangen, immer noch mehr, mehr, mehr haben zu wollen. Und das ist eindeutig ein Götze.

Vielleicht spielt Geld für Sie aber auch gar keine so große Rolle; vielleicht dienen Sie dem Gott des Perfektionismus. Gehören Sie zu den Menschen, die nie mit einem Ergebnis zufrieden sind und immer glauben, man hätte es noch besser hinbekommen können?

Oder wie steht es mit dem Gott der Macht? Vielleicht sind Sie in dem Verlangen gefangen, immer noch mehr Einfluss zu bekommen, weil Macht wichtig ist.

Möglicherweise steht auch der unglaublich mächtige Gott des eigenen Egos dahinter. Den würde ich mir sehr genau anschauen. Wollen Sie Ihren eigenen Fähigkeiten und Ihrem Selbstwert durch Ihre Kompetenz und Ihre Leistungen ein Denkmal setzen?

Im Grunde kommt es auf das an, was in Ihrem Herzen vor sich geht. Deshalb hat Jesus auf diesen Punkt so großen Wert gelegt. Er ließ sich nicht darauf ein, gute Taten zu belohnen, wenn jemand nicht mit dem Herzen dabei war. Im Gespräch mit den Jüngern sagte Jesus im Hinblick auf die führenden Männer in religiösen Angelegenheiten: „Diese Leute ehren Gott mit den Lippen, aber mit dem Herzen sind sie nicht dabei." Einige Verse weiter heißt es: „Wisst ihr denn nicht, dass alles, was ein Mensch zu sich nimmt, zuerst in den Magen kommt und dann ausgeschieden wird? Aber die bösen Worte, die ein Mensch von sich gibt, kommen aus seinem Herzen, und nur sie lassen ihn unrein werden! Aus dem Herzen kommen die bösen Gedanken wie: Mord, Ehebruch, sexuelle Zügellosigkeit, Diebstahl, Lüge und Verleumdung" (Matthäus 15,8.17–19).

Wir achten immer auf den äußeren Schein, doch Jesus macht uns deutlich, dass es auf die innere Haltung ankommt. Das Herz ist das Schlachtfeld der Götzen, weil das Herz die Quelle von allem ist.

Ich unterhielt mich einmal mit einem befreundeten Kardiologen. Er erklärte mir, wie man mithilfe einer sogenannten Angiografie den Zustand des Herzens überprüfen kann. Und das funktioniert folgendermaßen: Der Arzt injiziert Kontrastmittel in den Blutkreislauf, und dann wird eine Röntgenaufnahme der Arterien gemacht, um festzustellen, wo die Bahnen blockiert sind. Wenn man einen solchen Engpass lokalisiert hat, führt der Mediziner einen Stent durch das Bein des Patienten ein und macht das Blutgefäß wieder frei.

Das Interessante daran ist, dass Herzprobleme häufig übersehen und nicht diagnostiziert werden. Jahrelang bleiben sie unerkannt. Man führt keine Angiografie durch. Warum? Weil den Symptomen anscheinend keine besondere Bedeutung zukommt. Ein Patient leidet vielleicht unter Schlaflosigkeit, Rückenschmerzen, Appetitlosigkeit, Angstzuständen, Sehproblemen und anderem. Doch er sucht einen Arzt auf, um die *Symptome* zu behandeln. Er glaubt, sein Rücken bereite ihm Probleme, seine Schlaflosigkeit oder die Augen, doch in Wirklichkeit ist es das Herz. Erst wenn die eigentliche Ursache behandelt wird, geht es dem Patienten besser.

Eine geistliche Angiografie

Es fällt uns schwer, uns selbst als Götzendiener zu sehen. Welche Symptome auch immer wir zeigen, wir tun uns schwer damit, sie gedanklich mit dem Thron unseres Herzen zu verknüpfen und dem, der ihn innehat. Doch genau hier wird die Schlacht geschlagen. Also möchte ich Sie bitten, eine geistliche Angiografie durchzuführen, damit Sie sehen können, wie gesund Ihr Herz ist. Dazu möchte ich Ihnen eine Reihe von Fragen stellen, die nur Sie beantworten können.

Stellen Sie sich einfach vor, diese Fragen wären ein Kontrastmittel, das in Ihren Blutkreislauf gespritzt wird, um die Problembereiche zu identifizieren.

Wovon sind Sie enttäuscht?

Wenn uns die Enttäuschung übermannt, kann das ein Zeichen dafür sein, dass uns irgendetwas wichtiger geworden ist, als es das sein sollte. Unverhältnismäßig große Enttäuschung weist darauf hin, dass unser Sehnen und Hoffen auf etwas anderes gerichtet ist als auf Gott.

Wenn Sie nun Ihre größten Enttäuschungen aufzählen müssten, was käme da zur Sprache? Ihr beruflicher Werdegang? Ihre Kinder? Ihre Ehe oder Ihr Sexleben? Erwin Lutzer schreibt: „Haben Sie schon einmal darüber nachgedacht, dass Gott Sie durch Enttäuschungen daran erinnert, dass es Götzen in unserem Leben gibt, mit denen wir uns auseinandersetzen müssen?"[2]

Worüber beschweren Sie sich am meisten?

Diese Frage ähnelt der vorigen, doch dieses Mal sehen wir uns das an, was Sie nach außen hin zum Ausdruck bringen. Es bietet sich an, hierfür eine objektive Meinung einzuholen. Bitten Sie jemanden, der Ihnen nahesteht, etwas über die Dinge zu sagen, über die Sie sich am liebsten beschweren.

Wenn Sie sich ständig über Ihre finanzielle Situation beklagen, ist Ihnen möglicherweise Geld zu wichtig geworden.

Wenn Sie sich bei Ihrem Ehepartner andauernd über Ihr

Liebesleben beklagen, ist sexuelle Befriedigung vielleicht zu Ihrem Götzen geworden.

Wenn Sie sich unaufhörlich darüber beklagen, dass man Ihnen am Arbeitsplatz zu wenig Respekt entgegenbringt, könnte es sein, dass es für Sie eine zu große Rolle spielt, was andere Menschen über Sie denken. Wenn Sie ständig jammern, dass Ihre Mannschaft eine schlechte Saison hat, könnte der Sport zu Ihrem Götzen geworden sein. Das, worüber wir am meisten klagen, weist auf das hin, was uns am wichtigsten ist. Unser Gejammere zeigt, was wirklich Macht über uns hat. In vieler Hinsicht ist Jammern das Gegenteil von Anbetung. Anbetung bedeutet, Gott die Ehre zu geben für das, was er ist, und sich für das dankbar zu zeigen, was er für uns getan hat. Jammern dagegen bedeutet, zu ignorieren, wer Gott ist, und aus dem Blick zu verlieren, was er für uns getan hat.

Wofür bringen Sie finanzielle Opfer?

Dazu möchte ich später noch mehr sagen, doch im Matthäusevangelium heißt es sinngemäß: Wo unser Schatz ist, da ist auch unser Herz. Wofür Sie Geld ausgeben, zeigt, welcher Gott den Kampf um Ihr Herz gewinnt. Schauen Sie sich also Ihre Kontoauszüge und Rechnungen an. Stellen Sie sich vor, dass Sie dabei die Ausgaben eines Ihnen völlig fremden Menschen unter die Lupe nehmen, um herauszufinden, was ihm am wichtigsten ist.

Was bereitet Ihnen Sorgen?

Vielleicht ist es die Vorstellung, einen Menschen zu verlieren, der Ihnen wichtig ist, oder auch Ihre Arbeitsstelle zu verlieren, Ihr Haus oder eine Fähigkeit. Möglicherweise haben Sie auch Angst davor, ausgelacht zu werden. Oder Angst vor dem Alleinsein. Man kann sich solche Sorgen um irgendetwas machen, dass man davon förmlich gefesselt wird. Nachts, wenn wir unseren Verstand nicht mehr unter Kontrolle haben, kommt es dann an die Oberfläche. Was immer es ist, das uns aus dem Schlaf hochschrecken lässt oder uns die ganze Nacht wach hält, hat die Macht, zu unserem Götzen zu werden.

Wo suchen Sie Zuflucht?

Wohin gehen Sie, wenn Sie Kummer haben? Nehmen wir einmal an, Sie hatten einen furchtbaren Tag im Büro. Jetzt kommen Sie nach Hause und gehen – ja, wohin? Zum Kühlschrank, um sich mit einer Portion Eis zu trösten? Oder telefonieren Sie mit Ihrem besten Freund? Flüchten Sie sich in einen Roman, einen Film, Videospiele oder Pornografie? Wo suchen Sie Zuflucht, um emotional wieder ins Gleichgewicht zu kommen?

In der Bibel heißt es, dass Gott unsere Zuflucht und Stärke ist, unsere Hilfe in Zeiten der Not – und zwar so sehr, dass wir keine Angst haben müssen, nicht einmal, wenn die Berge wanken und in der Tiefe des Meeres versinken (Psalm 46,2–3). Meiner Meinung nach ist das ein hervorragender Zufluchtsort. Wir vergessen das aber leicht und rennen in die andere Richtung los. Wo wir Schutz suchen und Hilfe, sagt eine Menge darüber aus, wer wir sind. Die höheren Lagen, die wir aufsuchen, verraten viel über die Geografie unserer Werte.

Während des Bewerbungsgesprächs für die Stelle, die ich im Augenblick innehabe, stellten mir die Gemeindeältesten eine Reihe von Fragen. Eine schien ihnen besonders wichtig zu sein: „Erzähl uns etwas von deinen Problemen und Schwierigkeiten."

Ich dachte darüber nach, und schließlich fielen mir ein oder zwei Dinge ein, mit denen ich mich herumgeplagt hatte. Doch gleichzeitig musste ich einräumen, dass ich noch nie wirklich gelitten hatte. Einer der Ältesten machte sich deswegen Gedanken. Ich dachte mir: *Was soll ich denn tun? Etwa einen geliebten Menschen verlieren?* Er bohrte immer weiter nach und erläuterte schließlich: „Erst wenn ein Mensch wirklich gelitten hat, weiß man, wer er ist."

Einige Wochen später kam ich von der Arbeit nach Hause und ging nach oben, um Morgan zu wecken, die ihren Nachmittagsschlaf gehalten hatte. Damals war sie zwei. Ich sah sofort, dass ihr großer Kleiderschrank aus Kiefernholz umgefallen war, und dann merkte ich, dass sie darunterlag. Mein Herz blieb fast stehen! Panisch schob ich den Schrank zur Seite und entdeckte, dass sie über und über mit blauen Flecken bedeckt war.

Meine Frau und ich fuhren sie sofort ins Krankenhaus und sie wurde untersucht und geröntgt. Gebrochen hatte sie sich nichts. Sie atmete, reagierte jedoch nicht. Ich setzte mich, den Rücken an die Wand gelehnt, auf den Boden, weinte und betete. Dann begann ich, das Lied „Our God is an awesome God" („Unser Gott ist ein mächtiger Gott") zu singen.

Eine Woche später wachte meine Tochter auf, doch sie konnte nicht gehen. Ihr linkes Bein wollte sich einfach nicht bewegen. Ich betete weiter und klammerte mich an Gott. Mit der Zeit ging es ihr immer besser. Heute ist sie wieder vollkommen gesund, und irgendwann im Lauf dieses Prozesses begriff ich, dass der Älteste recht gehabt hatte. Es war wichtig, dass ich etwas über mich selbst lernte und erfuhr, wie es zwischen Gott und mir stand, wenn es hart auf hart kam.

Ich entdeckte, dass er mein Zufluchtsort war, selbst wenn meine tiefsten Ängste Wirklichkeit wurden.

Was macht Sie wütend?

Jeder Mensch hat einen oder zwei Knöpfe, die man nur drücken muss, damit er explodiert. Lieben Sie den Wettkampf so sehr, dass Sie nicht einmal ein kleines Fußballspiel mit zusammengewürfelten Teams auf dem Bolzplatz verlieren können? Wäre es möglich, dass es Ihr Götze ist, immer der Beste sein zu wollen? Wie reagieren Sie, wenn Sie mit dem Auto unterwegs sind? Wenn jemand Sie schneidet, zu dicht auffährt, beschleunigt und Sie nicht in die Spur lässt – warum hat dieser Ihnen völlig unbekannte Mensch so viel Macht über Ihre Gefühle? Oder wenn jemand Sie in eine peinliche Situation bringt oder Sie nicht mit dem gebührenden Respekt behandelt? Worum geht es denn da eigentlich? Vielleicht bringt Ihr aufbrausendes Temperament den ältesten aller Götzen zum Vorschein – den Gott des Egos.

Wovon träumen Sie?
Albträume sagen etwas über uns aus und Tagträume ebenso – die Orte, die wir *freiwillig* aufsuchen, um unseren Fantasien nachzuhängen. Welche Fantasie hat Sie im Griff und bringt Ihre Augen zum Glänzen? Träumen Sie davon, die nächste Staffel von „Deutschland sucht den Superstar" zu gewinnen oder in den Kader eines Bundesligavereins berufen zu werden? Solche Träume sind ja schön und gut, aber die Frage ist doch, was dahintersteckt.

Wie sieht Ihre Motivation aus: Wollen Sie Gott die Ehre geben oder wollen Sie berühmt, beliebt und reich werden?

KAPITEL 3
EIN EIFERSÜCHTIGER GOTT

In seinem Buch *Driven from Within* („Innerer Antrieb") erzählt der legendäre Basketballspieler Michael Jordan eine aufschlussreiche Geschichte über einen Besuch bei einem Freund. Fred Whitfield war Präsident und Geschäftsführer einer anderen NBA-Mannschaft. Die beiden wollten gerade zum Essen gehen, als Jordan anmerkte: „Ziemlich kalt draußen. Kann ich mir von dir eine Jacke leihen?"
Whitfield meinte: „Klar", und deutete auf den Garderobenschrank. Jordan ging durch den Flur und einen Augenblick lang senkte sich Schweigen über das ganze Haus. Dann kehrte der Star mit einem Arm voller Sportjacken, Hemden, Schuhe und anderer Ausrüstung zurück, die mit einem Herstellerlogo versehen waren. Er ließ den ganzen Haufen auf den Boden fallen und ging ein weiteres Mal den Flur hinab, um noch mehr zu holen.

Whitfield schaute sich den Berg an und bemerkte, dass alle Sachen von Puma stammten, einem Konkurrenten von Nike. Jordan hatte gesehen, dass im Garderobenschrank Kleidung beider Hersteller lag, und da er in den Augen der Öffentlichkeit untrennbar mit dem geschwungenen Nike-Logo verbunden war, gefiel ihm das überhaupt nicht. Die Kleidungsstücke von Nike fanden sich im Schrank, weil Whitfield gut mit Michael Jordan befreundet war. Die Sachen von Puma hingen dagegen dort, weil er auch mit Ralph Simpson befreundet war, der Werbeträger für diese Marke war.

Whitfield stand daneben und wartete darauf, welches Schicksal seine Kleidungsstücke von Puma ereilen würde. Jordan ging in die Küche, kam mit einem Fleischmesser zurück und zerschnitt die Kleidung auf dem Haufen in Tausende von kleinen Fetzen.

Als er die Sportkleidung gründlich zerstört hatte, sammelte er alles auf und trug es zur Mülltonne. Schließlich baute er sich neben Whitfield auf und verkündete: „Morgen kannst du meinen Nike-Vertreter anrufen und ihn bitten, alles zu ersetzen. Aber ich will dich nur noch in Nike-Klamotten sehen. Du kannst nur auf einer Seite stehen."[3]

Uns wird schon ein wenig unbehaglich zumute, wenn wir lesen, wie Jordan sich benommen hat. Meiner Erfahrung nach sind Menschen, die Christus nachfolgen und Bücher wie dieses lesen, höfliche Leute. Ich kann mir nicht vorstellen, dass ich mich so verhalten würde wie Michael Jordan, wenn ich bei jemandem zu Besuch wäre, und ich möchte dieses Verhalten auch niemandem empfehlen, der seine Freunde behalten will.

Aber finden Sie nicht auch, dass Jordan uns – in gewisser Hinsicht zumindest – sehr deutlich vor Augen führt, was es bedeutet, Götzenbilder zu zerschmettern? Er zeigt uns, was radikale Hingabe bedeutet. Und das ist genau die Art von Hingabe, nach der sich Gott bei den Menschen sehnt, die zu ihm gehören. Er will nicht, dass wir in unserem Kleiderschrank einfach nur ein bisschen Platz für ihn machen – er will den ganzen Kleiderschrank für sich allein.

Und schon kommen wir einem Problem auf die Spur. Die Generation, die im Zweiten Weltkrieg gekämpft und das Land Mitte des 20. Jahrhunderts wiederaufgebaut hat, ist für ihre Loyalität und ihre Treue bekannt. Viele von uns hatten Eltern, Großeltern oder Urgroßeltern, die ihr Leben lang in einer einzigen Firma gearbeitet und in einem einzigen Haus gewohnt haben und während ihres Erwachsenenlebens in eine einzige Gemeinde gegangen sind. Die Menschen standen treu zu ihrem Arbeitgeber, ihrer Stadt, ihrer Gemeinde und ihrer Familie.

In der heutigen Zeit ist es ganz normal, wie ein Nomade zu leben, von Stadt zu Stadt zu ziehen, sich an seinem Wohnort immer wieder einmal eine neue Gemeinde zu suchen und den Partner zu wechseln. Wir suchen den Horizont ab und halten Ausschau nach etwas Besserem – nach einem besseren Haus, besseren Karrieremöglichkeiten, einem besseren Leben. Unablässig sind wir auf der Suche nach dem besseren Deal. Wir leben in einer Welt, in der sich viele Menschen für die Unverbindlichkeit entscheiden, wenn es um Beziehungen geht. Wir sind offenbar eine Generation, die sich vor allem für eine Sache engagiert: sich alle Möglichkeiten offenzuhalten.

Es ist zwar nicht unbedingt schlecht, sich alle Möglichkeiten offenzuhalten, doch wir sollten begreifen, dass diese Eigenschaft, die unsere Kultur so sehr prägt, es uns erschwert zu verstehen, wie ernst die Sache mit dem Götzendienst ist. Gott ist nur an einer Art von Beziehung interessiert, nämlich einer exklusiven und hingebungsvollen. Er denkt nicht einmal darüber nach, den Platz in Ihrem Herzen mit jemandem zu teilen.

Auf seinem Thron gibt es nur einen Platz.

Eifersucht

„Du sollst dir kein Götterbild machen, auch keinerlei Abbild dessen, was oben im Himmel oder was unten auf der Erde oder was im Wasser unter der Erde ist. Du sollst dich vor ihnen nicht niederwerfen und ihnen nicht dienen. Denn ich, der Herr, dein Gott, bin ein eifersüchtiger Gott.“

2. Mose 20,4–5;
Elberfelder Bibel

Wäre es nicht interessant, wenn wir Menschen nicht nur mit ihrem Vornamen anreden würden, sondern auch mit ihrem vorherrschenden Charakterzug? Ihr Ehefrauen, wie würde euer Mann dann heißen? Vielleicht „Süßholzraspler" oder

„starker Beschützer". Vielleicht wäre es aber auch ein etwas weniger schmeichelhafter Begriff.*

In der Bibel wird Gott oft auf der Grundlage seiner Charaktereigenschaften bezeichnet. Er ist der „König der Könige", „Erretter", „Versorger", „Arzt" und „Erlöser" – die Liste ließe sich beliebig fortführen. Doch es gibt eine Bezeichnung, die aus der Reihe fällt. In 2. Mose 34, Vers 14 (Elberfelder) heißt es: „Denn du darfst dich vor keinem andern Gott anbetend niederwerfen; denn der Herr, dessen Name ‚Eifersüchtig' ist, ist ein eifersüchtiger Gott."

Eifersüchtig? Dieses Wort klingt nicht besonders, nun ja, *positiv.* Da schwingt etwas Fieses mit – wie bei zwei Mädchen in der Oberstufe, die sich für denselben Jungen interessieren, wie bei einem Basketballspieler, der seinem Mannschaftskameraden keinen Pass zuspielt, weil der immer die meisten Punkte einheimst, oder wie bei einem besitzergreifenden Jungen, der sich schon dann aufregt, wenn seine Freundin einen anderen jungen Mann nur anschaut.

Außerdem: Welchen Grund könnte Gott haben, eifersüchtig zu sein? Gehört ihm nicht ohnehin schon alles? Gibt es denn irgendetwas, das ihm im Hinblick auf Macht und Herrlichkeit das Wasser reichen könnte? Natürlich nicht – zumindest nicht in der Realität.

Doch wie sieht es in Ihrem Herzen aus?

Gott ist eifersüchtig auf das, wofür Ihr Herz schlägt, nicht weil er fies oder unsicher wäre, sondern weil er Sie liebt. Er betrachtet Götzendienst als riesiges Problem, weil seine Liebe für Sie allumfassend ist. Er liebt Sie viel zu sehr, um Sie mit jemandem zu teilen.

---

* Pfennigfuchser, Rumtrödler, Bauchkratzer

Paul Copan, Philosophieprofessor an der *Palm Beach Atlantic University*, hat sich auf die Spur der Frage begeben, unter welchen Umständen Eifersucht etwas Gutes sein kann.

Er schildert, wie Gott sich danach sehnt, dass wir uns ihm von ganzem Herzen hingeben. Die Menschen, so meint er, gleichen einem Hund, der aus der Toilette trinkt und fest davon überzeugt ist: „Viel besser kann es eigentlich nicht mehr werden!" Wir könnten das Wasser des Lebens trinken, das allein Jesus Christus uns anbietet, und doch wählen wir einen billigen Ersatz, der auf ekelhafte und schockierende Weise viel minderwertiger ist. Gott hat großartige Pläne für uns, und es bekümmert ihn, welche Entscheidungen wir in unserer Unwissenheit treffen. Es macht ihn eifersüchtig, gerade weil er gerecht und liebevoll ist.

Copan schreibt: „Eine Frau, die nicht eifersüchtig wird, wenn eine andere Frau mit ihrem Mann flirtet, fühlt sich ihrer ehelichen Beziehung im Grunde nicht verpflichtet. ... Wut, Schmerz, Kummer – das ist die angemessene Reaktion auf eine solche Verletzung. Gott ist kein abstraktes Wesen, kein unpersönliches Prinzip. ... Wir sollten darüber staunen, dass der Schöpfer des Universums sich so sehr mit den Menschen identifiziert, dass er selbst Kummer und Schmerz empfindet, wenn Menschen ihn zurückweisen und verraten."[4]

In der Bibel heißt es von Gott: „Denn der Herr, dein Gott, ist ein verzehrendes Feuer, ein eifersüchtiger Gott!" (5. Mose 4,24; Elberfelder Bibel).

Die Begriffe „eifersüchtig" und „eifernd" sind in der Bibel praktisch austauschbar, weil sie auf dasselbe hebräische Wort im Grundtext zurückgehen. Auch im Deutschen hängen die beiden Begriffe ja zusammen. Bei „Eifer" denken wir an Begeisterung. Diese Vorstellung erklärt, warum Gott so besitzergreifend ist: Er ist, wie er von sich selbst sagt, ein verzehrendes Feuer, ein leidenschaftlich liebender Gott (nachzulesen in 5. Mose 4,24).

Können Sie sich noch daran erinnern, wie es war, als Sie sich bis über beide Ohren in jemanden verliebt hatten? Wie Sie vor Leidenschaft brannten und von Ihren Gefühlen förmlich verzehrt wurden? Das war nur ein schemenhaftes Abbild der Liebe, die Gott für Sie empfindet. Wenn wir darüber sprechen, dass Gott Götzendienst niemals toleriert, müssen wir uns ins Gedächtnis rufen, dass das mit seiner leidenschaftlichen Liebe zusammenhängt, die so kraftvoll und intensiv ist, dass sie heißer brennt als eine Milliarde Sonnen.

Ich wünsche mir, dass Sie sich daran erinnern, wenn Sie dieses Buch lesen, denn Folgendes wird geschehen: Wenn wir auf den nächsten Seiten durch die Tempel der modernen Götzen gehen, werden Sie diejenigen erkennen, die in Ihrem Leben Krieg führen. Und Gott wird zu Ihnen sprechen. Er wird Sie mit diesen Worten herausfordern: „Du hast die Wahl."

„Du hast die Wahl zwischen mir und dem Geld."

„Du hast die Wahl zwischen mir und deiner Karriere."

„Du hast die Wahl zwischen mir und dieser Beziehung."

„Du hast die Wahl zwischen mir und dem Haus."

Wenn Sie in sich selbst hineinschauen, werden Sie merken, dass sich Ihr Weg immer wieder einmal gabelt und Sie eine Entscheidung treffen müssen. Gott lässt Ihnen nicht die Möglichkeit offen, sich für ihn als einen unter vielen zu entscheiden. Neben ihm gibt es keinen Platz für jemand anderen. So sehr liebt er Sie.

Götzendienst ist Ehebruch

Der Prophet Hesekiel gebraucht eine aussagekräftige Analogie, um deutlich zu machen, was Gott angesichts des Götzendienstes empfindet. Er vergleicht ihn mit einer Frau, die ihren Ehemann betrügt. Diese Analogie findet sich durchgängig in der gesamten Bibel. Im Neuen Testament wird die Gemeinde als Braut Christi bezeichnet, und in vielen Gleichnissen Christi geht es um eine Braut, die ihrem Bräutigam treu ist und auf ihn wartet.

Mit Sicherheit gehört es zu den quälendsten menschlichen Erfahrungen, einen untreuen Ehepartner zu haben. Das ist Verrat par excellence. Und genau so bezeichnet es die Bibel, wenn wir Gottes Liebe ablehnen und einen billigen Ersatz vorziehen. Gott ist der Liebhaber, den wir verraten und betrogen haben.

Als ich in meiner Gemeinde über dieses Thema sprach, bat ich die Anwesenden, sich vorzustellen, sie sähen mich bei einem romantischen Abendessen mit Kerzenschein im Restaurant mit einer Frau, die nicht *meine* Frau ist. Dann sollten sie sich vorstellen, sie träten an meinen Tisch und erkundigten sich, wer das denn überhaupt sei und was das alles zu bedeuten habe.

Und nun stellen Sie sich vor, ich würde nonchalant lächeln und sagen: „Ach, ich habe gerade ein Rendezvous."

„Aber was ist mit deiner Frau?"

„Wieso? Die liebe ich doch auch. Ich bin mit ihr schon unzählige Male ausgegangen."

Ich bin ziemlich sicher, dass Sie wütend und angewidert weggehen würden, und dazu hätten Sie auch allen Grund.

Können Sie sich vorstellen, dass mich meine Frau hinterher mit einem breiten Lächeln an der Tür begrüßen würde? Dass sie sagen würde: „Hallo, Schatz, wie war dein Rendezvous? Hat's Spaß gemacht?"

Es wird Sie vielleicht überraschen zu hören: Das würde nicht passieren.

Sie würde Kummer, Schmerz und Wut empfinden. Und eigentlich würde ich mich daran stoßen, wenn es nicht so wäre. Wenn sie keine Spur von Eifersucht an den Tag legen würde, würde mir das zeigen, dass ihr unsere Beziehung eigentlich nicht wichtig ist.

Es ist ein überwältigendes Gefühl, wenn wir entdecken, dass Gott uns genauso liebt, denn das verändert, wie wir uns selbst sehen. Alles im Leben bekommt eine größere Bedeutung, wenn jemand uns so sehr liebt – vor allem wenn dieser Jemand Gott selbst ist.

Und natürlich liebt uns Gott auf diese Art und Weise. Er will nicht nur ein Gott unter vielen sein, die wir anbeten. Er macht uns ganz deutlich, dass wir ihn von ganzem Herzen, von ganzer Seele und mit unserem ganzen Verstand lieben sollen. Mit dieser positiven Formulierung werden die Zehn Gebote oft zusammengefasst. Negativ formuliert könnte man sagen: „Du wirst keine anderen Götter neben mir haben." Wenn es um Gott geht, dann gibt es keine wilde Ehe und keine offene Beziehung.

Wilde Verfolgungsjagd

Dass Gott eifersüchtig ist, zeigt sich nicht nur daran, dass er sich an unserem Götzendienst stört, sondern auch darin, dass er leidenschaftlich um unser Herz wirbt. Er lässt uns nicht einfach mit einem Liebhaber oder einer Liebhaberin durchbrennen, sondern jagt uns nach. Ganz egal, welcher Götze den Kampf um Ihr Herz im Augenblick auch zu gewinnen scheint, einer Sache können Sie gewiss sein: Der eine wahre Gott wird Sie nicht kampflos aufgeben. Gott eilt uns nach, wenn wir vom Weg abkommen und Ehebruch begehen wollen, und er wird uns bis zu unserem Grab nachgehen.

Der Dichter Francis Thompson fand eine ungewöhnliche Bildsprache dafür, als er sein berühmtes Gedicht „Der Jagdhund des Himmels" verfasste. Thompson war Christ und hatte in seinem Leben mit vielen Schwierigkeiten zu kämpfen.

Mit seiner Gesundheit stand es nicht zum Besten, er hatte finanzielle Probleme und war opiumsüchtig (damals war Opium trotz seiner Gefährlichkeit noch legal). Man ahnt schon, welchen falschen Götzen er hinterherjagte.

Als er sich das Chaos seines Lebens ansah, erwartete er, dass Gott sich angewidert von ihm abwenden würde. Schließlich hatte Thompson alles vermasselt; ganz bestimmt hatte Gott einem solch unwürdigen Diener den Rücken gekehrt. Und doch spürte Thompson auch im tiefsten Leid, dass Gott gegenwärtig war, dass er ihm nachging, dass er versuchte, ihn vor sich selbst zu retten.

In dem Gedicht schreibt Thompson:

Ich floh vor ihm, die Nächte und die Tage hindurch;
ich floh vor ihm, hinunter durch die Gewölbe der Jahre;
ich floh vor ihm, hinunter durch die verschlungenen Wege
meiner eigenen Gedanken; und inmitten von Tränen
versteckte ich mich vor ihm, und unter anhaltendem Gelächter.

Er schildert, wie unerbittlich ihn der Jagdhund des Himmels verfolgt: Hinter sich hört er seine Schritte, geduldig und ohne Eile verfolgt er ihn. Immer wieder erinnert ihn eine Stimme, dass es keinen anderen Gott, keine andere Zuflucht geben kann. Seine Liebe ist eifersüchtiger und eifernder als unsere dickköpfige Widerspenstigkeit. Gott verfolgt ihn wie ein Jagdhund einen Fuchs.

Wenn jemand Sie jemals fragen sollte: „Was ist denn am Christentum so besonders? Was unterscheidet es vom Buddhismus, Hinduismus, Islam oder irgendeiner anderen Religion?", dann finden Sie die Antwort genau hier. Nirgendwo sonst jagt Gott den Menschen hinterher.

Wir Menschen haben die unterschiedlichsten Vorstellungen von Gott. Vielleicht wohnt er auf dem Olymp, wie die Griechen dachten, und besucht hin und wieder die Erde, wenn er sich langweilt. Vielleicht ist er aber auch ein ganzer Pantheon von Göttern, wie die Hindus glauben; vielleicht gibt es so viele Götter, dass man eine Liste anlegen muss, um nicht den Überblick zu verlieren. Vielleicht ist „Gott" auch nur ein anderes Wort für „Natur", wie die Pantheisten glauben, was bedeutet, dass der Baum draußen vor dem Fenster Gott ist; dieser Stuhl hier ist Gott, und, ja, Sie und ich, wir sind auch Götter! Vielleicht gibt es im Grund auch überhaupt keinen Gott – so sehen es zumindest Buddhisten – und die Antworten auf die großen Fragen unseres Lebens finden wir in uns selbst.

Das Christentum präsentiert uns ein Gottesbild, das sich von allen anderen grundlegend unterscheidet. Im Christentum gibt es nur einen einzigen Gott. Er ist allmächtig. Er spielt eine aktive Rolle und ist der Vater jedes einzelnen Menschen. Sein auffallendster Charakterzug sind nicht sein Zorn, seine Macht, seine Transzendenz, ja, nicht einmal seine Kreativität, sondern seine unerbittliche, alles verzehrende Liebe. Einen solchen Gott hätte sich niemand ausdenken können – diese Vorstellung wäre wirklich allzu abenteuerlich.

Wir haben einen Gott, der aus dem Himmel, aus der Vollkommenheit, Reinheit und Macht zu uns kommt, in all unsere Schwachheit und Unreinheit, der menschliche Gestalt annimmt, als Kind auf die Welt kommt, weil er um unser Herz wirbt. Wir haben einen Gott, der, auch wenn er abgelehnt, ignoriert und zurückgewiesen wird – sogar auf gotteslästerliche Weise und mit aller Gewalt –, eine Möglichkeit findet, seiner Liebe auf neue Art Ausdruck zu verleihen und eine neue Einladung auszusprechen. Wir haben einen Gott, der niemals den Versuch aufgibt, das Herz eines Menschen zu gewinnen. Niemals.

Wie ernst das Problem des Götzendienstes wirklich ist, kann man nur verstehen, wenn man auch die Eifersucht Gottes versteht. Und diese Eifersucht wiederum kann man nur verstehen, wenn man seine unerbittliche, mächtige Liebe versteht, denn diese beiden Dinge sind untrennbar miteinander verflochten.

Die gesamte Bibel ist ein Liebesbrief an die Menschheit in Form einer Geschichte, damit wir verstehen, was Gott alles erlebt hat, seit er uns schuf, damit wir sehen, wie wir seine Liebe zurückgewiesen haben, damit wir begreifen, wie er uns nachgeht. Wir haben einen Gott, der uns die Freiheit gibt, Nein zu sagen, der uns jedoch auch jede nur erdenkliche Möglichkeit eröffnet, Ja zu sagen. Man nennt ihn den „Jagdhund des Himmels", weil er unsere Spur niemals verliert.

Das Alte Testament ist die Geschichte unserer törichten Rebellion gegen Gott, mit der wir uns selbst kaputt machen. Er bietet uns eine ganz besondere Beziehung an. Doch immer wieder nehmen wir seine Gaben an und wenden uns dann wieder von ihm ab, um uns einem Götzen zuzuwenden, statt die erstaunlichen Möglichkeiten in Anspruch zu nehmen, die er uns eröffnet. Gegen Ende der alttestamentlichen Zeit hat sich das Volk so weit von Gott abgewandt, dass der Himmel zu schweigen scheint. Die Propheten sind verstummt. Das Volk wird nicht mehr vor seinen Feinden errettet. Anscheinend hat Gott die Menschheit im Stich gelassen, obwohl in Wirklichkeit das Gegenteil der Fall ist.

Und dann schickt Gott seinen eigenen Sohn. Das ist der tiefste und erstaunlichste Ausdruck seiner unerbittlichen Jagd nach uns. Gott bringt sich wieder ins Spiel, und dieses Mal kommt er uns ganz persönlich nah – obwohl er das eigentlich schon immer war. Doch dieses Mal geht er aufs Ganze. Er schenkt uns seinen einzigen Sohn. Weil er der allwissende Gott ist, weiß er genau, wie alles enden wird. Er weiß schon von der Verhaftung, dem unfairen Prozess, den Schlägen, dem Spott, der Kreuzigung.

Dass Jesus zu uns auf die Erde kommt, zeigt, was Gott alles in Kauf nimmt, um unser Herz zu erringen. Er muss eine Entscheidung treffen – die Entscheidung zwischen Ihnen und dem Leben seines Sohns. „Denn also hat Gott die Welt geliebt, dass er seinen eingeborenen Sohn gab" (Johannes 3,16; Luther).

Spüren Sie, wie er Ihnen nachgeht? Hören Sie seine Schritte? Hören Sie, wie er flüstert: „Ein Nein als Antwort akzeptiere ich einfach nicht?"

In *David Copperfield,* einem Roman von Charles Dickens, lesen wir von einer Familie, die am Strand in einem alten Fischerboot lebt. Der Familienvater, ein alternder Fischer, der schon seit langer Zeit nicht mehr arbeitet, lebt dort zusammen mit einem adoptierten Neffen und einer adoptierten Nichte. Sie heißt Emily und der Vater ist ganz vernarrt in sie. Sein sehnlichster Wunsch ist es, dass sie einen netten jungen Mann heiratet. Emily aber hat andere Pläne. Sie lässt sich von einem redegewandten, gut aussehenden Mann umgarnen, der ihr die Ehe verspricht und ihr die große weite Welt zeigen will, wenn sie in dieser Nacht mit ihm durchbrennt. Sie tut es, doch schon bald zeigt sich, dass der junge Mann nicht die Absicht hegt, sie zu heiraten. Weil die Geschichte Mitte des 18. Jahrhunderts spielt, ist damit ihr Ruf und auch der ihrer Familie ruiniert. Es verstand sich damals von selbst, dass jemand, der solche Schuld auf sich geladen hatte, nicht einmal darüber nachdenken durfte, wieder nach Hause zurückzukehren. Einer solchen Frau stand nur noch die Prostitution offen. Und genau das passiert auch in dem Roman von Dickens.

Ihr bekümmerter Onkel versteht die Situation genau, doch es ist ihm egal. Er kratzt alles Geld zusammen und macht sich auf die Suche nach seiner Nichte. Wenn er den Rest seines Lebens damit verbringen wird, nun, dann ist das eben so. Er wird jede düstere, heruntergekommene Straße in jeder europäischen Stadt durchkämmen, bis er sie schließlich finden wird, denn an seiner Liebe zu ihr ändert sich durch das, was sie getan hat, nichts. Er kann es einfach nicht ertragen, sie zu verlieren. Und so sucht er viele Jahre nach ihr, bis sein Haar ergraut ist. Schließlich macht er sie ausfindig und bringt sie nach Hause. Sie kann nicht glauben, dass er nach ihr gesucht hat, sie kann nicht glauben, dass sie ihm nicht gleichgültig ist. Doch er ist glücklicher als jemals zuvor, weil sein Kind nach Hause gekommen ist.

Jesus erzählte einmal eine ähnliche Geschichte, dieses Mal über einen jungen Mann, der seinem Vaterhaus den Rücken kehrte und dessen Vater ihm entgegenlief, als er wieder zurückkam. So ist unser Gott – unser eifersüchtiger, beharrlicher, liebender Gott. Als wir noch Sünder waren, starb Christus für uns. Als wir noch Sünder waren, ging Gott uns nach. Und das tut er immer noch, in meinem Leben und in Ihrem. Alles, was ein Hindernis zwischen ihm und uns darstellt, ist ihm verhasst, und auch alles, was uns den Blick auf ihn verstellt oder verhindert, dass wir seine Stimme hören. Er will Sie ganz, nicht nur einen Teil von Ihnen.

Eifersüchtig wacht er darüber, dass Sie ihm Ihr ganzes Herz schenken.

KAPITEL 4
ALLE GÖTZEN BITTE VORTRETEN!

Kylie Bisutti wusste genau, was sie mit ihrem Leben anfangen wollte: Sie wollte Model werden und damit hatte sie auch überragenden Erfolg. 2009 setzte sie sich beim Wettbewerb von *Victoria's Secret* gegen zehntausend Mitbewerberinnen durch. *Victoria's Secret* ist, wie Sie vielleicht wissen, ein amerikanischer Hersteller von Damenunterwäsche und ein mehr als fünf Milliarden Dollar schweres Unternehmen. Berühmt sind die Modenschauen, die Kataloge und natürlich die sogenannten „Engel", also die unter Vertrag genommenen Models, die mit schöner Regelmäßigkeit zu Modeikonen werden.[*]

„Victoria's Secret – das war mein absolut größtes Lebensziel", erzählte sie. „Dort wollte ich Karriere machen und nirgendwo anders. Und es gefiel mir auch ausnehmend gut, solange ich da war."

Kurz bevor ihre Träume Wirklichkeit wurden, hatte Bisutti jedoch geheiratet. Sie und ihr Mann waren Christen, und sie begann, darüber nachzudenken, was sie da eigentlich machte und welches Vorbild sie abgab. Sie begriff, dass es einen großen Unterschied ausmachte, ob man Model für Oberbekleidung war oder für Reizwäsche.

Zu guter Letzt kam sie zu dem Schluss, dass der Anblick ihres Körpers ihrem Ehemann allein vorbehalten war, nicht den Millionen von Voyeuren im Internet. Darüber hinaus begriff sie, dass ihr das Schicksal vieler junger Mädchen am Herzen lag, die zu ihr aufblickten, denn sie machte sich Sorgen, dass ihr eigenes Rollenvorbild diese Mädchen ermutigen würde, provokative Bekleidung anzuziehen.

---

[*] Hat man mir jedenfalls gesagt.

Dann war da noch etwas anderes. „Endlich war mein größter Traum Wirklichkeit geworden", sagte sie, „der Traum, der mich mein Leben lang begleitet hatte. Aber als er schließlich Realität geworden war, war es überhaupt nicht so, wie ich es mir vorgestellt hatte."

Einen Moment! Lesen Sie diese Sätze noch einmal. Sie wollen nicht? Dann schreibe ich es noch einmal für Sie auf: „Endlich war mein größter Traum Wirklichkeit geworden", sagte sie, „der Traum, der mich mein Leben lang begleitet hatte. Aber als er schließlich Realität geworden war, war es überhaupt nicht so, wie ich es mir vorgestellt hatte."

Wie oft haben wir das schon gehört? Jemand hat einen Traum. Er sehnt sich danach, er strengt sich an, er gibt alles, um sein Ziel zu erreichen, und dann entspricht das Ergebnis nicht den Erwartungen.

Bisuttis größtes Ziel entpuppte sich als Götze, der sein Versprechen nicht halten konnte.

Ihre Träume waren Wirklichkeit geworden, doch sie begriff, dass es die falschen Träume gewesen waren, auch wenn sie von Millionen von Frauen geteilt wurden. Eines wusste sie: Jesus nachzufolgen und Gott, dem Herrn, die Ehre zu geben bedeutete, sich von den Götzen abzuwenden, vor denen so viele Menschen ein ganzes Leben lang niederknien. Letzten Endes musste sie die Entscheidung treffen, wen sie anbeten wollte. Also gab sie ihre Karriere als Model auf.[5]

Haben Sie auch schon einmal einen solchen Moment erlebt, als Sie plötzlich erkannten, dass Sie eine Entscheidung treffen mussten und dass von dieser Entscheidung Ihr ganzes weiteres Leben abhing? Dass es gewaltige Auswirkungen auf Ihre Zukunft hätte, wenn Sie sich für einen bestimmten Beruf entschieden, eine bestimmte moralische Entscheidung träfen, einen bestimmten Partner wählten?

Manchmal stehen wir vor einer solchen Weggabelung und wissen genau, was mit der betreffenden Entscheidung auf dem Spiel steht. Doch wie so oft zuvor wählen wir einfach irgendeinen Weg, ohne lange darüber nachgedacht zu haben. Wir treffen viele Entscheidungen, ohne uns dessen überhaupt bewusst zu sein. Wir erledigen manche Dinge auf bestimmte Weise, weil man das in unserer Familie schon immer so gemacht hat. Oder weil andere Leute das so machen, Leute, die wir bewundern. Oder weil es fast alle so machen.

Ob wir uns nun dessen bewusst sind oder nicht: Wie Kylie Bisutti so treffen auch wir regelmäßig Entscheidungen, die darauf hinweisen, welche Götzen den Kampf um unser Leben gewinnen.

Tor 1, 2 und 3

Mose führte das heimatlose Volk Israel aus Ägypten, wo es einige Generationen lang in der Sklaverei verbracht hatte. Durch die zehn Plagen demonstrierte Gott seine Macht. Er teilte das Schilfmeer, gab ihnen Speise vom Himmel und Wasser aus dem Felsen. Sogar mit einem übernatürlichen GPS-System versorgt er sie, indem er ihnen tagsüber mit einer Wolken- und nachts mit einer Feuersäule den Weg zeigte.

Doch das Volk erwies sich als nicht besonders glaubensstark. Immer wieder jammerten die Menschen herum und beklagten sich. Eigentlich hätte die Wanderung ins Gelobte Land nur einen Monat dauern sollen, doch Gott führte sie vierzig Jahre in der Wüste herum. Im Grunde war es ein Campingurlaub, der vier Jahrzehnte dauerte. Mose und die Vertreter seiner Generation starben, ohne einen Fuß in das Land zu setzen, das Gott Abraham viele Jahrhunderte zuvor versprochen hatte. Nun übernahm Josua die Führung und führte das Volk Gottes ins Gelobte Land.

Im 24. Kapitel des Buches Josua wird davon berichtet, dass Josua selbst schon ein alter Mann ist und auf die 110 zugeht.

Sein Leben lang hat er einen festen Glauben gehabt. Zum Beispiel wurden einmal zwölf Spione ausgesandt, um das zukünftige Land zu erkunden. Zehn kamen zurück und meinten: „Keine Chance, dass wir das durchziehen. Da wohnen lauter Riesen." Josua war einer der beiden gewesen, die es gegen die Feinde aufnehmen wollten, solange Gott dabei war. Kaleb und er vertrauten fest auf Gott und fürchteten nichts, solange dieser auf ihrer Seite war.

An diesem Punkt der Geschichte hat Josua also schon in vielen Kriegen als General gedient. Er hat gegen feindliche Stämme gekämpft, die Israel vernichten wollen. Er hat miterlebt, wie die Mauern von Jericho auf wunderbare Weise krachend in sich zusammenstürzen. Er hat viele Schlachten mitgemacht und nicht nur Narben davongetragen, sondern ist durch die Kämpfe und Probleme auch an Weisheit und Glauben gewachsen.

Josua ist sich offenbar bewusst, dass ihm auf dieser Welt nicht mehr viel Zeit bleibt. Er versammelt die Israeliten um sich, und jeder weiß, dass er nun seine Abschiedsrede halten wird. Nun steht er da und räuspert sich, während die Menge erwartungsvoll zu ihm aufblickt. Er wirkt nicht mehr so kraftvoll wie einst, doch seine Stimme ist immer noch fest: „Deshalb habt Ehrfurcht vor dem Herrn! Dient ihm aufrichtig und mit ganzer Hingabe! Trennt euch von den Göttern, die eure Vorfahren jenseits des Euphrat und in Ägypten verehrt haben. Dient allein dem Herrn! Wenn es euch aber nicht gefällt, dem Herrn zu dienen, dann entscheidet euch heute, wem ihr gehören wollt: den Göttern, die eure Vorfahren jenseits des Euphrat verehrt haben, oder den Göttern der Amoriter, in deren Land ihr lebt. Ich aber und meine Familie, wir wollen dem Herrn dienen" (Josua 24,14–15).

Josua schleicht nicht wie eine Katze um den heißen Brei. Er kommt sofort auf den springenden Punkt zu sprechen und fordert das Volk auf, sich zu entscheiden. Die Israeliten können Gott, dem Herrn, folgen, dem Gott Abrahams, Isaaks und Jakobs, oder sie können sich für einen Götzen entscheiden. Nun ist es an der Zeit, sich einen Gott zu suchen und ihm nachzufolgen, eine bestimmte Weltsicht zu akzeptieren und das eigene Leben davon prägen zu lassen. „Es liegt an euch", meint Josua. „Aber das eine kann ich euch sagen: Was mich und meine Familie betrifft, so steht unsere Entscheidung fest. Wir wissen, wem wir dienen wollen, aber ihr müsst eure eigene Entscheidung treffen."

Als Prediger finde ich es interessant, dass Josua neben dem einen wahren Gott drei weitere Möglichkeiten erwähnt. Wenn ich Menschen einlade, sich von Gott retten zu lassen, mache ich das gewöhnlich nicht im Multiple-Choice-Verfahren. Doch obwohl Josua ein General ist, gewohnt, Befehle zu erteilen, weiß er, dass jeder seine eigene Entscheidung treffen muss. Man kann niemanden per Befehl ins Reich Gottes schicken. Niemanden kann man dorthin treiben oder buchstäblich über die Schwelle tragen. Jeder muss für sich entscheiden, ob er diesen Weg geht und dafür auf alle anderen Wege verzichtet.

Also erklärt Josua, was auf dem Spiel steht, und zeigt dem Volk, was sich hinter den drei anderen Toren verbirgt. Er gliedert seine Rede folgendermaßen:

- „Ihr könnt den *alten Götzen* von jenseits des Flusses folgen, von dort, wo ihr hergekommen seid."
- „Ihr könnt den Götzen folgen, denen ihr *danach* begegnet seid, in Ägypten, wo ihr versklavt wart."
- „Ihr könnt den *Lokalgottheiten* folgen, die zu den Völkern gehören, die der eine wahre Gott vor kurzer Zeit besiegt hat."

Wenn wir das lesen, denken wir zunächst: *Kein Problem. Ich bete weder ägyptische noch irgendwelche Lokalgottheiten an und auch keine Götzen von jenseits des Flusses.* Aber vergessen wir einmal für einen Augenblick die Einzelheiten und wenden uns der Tatsache zu, dass jede Kategorie einen Bezug zu einem bestimmten Ort und einer bestimmten Lebensphase hat. Denn das ist höchst bedeutsam. Die Götzen, die um unsere Aufmerksamkeit wetteifern, hängen mit unserer jeweiligen Lebenssituation zusammen. Im Lauf der Jahre kommen sie vielleicht in einem anderen Gewand daher, doch die grundsätzlichen *Kategorien* sind dieselben geblieben.

Wir müssen uns entscheiden

Bevor wir darüber nachdenken, was sich hinter den einzelnen Toren verbirgt, die Josua erwähnt, müssen wir uns eine allem zugrunde liegende Annahme vergegenwärtigen, weil uns dieser Punkt schnell entgeht. Auch ich setze in meinem Buch diese Annahme bereits voraus: Man trifft auf jeden Fall eine Entscheidung.

Es ist eben nicht so, dass Josua seine Liste abarbeitet und anmerkt: „Ihr könntet euch übrigens auch dafür entscheiden, überhaupt nichts anzubeten." Jeder von uns betet irgendetwas an. Das ist in unserem Wesen so verankert. Das gilt für jede Kultur und jede Zivilisation. Jeder Mensch betet irgendetwas an. Als ich noch aufs College ging, verbrachte ich mit einem Team von Ärzten und Missionaren einmal einen Monat in Afrika. Wir kamen auch in Gebiete abseits der Hauptstraßen und besuchten Stämme, die noch nie Kontakt mit der Außenwelt gehabt hatten. Dort stellte sich niemals die Frage: Beten diese Menschen überhaupt jemanden an? Vielmehr musste man fragen: Wen oder was beten sie an?

Die Gemeinde, in der ich als Pastor arbeite, gründet Tochtergemeinden im Nordosten der USA. Einige Male pro Jahr bin ich in der Region um New York unterwegs, um die neuen

Gemeinden zu besuchen, und niemals stellt sich die Frage: Beten diese Menschen überhaupt jemanden an? Vielmehr muss man fragen: Wen oder was beten sie an? Wohin man auch blickt, man sieht, dass jeder Mensch eine Entscheidung getroffen hat. Das gilt auch für Sie. Es ist einfach in unserem genetischen Code verankert. Man sieht es an Orten, wo es noch traditionelle Götzen, Rituale und Opfer gibt. Man sieht es jedoch auch in den technologisch fortschrittlichsten Städten, wo die Menschen glauben, sie seien über diesen „religiösen Hokuspokus" weit hinaus – obwohl sie das wahrscheinlich intelligenter formulieren würden. Doch wenn man genauer hinschaut, merkt man, dass diese Menschen ihre Opfer auf dem Alter der Macht, des Vergnügens oder des Geldes bringen. Im Grunde läuft es auf dasselbe hinaus. Menschen suchen sich ihre Götzen aus und bringen ihnen Opfer dar. Und letzten Endes opfern sie sich damit selbst.

Der Philosoph Peter Kreeft formuliert das so: „Das Gegenteil des Theismus ist nicht Atheismus, sondern Götzendienst." Mit anderen Worten: Jeder betet irgendeinen Gott an. Wir wurden geschaffen, um anzubeten, so wie Vögel zum Fliegen geschaffen wurden und Flüsse zum Fließen. Es liegt uns im Blut. Die entscheidende Frage ist, wen wir anbeten.

Achten Sie doch einmal auf die Fernsehwerbung. Alle Produkte werden so vermarktet, dass sie unser Bedürfnis nach Anbetung ansprechen. Wenn man den Marketingleuten Glauben schenkt, dann klingt es ganz so, als würden uns die angepriesenen Waren erretten. Fast in jeder Reklame schwingt die gar nicht so subtile Botschaft mit: „Wenn du unglücklich, gelangweilt oder depressiv bist, kauf unser Produkt. Es wird dich aus deinem Unglück, deiner Langeweile und deiner Depression retten. Dieses Produkt kann dich erlösen. Sprich mit deinem Doktor über dieses Medikament. Geht in jenem Restaurant essen. Fahr dieses Auto. Fahr dorthin in Urlaub."

Sie sprechen sogar eine Einladung aus: „Wähle diese Nummer. Besuch jenen Händler. Bestell es noch heute im Internet. Warte nicht, ruf sofort an." Fast erwartet man, dass sie gleich ihre eigene Fassung von „Komm, so wie du bist" anstimmen. Sie sind sich bewusst, dass wir zur Anbetung geschaffen sind, und nutzen das schamlos aus.

Das Leben bietet uns unendlich viele Wahlmöglichkeiten. Nur eine Möglichkeit steht nicht zur Wahl: sich für nichts zu entscheiden. Man kann kein Kästchen ankreuzen, neben dem steht: „Keine der angegebenen Möglichkeiten." Das sagt Josua sinngemäß. Für eine Möglichkeit *muss* man sich entscheiden.

Wenn wir diese Geschichte in den heutigen Kontext übertragen, würden wir erwarten, dass jemand nachfragt. Irgendjemand würde sich zu Wort melden und sagen: „Das ist ja alles schön und gut, Josua, aber diese ganze Sache mit der Anbetung interessiert uns eigentlich gar nicht. Verstehst du, wir machen uns überhaupt nichts aus Religion."

Die anderen würden nicken und zustimmen. „Für dich und deine Familie mag Religion ja toll sein, aber mir persönlich sagt das gar nichts."

An diesem Punkt setzt die Verwirrung ein, weil wir in unserem modernen Denken Anbetung gedanklich mit Religion verknüpfen.

Unserer Meinung nach hat Anbetung etwas mit feierlichen Gewändern, Ritualen und richtig alter Musik zu tun. Und wenn jemand keine Schublade hat, die mit „Organisierter Religion" beschriftet ist, nimmt er an, dass die Frage, welchen Gott er anbetet, für ihn überhaupt keine Bedeutung hat. Man hat Schubladen, auf denen „Arbeit", „Familie", „Finanzen" oder „Hobbys" steht, doch „Anbetung" fehlt.

Das Problem ist natürlich auf das Missverständnis darüber zurückzuführen, was Anbetung eigentlich ist. Wenn jemand auf die Frage nach Anbetung antwortet: „Ich bin eigentlich kein religiöser Typ", entgeht ihm der springende Punkt. Wenn der Betreffende ein menschliches Wesen ist, mit Geist, Körper und Gefühlen ausgestattet, folgt daraus, dass er auch das Bedürfnis verspürt, jemanden oder etwas anzubeten. Mit dieser Einstellung sind wir sozusagen ab Werk ausgestattet; sie ist kein Extra, das der Käufer dazubekommen kann.

Wenn man einmal auf die religiöse Sprache verzichtet, dann ist Anbetung der menschliche Reflex, die eigene Hoffnung auf irgendjemanden oder irgendetwas zu setzen und sich darauf auszurichten. Wir haben ein bestimmtes Ziel vor Augen und jagen ihm nach. Wenn man auf dieser Welt lebt, wird man sich früher oder später bestimmte Annahmen darüber zu eigen machen, worum sich das eigene Leben dreht und welches Ziel man eigentlich verfolgen will. Und wenn man sein Leben auf dieses Ziel ausrichtet, beginnt man irgendjemanden oder irgendetwas anzubeten, ob man sich nun dessen bewusst ist oder nicht.

Das tut jeder Mensch genauso automatisch wie atmen, essen und denken. Wir finden heraus, was wir wollen – sei es nun gut oder schlecht –, und dann bringen wir Opfer, um es zu bekommen. Seit wir zum ersten Mal gestillt wurden, jagen wir dem hinterher, von dem wir glauben, dass es unseren Hunger stillt.

Das hat letzten Endes natürlich zur Folge, dass uns die Dinge, die uns am meisten am Herzen liegen, auch prägen. Jeder von uns trifft die Entscheidung, etwas anzubeten, und an irgendeinem Punkt entdecken wir dann, dass diese Entscheidung uns prägt und formt. Das, was wir anbeten, entscheidet über unsere Zukunft und unser Leben. Alle anderen Entscheidungen werden durch diese grundsätzliche Entscheidung motiviert.

Josua spricht also für uns alle, wenn er sagt: „... entscheidet euch heute, wem ihr gehören wollt ..." oder um es mit Luther zu sagen: „... so wählt euch heute, wem ihr dienen wollt ..."
Er macht deutlich, dass wir uns diese große Entscheidung,

was Sinn und Ziel unseres Lebens sein soll, gut überlegen müssen. Andernfalls werden wir mit dem Strom schwimmen, passiv bleiben und irgendwann entdecken, dass wir nach und nach eine Entscheidung getroffen haben und in irgendeinem Tempel vor einem Gott niederknien, für den wir uns niemals bewusst entschieden haben.

Vier Himmelsrichtungen auf dem Kompass

Josua ruft das Volk auf, sich zu entscheiden, und stellt ihnen vier Möglichkeiten vor Augen. Stellen Sie sich das Ganze einmal so vor wie die vier Himmelrichtungen auf einem Kompass – denn jede Entscheidung, die Sie treffen, wird Sie in eine völlig andere Richtung führen. Dabei steht eine Menge auf dem Spiel, weil die Entscheidung, die Sie fällen, letzten Endes darüber bestimmen wird, wo Sie schließlich landen.

Möglichkeit 1: Der Gott unserer Väter und Mütter

„Trennt euch von den Göttern, die eure Vorfahren jenseits des Euphrat ... verehrt haben. Dient allein dem Herrn!"
Josua 24,14

Lange bevor Gott zu Abraham sprach und ihm erzählte, wie die Zukunft für sein Volk aussehen würde – ein Volk, das bei Gott eine ganz besondere Stellung hatte –, beteten Abrahams Vorfahren die Götzen jener Gegend an. In Mesopotamien gab es für nahezu jeden vorstellbaren Bereich eine eigene Gottheit. Man hatte drei „kosmische" Gottheiten, drei für die Sterne und eine ganze Reihe von Götzen, die für einen bestimmten Lebensbereich zuständig waren, und dazu noch entsprechende Dämonen. Verstorbene kehrten als Geister zurück, um im Kreis ihrer Kinder zu spuken. Hügel, Felsen und

Berge, so glaubte man, waren lebendig und besaßen eine bestimmte Macht.[6]
    Abraham stammte aus einer Gesellschaft, in der man an
solche Götzen glaubte. In der Bibel wird ausdrücklich erwähnt, dass Abrahams Vater Götzen anbetete. Sogar noch als
die Israeliten zu einem Volk geworden waren, zur Zeit der
Sklaverei in Ägypten bis hinein in Josuas Zeit, glaubte man an
diese Götzen. Nun will Josua von seinen Landsleuten wissen:
„Wollt ihr zu den Götzen eurer Vorfahren zurückkehren?"
Und diese Frage betrifft uns immer noch, oder? Wir erzie-
hen unsere Kinder in unserem Glauben – oder vielleicht auch
in unserem Unglauben. Möglicherweise ist uns das nicht bewusst, aber ständig errichten wir zu Hause Götzenbilder und
vermitteln unseren Kindern, was unsere Anbetung verdient.
    Denken Sie einmal darüber nach, inwiefern das im Hin-
blick auf die Familie zutrifft, in der Sie selbst groß geworden
sind. Könnte es sein, dass die Götzen, die heute in Ihrem Leben um die Vorherrschaft kämpfen, dieselben Götzen sind,
die Ihre Eltern und Großeltern in ihrer Kindheit anbeteten?
    Neulich fiel mir eine Zeitschrift in die Hände, auf der in
großen Lettern zu lesen war: „Meine DNS ist schuld". In dem
Artikel ging es im Wesentlichen darum, dass man alle seine
Probleme im Grunde seinen Eltern verdankt. Ihre Mutter und
Ihr Vater haben Ihnen etwa 23 000 Chromosomen vererbt.
Manches davon sieht man sofort. Sie haben zum Beispiel die
Nase Ihres Vaters oder die Oberschenkel Ihrer Mutter. Doch
das ist nicht alles. Oft beten wir dieselben Götzen an, die sie
schon angebetet haben.
    Die Psychologie bestätigt diese Art der Vererbung. Es gibt
dort eine grundlegende Regel, welche besagt, dass unser Leben von unseren Gedanken bestimmt wird und unsere Gedanken wiederum von allem, dem wir ausgesetzt sind. Das
bedeutet, dass unser Verstand die Dinge aufnimmt, denen wir
am häufigsten ausgesetzt werden, und dass sich das letzten

Endes auch in unserem Leben widerspiegelt. Deshalb sollte es uns nicht überraschen, wenn wir dazu neigen, die Götzen unserer Väter und Mütter anzubeten.

Ihrem Vater war vielleicht nichts wichtiger als seine steile Karriere. Sein ganzes Leben drehte sich um seinen Beruf. Er war bereit, freie Tage und den Familienurlaub zu opfern, um die Karriereleiter zu erklimmen. Wie er gelaunt war, hing davon ab, wie der Tag auf der Arbeit gelaufen war. Sein Büro war sein Tempel und sechzig Stunden in der Woche betete er dort seinen Gott an. Wäre es denkbar, dass auch Sie den Götzen des Erfolgs und der Leistung anbeten? Definieren Sie Ihre Identität und Ihren Wert über Ihre Karriere und nicht über das, was Christus für Sie getan hat?

Vielleicht war Ihrer Mutter das äußere Erscheinungsbild ungemein wichtig oder sie war sogar völlig besessen davon. Sie können sich noch lebhaft daran erinnern, wie es war, in einem Haus aufzuwachsen, wo alles perfekt aussehen musste, bevor jemand zu Besuch kam. Dauernd räumte Ihre Mutter auf und renovierte und dekorierte. Niemand durfte das Haus verlassen, bevor nicht jedes einzelne Haar auf dem Kopf richtig saß. Wenn der Nachbar zwei Häuser weiter einen neuen Wagen hatte, wünschte sich Ihre Mutter bald dasselbe Modell, und zwar mit allen Extras. Sie verwendete viel Zeit und Geld darauf, die richtige Kleidung aus den richtigen Geschäften zu tragen. Könnte es sein, dass Sie heute den Gott des äußeren Scheins und der Perfektion anbeten? Definieren Sie Ihre Identität und Ihren Wert über die Kleidung, die Sie tragen, das Haus, das Sie bewohnen, und das, was andere Leute über Sie denken – und nicht über Christus?

Betete Ihr Vater den Sport an? Sex? Geld? Bier?

Betete Ihre Mutter das Einkaufen an? Die Karriere? Kinder? Vergnügungen?

Gehen Sie nicht zu schnell über diese Beispiele hinweg. Denken Sie doch einmal darüber nach, welche Verhaltensmuster

Ihnen in Ihrer Kindheit vorgelebt wurden. Für uns ist es die natürlichste Sache der Welt, die Götzen unserer Eltern zu übernehmen.

Möglichkeit 2: Die Götzen der Vergangenheit

„Trennt euch von den Göttern, die eure Vorfahren ... in Ägypten verehrt haben. Dient allein dem Herrn!"

Josua 24,14

Josua erwähnt hier ausdrücklich die ägyptischen Götter. Das waren die Götzen der vorangegangenen Generation, die Götzen aus einer Vergangenheit, die sie immer wieder einholte. Wie die Mesopotamier hatten auch die Ägypter einen vielfältigen und hoch entwickelten Pantheon von Gottheiten. Aus irgendeinem Grund gefiel es ihnen, Menschen- und Tierkörper miteinander zu kombinieren. Horus, unter anderem Himmelsgott, besaß einen menschlichen Körper mit einem Falkenkopf[*7], während Hathor, seine Gefährtin, in einigen Darstellungen den Körper einer Kuh und den Kopf einer Frau hatte.[**] Unsere Kinder würden sie vermutlich als die *Transformers* der antiken Welt bezeichnen. Zwar waren bei den Ägyptern manche Götter besonders populär, doch im Grunde beteten sie fast alles an, darunter auch Sonne, Mond und Sterne. Ein riesiges Selbstbedienungsbüfett von Götzen – das war ihr Ding.

Die Israeliten lebten in Ägypten länger in der Sklaverei, als die USA bereits als Staat existieren. Es war also schlicht unmöglich, diese Zeit zu überstehen, ohne etwas von der sie umgebenden Kultur aufzunehmen. Sogar als Mose das Volk

---

[*]   Das ist zugegebenermaßen ziemlich Ehrfurcht gebietend.
[**]   Was im Übrigen auch der Grund dafür ist, dass Sie keine einzige Frau namens Hathor kennen.

aus Ägypten herausführte, gaben die Götzen sie nicht kampflos auf. Alte Gewohnheiten, auch im Hinblick auf die Anbetung, lassen sich nur schwer abstreifen. Gott weist darauf hin, wenn er sagt: „Ich forderte sie auf: ‚Werft eure abscheulichen Götterfiguren fort, die ihr bisher angebetet habt! Macht euch nicht schuldig, verehrt nicht die Götter Ägyptens! Denn ich, der Herr, bin euer Gott'" (Hesekiel 20,7).

Merken Sie ebenfalls, dass die Vergangenheit Sie immer wieder einholt, obwohl Sie glaubten, Sie hätten sie schon lange abgestreift und hinter sich gelassen? Als ich noch auf die Highschool ging, holte ich einmal ein Mädchen ab, mit dem ich mich verabredet hatte. Ich musste durch den Vorgarten gehen, um zur Haustür zu gelangen, und das war ein wahres Minenfeld von Hundehaufen. Und weil ich wegen der Verabredung nervös war, achtete ich natürlich nicht darauf, wohin ich mit meinen großen Füßen trat.

Ihre Mutter öffnete mir die Tür, lächelte höflich und bat mich herein. Als ich mich neben das Mädchen auf das Sofa setzte, stieg mir ein unangenehmer Geruch in die Nase. Ich hatte keine Ahnung, wo er herkam. Ich schnupperte an dem Mädchen herum, was rückblickend gesehen kein besonders schlauer Schachzug war, wenn man am Anfang einer Beziehung steht. Dann beugte ich mich zu ihren Eltern hinüber – sie waren auch sauber. Der Duft ging von mir aus – das Katastrophengebiet war ich selbst! Ich blickte auf meine Doc Martens hinunter und begriff, dass ich wirklich in Schwierigkeiten steckte. Schreckerfüllt drehte ich mich um und bemerkte, dass ich eine Spur von tierischen Exkrementen hinterlassen hatte, die sich durch den Eingang über den Teppich bis ins Wohnzimmer zog. Mit einem Mal bekam ich kaum noch Luft.

Und das ist der springende Punkt: Viele Menschen werden Christen. Sie laden Jesus Christus in ihr Leben ein, damit er auf dem Thron ihres Herzens Platz nimmt. Alles läuft hervorragend, aber dann steigt ihnen ein eigenartiger Geruch in die Nase, und sie begreifen, dass sie in irgendetwas hineingetreten sind und es nun mit sich herumschleppen. Es riecht intensiv, und zwar definitiv nicht gut. Eigentlich hätte dieses Zeug vor langer Zeit vernichtet werden müssen, doch irgendwie haben sie es die ganze Zeit mit sich herumgetragen. Doch wie kann das sein? Sie wissen doch, dass ihnen ihre Sünden vergeben wurden. Wenn sie vom Scheitel bis zur Sohle gewaschen worden sind, warum klebt dann dieser Dreck immer noch an ihnen? Weil sie sich in vieler Hinsicht seit ihrer Lebenswende nicht geändert haben: Ihre alten Sehnsüchte und Gewohnheiten sind sie noch nicht los. Den einen Herrn haben sie in ihr Leben eingeladen, doch immer noch schenken sie den alten Götzen Aufmerksamkeit. Das ist für viele von uns eine echte Herausforderung: Unser Problem besteht gar nicht darin, dass wir uns für Jesus entscheiden müssten, sondern dass wir versuchen, ihm nachzufolgen, ohne etwas anderes dafür zurückzulassen.

In der Geschichte, um die es in diesem Kapitel geht, weiß Josua, dass an den Sandalen der Israeliten immer noch ägyptische Erde haftet. Alte Götzen sind zäh. Sie geben nicht auf, sie schleichen sich herein, still klammern sie sich an dich. Wenn wir Christus begegnen, verhalten sie sich vielleicht eine Zeitlang still. Doch dann organisieren sie sich neu. Sie warten, bis ihre Zeit gekommen ist, und ihre Ziele sind so hoch gesteckt wie eh und je: Sie wollen wieder die Herrschaft über unser Herz erringen.

Wenn Sie sich also in der Vergangenheit für Gott, den Herrn, entschieden haben, fordert Josua Sie heraus, *heute* zu entscheiden, wem Sie dienen wollen.

Möglichkeit 3: Die Götzen unserer Kultur

„Wenn es euch aber nicht gefällt, dem Herrn zu dienen, dann entscheidet euch heute, wem ihr gehören wollt: den Göttern, die eure Vorfahren jenseits des Euphrat verehrt haben, oder den Göttern der Amoriter, in deren Land ihr lebt."

Josua 24,15

Hinter der dritten Tür warten die Neueinsteiger dieses kosmischen Kampfes. Das waren die verschiedenen Volksgruppen in dem Land, das die Israeliten gerade mittels heftiger Schlachten erobert hatten. Während die Ägypter über die Israeliten geherrscht hatten, hatten diese es nun mit den Menschen zu tun, die sie unterworfen hatten. Sie hatten sie zurückgedrängt und überwunden, doch trotzdem würden sie während der gesamten alttestamentlichen Zeit ein Stachel im Fleisch der Israeliten bleiben. Ihre Waffe war die räumliche Nähe. Diese Götzen wussten sich zu verbergen, gerade weil sie jedermann ins Auge fielen.

Die Israeliten lebten in einer Gegend, in der Vielfalt herrschte – genau wie heute in unserer Gesellschaft. Es gab viele unterschiedliche Volksgruppen und viele unterschiedliche Götter. Die vorherrschende Gottheit war Baal, dessen Name übersetzt so viel wie „Besitzer" oder „Herr" bedeutet. Klingt das irgendwie vertraut? Baal hatte seine Laufbahn als Wettergott begonnen, dann auch den Bereich Fruchtbarkeit übernommen, und von hier führte der Weg weiter bis zur rituellen Prostitution.

Es gab auch eine Muttergöttin, die Astarte hieß. Opfer, Tempel, Sexualrituale – all das faszinierte die Israeliten, während die Propheten des Alten Testaments sie noch mehr verachteten als alle anderen Götter.[8] Warum? Weil sie Heimvorteil hatten. Sie waren allgegenwärtig.

Die beiden wichtigsten Faktoren, die darüber entscheiden,

welche Götzen diesen Krieg gewinnen, sind Ort und Zeit. Mit Baal oder Astarte werden wir heute nicht mehr konfrontiert. Doch mit den Götzen unserer Kultur haben wir jeden Tag zu tun. Wir werden vom Zeitgeist geprägt, der so allgegenwärtig ist, dass wir ihn überhaupt nicht bewusst wahrnehmen. Fruchtbarkeitsrituale und Tempelprostitution lehnen wir natürlich ab, weil sie nicht in unsere Zeit passen. Den Menschen war jedoch damals die Anbetung dieser Götzen so in Fleisch und Blut übergegangen, dass es ihnen völlig natürlich und harmlos vorkam. Wäre es denkbar, dass auch wir unsere Götzen haben, die sich vor uns verbergen, indem sie sich offen in unser Blickfeld stellen, und die wir schlicht und ergreifend deshalb nicht erkennen, weil sie so allgegenwärtig sind?

Paulus schreibt: „Passt euch nicht dieser Welt an, sondern ändert euch, indem ihr euch von Gott völlig neu ausrichten lasst. Nur dann könnt ihr beurteilen, was Gottes Wille ist, was gut und vollkommen ist und was ihm gefällt" (Römer 12,2). „Dieser Welt" – damit meint er den Geist oder die Götzen seiner Zeit. Sich anzupassen, mit dem Strom zu schwimmen bedeutet, sich dem Zeitgeist anzupassen. Der britische Geistliche und Bibelübersetzer J. B. Philips übertrug diesen Vers so: „Lasst euch von der Welt um euch herum nicht in ihre Form pressen."

Die Bibel rät uns, unseren Geist zu erneuern, indem wir die ewige, unwandelbare Wahrheit des einen Gottes anzapfen.

Gott selbst

„Ich aber und meine Familie, wir wollen dem Herrn dienen."

Josua 24,15

Und nun kommen wir zur vierten Möglichkeit, die uns Josua vor Augen stellt: Gott, den Herrn. In Wirklichkeit ist das natürlich die einzige vernünftige Wahl. Schließlich sind die anderen Möglichkeiten überhaupt nicht real. Sie sind lediglich eine Fata Morgana. Sie mögen vielversprechend aussehen, doch unseren Durst können sie nicht stillen.

Bevor Josua dem Volk diese vier Wahlmöglichkeiten präsentiert, hilft er ihnen etwas auf die Sprünge und zeigt ihnen, was Gott im Lauf der Jahre alles für sie getan hat. Gott, der Herr, griff immer wieder ein und zeigte ihnen seine Macht; er errettete, beschützte, führte und versorgte sie. Wenn die Israeliten nun vor der Entscheidung stehen, liegt die Frage auf der Hand: „Was haben die Götzen jemals für uns getan?"

Wenn Sie nun Ihre Wahl treffen müssen, würde ich Ihnen raten, sich dieselbe Frage zu stellen. Welchen bleibenden Wert hat der Gott des Wohlstands wirklich? Haben die Götzen der Vergnügungssucht wirklich jemandem echtes Glück beschert, das von Dauer ist? Und wie sieht es mit den Sexgöttern aus? Können sie Freude schenken, die über den Augenblick hinausgeht?

Was haben diese Götzen jemals für uns getan? Wenn überhaupt, dann haben sie uns versklavt. Sie haben uns beraubt. Sie haben uns enttäuscht.

Tom Brady hat man diese Frage ebenfalls einmal gestellt. Er ist Footballspieler und tritt als Quarterback für die *New England Patriots* an. Er ist ein Superstar, der dreimal den *Superbowl* gewonnen hat. Daneben hält er viele Rekorde und unterzeichnete vor einigen Jahren einen Vertrag, der ihm über 48 Millionen Dollar einbrachte. Er ging mit einer Reihe von Supermodels aus und schließlich heiratete er eines davon. Egal, nach welchem irdischen Maßstab man sein Leben beurteilt: Er hat es geschafft!

Darum waren wir so überrascht, als wir in der Sendung *60 Minutes* ein Interview mit ihm verfolgten. Er stellte seinem Interviewer Steve Kroft die Frage: „Warum habe ich schon dreimal den Superbowl gewonnen und glaube *immer noch*, dass da draußen etwas Größeres auf mich wartet? Ich meine damit, eine Menge Leute würden wohl sagen: ‚Mann, genau darum geht es doch.' Ich habe mein Ziel erreicht, meinen Traum verwirklicht, mein Leben läuft so, wie ich es mir wünsche. Und ich? Ich denke weiterhin: ‚Da muss es doch noch mehr geben. Das ist doch nicht alles. Das kann doch nicht alles sein.'"

Als Kroft nachhakte, wie dieses *mehr* denn aussehen könne, erwiderte Brady: „Wie die Antwort lautet? Ich wünschte, ich wüsste es ... Ich liebe Football, und ich liebe es, Quarterback dieser Mannschaft zu sein. Aber gleichzeitig glaube ich, dass es da noch vieles zu entdecken gibt."[9]

Brady ist ehrlich und sogar weise. Er weiß, dass er von vielen Menschen bewundert wird. Er weiß auch, dass Reichtum, Vergnügungen, Ruhm, Macht und Leistungen letzten Endes nichts zählen. Sich selbst hat er die Frage gestellt: „Was haben diese Götter für mich getan?" Und offen und ehrlich gibt er die Antwort: „Nicht genug."

Trotzdem kenne ich Menschen – und Sie sicher auch –, die auf Unsichtbares, Unfassbares deuten, wenn sie über den Sinn des Lebens reden. Sie folgen Jesus Christus nach, und wenn man sie fragt, was er für sie getan hat, werden Dinge wie „Vergebung", „Erfüllung", „Hoffnung", „Freude" und „Frieden" genannt. In Psalm 86, Vers 8 wird es so formuliert: „Kein anderer Gott ist wie du, Herr; niemand kann tun, was du tust!"

Zurück zu Josua. Wie reagiert das Volk auf seine vierfache Herausforderung?

Sie sagen genau das Richtige. „Niemals wollen wir den Herrn verlassen und anderen Göttern dienen! Denn der Herr, unser Gott, war es, der unsere Väter aus der Sklaverei in Ägypten befreit hat. Er hat große Wunder vor den Augen unseres Volkes vollbracht. Er hat uns auf dem ganzen Weg beschützt, als wir die Gebiete vieler Völker durchqueren mussten. Der Herr war es, der die Amoriter und alle anderen Völker vertrieben hat, die hier früher gelebt haben. Auch wir wollen ihm dienen: Der Herr ist unser Gott!" (Josua 24,16–18).

Wir würden erwarten, dass Josua nun sagt: „Ihr habt's kapiert." Oder etwas formeller: „Ihr habt eine gute Wahl getroffen." Doch seltsamerweise lässt er sie nicht so einfach davonkommen, sondern redet nun von Gottes Eifersucht und Heiligkeit. Er schildert, welche Katastrophe sie heimsuchen wird, wenn ihren Worten keine Taten folgen.

Verstehen Sie: Josua ist ein alter Mann. Sein ganzes Leben lang hat er dieses Volk beobachtet. Er weiß genau, wie schnell sich die Menschen von ihren guten Vorsätzen ablenken lassen. Er weiß, wie schnell es passiert, dass man das Richtige sagt, nur um unmittelbar darauf die falschen Entscheidungen zu treffen. Die richtigen Binsenweisheiten genau aufs Stichwort von sich zu geben ist einfach, doch viel schwerer fällt es, die Wahrheit auch zu leben. Deshalb warnt er sie.

Der Schluss dieser Geschichte sollte uns zu denken geben. Nur zwei Kapitel später lesen wir: „Josua, der Sohn Nuns, der Diener des Herrn, starb im Alter von 110 Jahren. Man begrub ihn auf dem Grundstück, das ihm und seinen Nachkommen gehören sollte; es lag in Timnat-Heres nördlich des Berges Gaasch im Gebirge Ephraim. Als von seiner Generation keiner mehr lebte, gab es eine neue Generation, die den Herrn weder kannte noch wusste, was er für Israel getan hatte" (Richter 2,8–10).

Ich habe ja schon mehrmals erwähnt, dass Götzen niemals aufgeben. Eine Generation mag ihnen durch die Lappen gehen, doch dann sagen sie sich: „Die nächste kriegen wir bestimmt." Einen Tag lang mögen sie ihre Macht über uns verlieren, doch morgen stehen sie wieder auf der Schwelle.

GÖTZEN-CHECK

Wir alle sind so gestrickt, dass wir irgendetwas anbeten, und die Entscheidungen, die wir treffen, geben einen Hinweis darauf, welche Götter das sind:
Für welchen Beruf habe ich mich entschieden, um Geld zu verdienen?
Wie gehe ich mit meinem Geld um?
Was schaue ich mir im Fernsehen an?
Nach welchen Kriterien suche ich mir meine Freunde aus?
Welche Webseiten besuche ich?
Welche Kleidung trage ich?
Wie verbringe ich meinen freien Tag?
Welche Nahrungsmittel nehme ich zu mir?
Worüber denke ich nach?
Alle diese Entscheidungen zeigen, welchen Gott ich gewählt habe.

Also werde ich Sie nicht fragen, welche Götter Sie anbeten, sondern welche Entscheidungen Sie treffen. Halten Sie einen Augenblick inne, und denken Sie darüber nach, welche Wahlmöglichkeiten Ihnen offenstehen, und dann entscheiden Sie sich.

Entscheiden Sie sich so ähnlich wie Ihre Eltern?
Denken Sie über alles nach, was Sie in dieser Woche tun oder entscheiden werden. Inwiefern spiegeln Ihr Handeln und Ihre Entscheidungen das Denken und die Werte Ihrer Eltern wider? Wählen Sie dieselbe politische Partei? Verfolgen Sie dieselben Ziele? Bringen Sie für dieselben Dinge Opfer? Wäre es möglich, dass Sie dieselben „Götter jenseits des Euphrat" anbeten wie Ihre Eltern?

Welche Götzen und Ziele haben Sie von Ihren Eltern übernommen, ohne sich dessen richtig bewusst zu sein?

Wenn Sie die Entscheidung getroffen haben, Gott, den Herrn, anzubeten: Inwiefern sind Ihre Eltern dafür verantwortlich, inwiefern Sie selbst?

Welche Götzen werden wohl in unserer Gesellschaft von den meisten Menschen angebetet?
Über diese Frage muss man vielleicht am längsten nachdenken, denn diese Götzen gehören zu unserem Alltag so sehr dazu, dass wir sie nicht erkennen. Nehmen Sie sich einen Augenblick Zeit und schauen sich Ihr Umfeld im Hinblick auf Götzendienst an. Erkennen Sie die Götzen, die unsere Kultur prägen?

Rufen Sie sich zwei oder drei Fernsehsendungen ins Gedächtnis, die Sie sich in letzter Zeit angeschaut haben. Denken Sie einmal an einige Songs, die gerade im Radio laufen. Welche Ziele und Werte werden damit vermittelt? Welche Götzen werden in unserer Kultur verehrt?

Inwiefern beeinflusst es Ihre Entscheidungen, dass Sie Christus nachfolgen?
Falls Sie Christ sind: Inwiefern weichen Ihre Entscheidungen von denen Ihrer Eltern, Ihrer Kultur oder den Entscheidungen ab, die Sie getroffen haben, bevor Sie Jesus nachgefolgt sind?

Gehen Sie mit Geld und Besitz anders um als Ihre Eltern?

Haben sich Ihre Ziele und Prioritäten geändert, seit Sie Jesus nachfolgen? Oder richten Sie Ihr Leben immer noch auf dieselben Inhalte aus?

Welche Entscheidungen haben Sie getroffen, die gegen die Ideale der Gesellschaft verstoßen, weil Sie Jesus nachfolgen? Gibt es beispielsweise im Bereich der Sexualität oder in der Wahl Ihres Unterhaltungsprogramms Dinge, die Sie von Ihrem Umfeld abheben?

Gibt es Ziele und Prioritäten aus Ihrer Vergangenheit, die Ihr Leben noch heute beeinflussen?
Hat irgendjemand oder irgendetwas aus Ihrer Vergangenheit den Platz Gottes in Ihrem Leben eingenommen? Ein Götze, dem Sie Ihr Leben widmen? Klebt noch Dreck an Ihren Schuhen? Welche Götzen der Vergangenheit führen Krieg um den Thron Ihres Lebens? Was müssen Sie hinter sich lassen, um Jesus noch hingebungsvoller nachfolgen zu können?

TEIL 2

DER TEMPEL DER VERGNÜGUNGS-SUCHT

Haben Sie schon einmal darüber nachgedacht, welche Rolle in der heutigen Zeit Vergnügungen spielen? Ich meine damit die gute alte Suche nach Unterhaltung in jeder Form.

Natürlich hat es schon immer Spiele, Geschichten, Witze und Lieder gegeben, doch heute sind Vergnügungen sehr viel enger mit unserem Alltag verknüpft. Wir erwarten sogar, dass uns die Arbeit Spaß machen muss, viel mehr, als das bei unseren Vorfahren der Fall war. Als wir noch eine Agrargesellschaft waren, hat vermutlich niemand gesagt: „Weißt du was? Pflügen und Viehzucht machen mir einfach keinen Spaß. Ich lasse es sein."

Doch wenn uns heute die Arbeit keinen Spaß macht, wenn sie uns kein Vergnügen bereitet, tun wir sie nicht. Wir haben mehr Freizeit denn je und mehr Geld zur Verfügung, um es für die Gestaltung unserer Freizeit auszugeben. Und wie viel geben wir aus? Nun ja, das hängt davon ab, was genau für uns zur „Vergnügungsindustrie" dazugehört.

So viel wissen wir jedenfalls: Jedes Jahr geben Menschen Milliarden von Dollar aus, um Glück und Zufriedenheit zu finden – ob es sich nun um gutes Essen handelt, die unterschiedlichen Unterhaltungsmedien, Reisen, Drogen und Alkohol oder eines der unzähligen Angebote, die uns Glück verheißen.

Wir leben in einer postindustriellen Gesellschaft und haben mehr als genug zum Überleben. Endlich haben wir den Bauernhof verkauft und uns in den Städten angesiedelt, wo es genug zu essen, ein Dach über dem Kopf, reichlich Trinkwasser und jede Menge Freizeit gibt.

Ich weiß schon, was Ihnen jetzt durch den Kopf geht: Niemand hat zu viel Zeit, wir haben mehr um die Ohren als früher. Schon richtig, aber womit beschäftigen wir uns denn? Häufig lautet die Antwort, dass wir dem Vergnügen hinterherjagen.

Wenn wir etwas erleben, das uns Vergnügen bereitet, sagt uns eine innere Stimme: „Ja! Dafür wurde ich geboren." Und selbst wenn Sie in Ihrem Leben nicht viel Vergnügliches erfahren sollten, haben Sie in der Vergangenheit vermutlich genug davon erlebt, um zu wissen, dass Sie mehr davon wollen. So beginnt die Jagd nach dem flüchtigen Vergnügen, das uns betäubt.

Die Götzen des Vergnügens flüstern uns ein: „Wenn es dich doch so in den Fingern juckt – willst du diese Sache nicht tun? Willst du deinen Hunger nicht stillen? Willst du diese Erfahrung nicht wiederholen? Möchtest du dieses Hochgefühl nicht noch einmal erleben? Ich habe das, wonach du suchst."

Und so betreten wir den Tempel des Vergnügens. Dort finden wir die Götzen des guten Essens, der Sexualität und der Unterhaltung. Natürlich gibt es noch andere, doch vor diesen dreien knien wir am häufigsten nieder. Und wenn wir das Vergnügen anbeten, endet das immer mit *Schmerzen*.

Nur damit keine Missverständnisse aufkommen: Gutes Essen, Sexualität und Unterhaltung sind an und für sich weder etwas Schlechtes noch sündhaft. Alles sind gute Gaben Gottes, die uns ihm noch näherbringen. Doch im Tempel des Vergnügens verwandeln sich diese guten Gaben in Götzen.

Haben Sie noch Josuas leidenschaftliche Rede im Hinterkopf, in der er das Volk auffordert, sich zu entscheiden, welchem Gott sie dienen wollen? Das Volk entscheidet sich für Gott, den Herrn, und Josua befiehlt ihnen, den ägyptischen Götzen den Rücken zu kehren.

Doch statt sie zu vernichten, verfrachten sie sie in ein Zwischenlager. Einige Hundert Jahre vergehen und die Nation Israel teilt sich. Nun gibt es ein Nord- und ein Südreich. Der erste König des Nordreichs heißt Jerobeam, und er will nicht, dass sein Volk nach Jerusalem im Südreich pilgert, um dort Gott anzubeten. Er denkt sich nicht nur eigene Götzen aus, sondern entschließt sich darüber hinaus, sich die Schlüssel zum Lagerraum zu schnappen und die alten ägyptischen Götzen hervorzukramen, damit sein Volk diese anbetet.

Die Könige kommen und gehen, doch die Götzen werden immer weiter angebetet. Dann besteigt Ahab, der Sohn Omris, den Thron des Nordreichs Israel. Und wir lesen: „Auch Ahab tat, was der Herr verabscheute, noch schlimmer als alle seine Vorgänger" (1. Könige 16,30).

Dieser König heiratet eine Frau namens Isebel, die in Samarien Tempel und Altar für Baal errichten lässt. Sie lässt viele Propheten des einen wahren Gottes umbringen – aber Gott ist, wie wir gesehen haben, ein eifersüchtiger Gott. Endlich ist das Maß voll: Er hat genug von der Untreue seines Volks und schickt Elia zu Ahab. Dieser teilt dem König mit: „Ich schwöre bei dem Herrn, dem Gott Israels, dem ich diene: Es wird in den nächsten Jahren weder Regen noch Tau geben, bis ich es sage!" (1. Könige 17,1).

Teilt euch die vorhandenen Wasserflaschen gut ein – demnächst kommt eine Dürre.

Dazu müssen Sie wissen, dass Baal in erster Linie für das Wetter zuständig ist. Sein größtes Talent besteht angeblich darin, sich um meteorologische Angelegenheiten zu kümmern. Darum hält der wahre Gott den Regen zurück, denn so kann er das treulose Volk am besten auf sich aufmerksam machen. Für das Wetter interessieren sie sich am meisten.

Gott hält seinen Segen genau in den Lebensbereichen zurück, in denen wir uns Götzen zusammengeschustert haben. Ist zum Beispiel schon mal jemandem aufgefallen, dass wir in unserer vom Geld besessenen Welt in letzter Zeit gravierende wirtschaftliche Probleme gehabt haben? Und wie steht es mit unserer Ernährung – da gibt's

Fettleibigkeit, Probleme durch einseitige Ernährung durch Junkfood und vieles mehr?

Sexualität? Ist vielleicht jemandem von Ihnen schon mal aufgefallen, ob es in unserer Gesellschaft im Bereich der Sexualität Probleme gibt?

Oder die Unterhaltungsindustrie: Es ist doch interessant, dass man sich in unserer unterhaltungsübersättigten Gesellschaft am häufigsten über Langeweile beklagt.

Das alles sollte uns eigentlich nicht überraschen. Warum sollte uns Gott, der Herr, denn ausgerechnet in einem Bereich segnen, der ihm die Stellung in unserem Leben am meisten streitig machen will? Fragen Sie sich also selbst: Wäre es möglich, dass Sie in finanzieller, sexueller oder auch anderer Hinsicht eine Dürrezeit erleben, weil Sie sich die entsprechenden Dinge so sehr wünschen, dass sie Ihnen schon zum Götzen geworden sind?

Ich will damit nicht sagen, dass das immer der Fall ist, aber Sie dürfen von Gott nicht erwarten, dass er Ihnen dabei hilft, einem Götzen nachzulaufen. Niemals wird er Sie in dem einen Lebensbereich segnen, der ihn seines rechtmäßigen Platzes auf dem Thron Ihres Herzens beraubt. Warum sollte Gott denn seinen größten Konkurrenten segnen?

Wie Josua fordert auch Elia das Volk auf, seine Wahl zu treffen und zu sagen, welchen Weg es einschlagen will: „Wie lange noch wollt ihr auf zwei Hochzeiten tanzen? Wenn der Herr der wahre Gott ist, dann gehorcht ihm allein! Ist es aber Baal, dann dient nur ihm!" (1. Könige 18,21).

Dieser Abschnitt ähnelt der Passage im 24. Kapitel des Buches Josua frappierend, mit der Ausnahme, dass das Volk dieses Mal schweigt. Und warum? Könnte es sein, dass das Volk während dieser Dürrezeit keine Entscheidung treffen will? Dass es auf zwei Hochzeiten tanzen möchte?

Es will Gott, dem Herrn, nachfolgen, doch darüber hinaus auch noch Baal – schließlich herrscht Dürre im Land und die

Menschen wollen sich alle Möglichkeiten offenhalten. Sie wollen beides und deshalb schweigen sie.

Wenn wir uns im nächsten Kapitel die Götzen der Vergnügungen genauer anschauen, werden Sie vermutlich entdecken, dass das auch auf uns zutrifft. Wenn wir gezwungen werden, uns zwischen Gott, dem Herrn, und dem Götzen der Vergnügungen zu entscheiden, schweigen wir. Warum? Weil wir uns mit beiden gutstellen wollen.

KAPITEL 5
DER GOTT DES ESSENS

Paul Jones' Mutter war ganz in ihn vernarrt und er selbst liebte sie auch sehr. Die beiden lebten in ihrer eigenen kleinen Welt. Fast von Anfang an waren sie voneinander abhängig. Pauls Vater war Fernfahrer und meistens über tausend Kilometer von der Heimat entfernt. Wenn er nach Hause kam, wirkten seine Augen erschöpft und blickten in die Ferne. Immer länger zogen sich seine Fahrten hin, bis er eines Tages schließlich überhaupt nicht mehr nach Hause kam.

Damals war Paul acht oder neun. Er hatte keine Geschwister und kaum gleichaltrige Freunde. Seine Mutter war seine beste Freundin. Wie er war auch sie ein Einzelkind. Die beiden spielten also zusammen und waren unzertrennlich.

Wenn Paul krank wurde, was häufig vorkam, umsorgte seine Mutter ihn und machte sich fast verrückt dabei. Paul erkannte irgendwann, dass er in gewisser Weise unter Druck stand – er musste einfach gesund bleiben, ihr keinen Ärger bereiten und sie glücklich machen. Schließlich war er alles, was sie hatte, und das sollte sich für sie auch auszahlen.

In seinem Kalender gab es unzählige Eintragungen, die Restaurants betrafen. Das war ihr „Ding". Er schrieb die Adressen auf, die Gerichte, die Qualität der Zubereitung und Pläne für den nächsten Restaurantbesuch.

Als Paul in die sechste Klasse kam, musste er den Schulbus benutzen, und jedes Mal vermied er es, den Fahrer anzublicken. Jeder Mann, der hinter dem Steuer eines großen Wagens saß, erinnerte ihn an seinen Vater. Auch den Augenkontakt mit den anderen Kindern vermied er. Sie grinsten und machten sich über seine Körperfülle lustig. Schon damals litt er unter Fettleibigkeit.

Nach Schulschluss musste er wieder mit dem Bus nach Hause fahren. An seiner Haltestelle stieg er aus und ging, begleitet von den spöttischen Bemerkungen seiner Mitschüler, nach Hause. Hinter der schützenden Wohnungstür fand er Trost in den Gerichten, die ihm seine Mutter zubereitet hatte. Irgendetwas gab es immer zu essen, und damit konnte er den Traumata entfliehen, die die Pubertät eines übergewichtigen Jungen mit sich bringt. Seine Mutter wollte doch nur, dass er glücklich war, und sie selbst hatte ebenfalls Probleme mit ihrem Übergewicht. Wie konnte sie dann jemand anderem helfen?

Gemeinde? Die tauchte in der Gleichung niemals auf. Pauls Mutter konnte mit Gott nicht viel anfangen. Sie hatte in verschiedenen Kirchen eine Menge Heuchelei erlebt und viele Jahre zuvor den Entschluss gefasst: „Sobald ich alt genug bin, meine eigenen Entscheidungen zu treffen, bin ich hier raus und werde niemals wieder einen Fuß in eine Kirche setzen."

Während der Highschoolzeit wendete sich Pauls Leben zum Besseren. In der neunten Klasse interessierte sich ein Lehrer wirklich für ihn. Er vermittelte ihm das Gefühl, dass er wichtig sei und sein Gewicht nicht unbedingt ein Hindernis für ein gutes Leben. Vielleicht war es ihm ja durchaus möglich, ein würdevolles Leben zu führen und etwas mit seinem Leben anzufangen. Dieser Lehrer prägte ihn auf entscheidende Weise. Paul entdeckte seine innere Stärke, und es gelang ihm, seinen Platz an der Schule zu behaupten und mit seinem Leben zurechtzukommen.

Doch mit seinem inneren Schmerz hatte er weiterhin zu kämpfen; dieser verschwand niemals. Paul entdeckte, dass er sich wie ein Chamäleon perfekt an seine Umgebung anpassen konnte. Lehrer und Eltern lobten ihn dafür, dass er ehrenamtliche Tätigkeiten übernahm, Altersheime besuchte und den Bewohnern dort vorlas. Daneben trank er jedoch, feierte Partys und schwänzte den Unterricht.

Er versuchte, überall seinen Platz zu finden, nur um zu entdecken, dass er in Wirklichkeit nirgends hineinpasste. Pauls Mutter fielen die Widersprüche in seinem Leben durchaus auf, doch sie kam nicht an ihn heran. Je mehr sie sich in sein Leben hineindrängte, desto nachdrücklicher drängte er sie hinaus. Er hatte geahnt, dass der Augenblick, in dem er sich von Mutters Schürzenzipfel losriss, schrecklich werden würde, und so kam es auch. Kampflos gab seine Mutter nicht auf. Das Ganze mündete in Streit und bösen Worten, und nachdem seine Mutter ihn aus dem Haus geworfen hatte, zog er fast tausend Kilometer von zu Hause weg.

Kurz darauf verlobte er sich und zog bei der Familie seiner Verlobten in Alabama ein. Diese Menschen akzeptierten ihn. Zum ersten Mal erlebte er, dass jemand den eigenen Glauben ernst nahm, und diese Leute waren wirklich anders. War es denn möglich, dass er ausgerechnet hier im sogenannten „Bible Belt" seinen Platz gefunden hatte? Seine neuen Freunde ließen ihn innerlich zur Ruhe kommen, und nachdem er mit ihrer Unterstützung zum Glauben an Christus gefunden hatte, begann er, die Bibel mit einem unstillbaren Hunger zu lesen.

Der körperliche Hunger wollte jedoch nicht so einfach weichen. Die Götzen des Essens, die ihm Sicherheit, Trost und Selbstvertrauen geschenkt hatten, warteten geduldig ab, bis ihre Zeit gekommen war. Schon bald führten sie einen Gegenangriff, und das, obwohl Christus nun mit von der Partie war.

Trostfutter

Es gibt einen Animationsfilm mit dem Titel „Ab durch die Hecke". Darin geht es um eine Reihe von Waldtieren, die den Entschluss fassen, in die Vororte zu ziehen. Der Waschbär Richie hat nämlich eine Entdeckung gemacht: Die Menschen, die dort wohnen, haben Essen ohne Ende. Wenn die Tiere sich an der Hecke herumtreiben, gibt es dort immer etwas zu essen. „Wir essen, um zu leben", meint Richie. „Diese Leute hier leben, um zu essen." Dann zeigt er den anderen Tieren, was er damit meint. Sie spähen eine Menschenfamilie aus, und Richie erklärt ihnen, dass man den Mund des Menschen „Kuchenloch" nennt. Der Mensch selbst wird als „Couchkartoffel" bezeichnet. Telefone sind Geräte, mit denen man Nahrung anfordert – sie sehen selbst, wie jemand eines benutzt und wenig später der Pizzabote aufkreuzt.

Richie sagt dazu: „Menschen bringen das Essen, nehmen das Essen, verschicken das Essen und fahren das Essen herum." Er deutet auf vorbeifahrende Lastwagen mit aufgedruckten Darstellungen von Nahrungsmitteln. Alles, was diese Menschen tun, scheint sich ums Essen zu drehen.

„Das ist der Altar, auf dem sie die Nahrung anbeten", sagt Richie, als sich die Familie um den Tisch versammelt hat, um das Tischgebet zu sprechen. Dann deutet er auf einen Hometrainer: „Das befreit sie von ihren Schuldgefühlen, damit sie noch mehr essen können. Essen! Essen!"

Vielleicht haben Sie Nahrung noch niemals aus diesem Blickwinkel betrachtet, doch bevor Sie diesen Gedanken innerlich abtun und zum Kühlschrank gehen, um sich etwas rauszuholen, denken Sie einen Augenblick darüber nach, welche Rolle es in unserem Leben spielt. Betrachten Sie zum Beispiel folgende Zahl: 110 Milliarden Dollar. Das ist der geschätzte Betrag, den die Amerikaner in diesem Jahr für Fastfood ausgeben werden. Das ist mehr, als für Filme, Bücher, Zeitschriften, Zeitungen, Videos und Musik-CDs *zusammen* aufgewendet wird.

Nach Angaben des *American Center for Disease Control* sind 68 Prozent aller Amerikaner übergewichtig, ein Drittel der Amerikaner sogar fettleibig. In Deutschland sind 67,1 Prozent der Männer und 53 Prozent der Frauen übergewichtig; adipös sind über 23 Prozent der Männer und Frauen hierzulande. Der Gott des guten Essens ist eine entscheidende Macht in unseren Ländern, anders kann man es kaum sagen.

Aber die Waage erzählt nicht die ganze Geschichte, oder? Jemand könnte einen guten Stoffwechsel haben und überaus fit aussehen und das Essen könnte trotzdem sein Götze sein. Ich habe einen guten Freund, über den ich mich maßlos ärgere, weil er essen kann, was er will, und trotzdem kein Gramm zunimmt.

Essen kann auch zum Götzen werden, wenn man sich übermäßig mit Diäten und Sport beschäftigt. Man kann sein ganzes Leben darauf ausrichten, auch ja Biolebensmittel zu essen. Das Essen bleibt immer noch ein Götze, wenn auch ein gesünderer. Und es ist ein Götze, der unglaubliche Opfer an Zeit und Geld fordert. Dieser Gott dockt an unserer Eitelkeit an, denn viele von uns sind von ihrer äußeren Erscheinung regelrecht besessen. Er will, dass wir unser eigenes Bild anbeten.

In der Bibel ist Nahrung ein Geschenk des Himmels. Gott zeigte Adam und Eva eine Fülle von guten Dingen, die er ihnen zu essen gab. Er wollte eindeutig, dass das Essen eine fröhliche Angelegenheit ist und nicht nur der Nahrungsaufnahme dient, damit der Körper gesund bleibt. Er schuf eine vielfältige Palette von Nahrungsmitteln und Geschmacksrichtungen und schenkte uns dann zehntausend Geschmacksknospen, damit wir alle diese Aromen auch richtig genießen können.

Uns ist gesagt: „Iss, trink und sei fröhlich dabei" (Prediger 9,7; Neues Leben). Gott hätte uns auch schlichtes Wurzelgemüse geben können, auf dem wir herumkauen, um alle notwendigen Nährstoffe aufzunehmen. Doch er ist verschwenderisch in seinen Gaben und besteht darauf, dass wir bei allem, was er uns schenkt, das volle Maß an Freude erleben – Essen eingeschlossen.

Essen an sich ist etwas Gutes. Das Problem besteht allerdings darin, dass jede gute Gabe Gottes verzerrt und verdreht werden kann, um uns von ihm wegzuziehen.

Überlegen Sie einmal, wie der Gott des Essens vorgeht. Stellen Sie sich vor, wie Sie einen seiner Lieblingstempel betreten, zum Beispiel ein gutes Restaurant. Ich mache so etwas auch gern. Die Kellnerin bringt Sie zu Ihrem Tisch. Nachdem Sie sich gesetzt haben, schauen Sie verstohlen zu den übrigen Tischen, um zu sehen, was die anderen Gäste bestellt haben. Die Entscheidung wird Ihnen schwerfallen.

Dann überreicht Ihnen die Kellnerin eine Speisekarte, die so dick ist, dass man sie in Kapitel unterteilen muss. Man weiß gar nicht, wo man in diesem Schlaraffenland anfangen soll.

Was passiert hier eigentlich? Ich besuche ein gutes Restaurant ganz gewiss nicht nur, um genügend Nährstoffe aufzunehmen. Ich könnte an irgendeiner Wurzel kauen und vermutlich wäre das sogar gesund. Nein, es geht um *Befriedigung*. Wir wollen zwischen Zunge und Mandeln unbedingt eine wilde Party schmeißen. Und ein paar Minuten lang ist mit der Welt alles im Lot. Einfach himmlisch.

Einfach himmlisch? Möglicherweise ist Ihnen die Formulierung in diesem Szenario gar nicht weiter aufgefallen. Achten Sie einmal darauf, wie wir auf den Himmel oder auf Vokabeln aus dem Bereich der Religion zurückgreifen, wenn wir vom Essen reden: „Dieser Kuchen ist einfach himmlisch", „Für ein gutes Steak könnte ich sterben", „Das ist wirklich Nahrung für die Seele", „Nektar der Götter" und wenn wir so richtig „sündigen" wollen, essen wir ein Stück Sahnetorte.

Ich habe das Gefühl, ich muss noch einmal etwas klarstellen, und vielleicht geht Ihnen das langsam auf die Nerven. Aber es ist wichtig. Es ist nichts Schlimmes oder Falsches daran, in einem guten Restaurant essen zu gehen. Es ist kein Götzendienst, sich ein besonderes Gericht schmecken zu lassen. Das Problem beginnt dort, wo wir vom Essen etwas erwarten, das uns nur Gott, der Herr, schenken kann. Aber warum sollten wir überhaupt auf die Idee kommen? Nun, vielleicht hat dieser Tag einige Enttäuschungen mit sich gebracht. Vielleicht wurden Sie bei der erwarteten Beförderung übergangen, vielleicht hat Ihr Chef Sie in einer E-Mail kritisiert, vielleicht ist Arbeit im Moment für Sie nur noch eine Quälerei. Vielleicht haben Sie familiäre Probleme, und wenn Sie nur daran denken, dass Sie nach Hause gehen müssen, kommt Ihnen der Tag im Büro schon wie ein Strandurlaub vor.

Wie oft versuchen wir eine verletzte Seele wie einen knurrenden Magen zu kurieren, statt uns an Gott zu wenden? Haben Sie auch schon einmal die Erfahrung gemacht, dass am Ende eines langen Tages nichts besser tut als ein Stück Schokolade oder eine Portion Eis? Und das ist nur ein beliebig herausgegriffenes Beispiel.

Wenn das Leben hart wird, fangen viele von uns an zu essen. Es bietet uns schnellen und spürbaren Trost. Große, fetttriefende Hamburger auf Werbeplakaten, Pizzareklame im Radio, Drive-in-Fastfoodtempel auf dem Heimweg, wenn Sie von der Arbeit kommen – alle diese Dinge versprechen Ihnen, dass Sie sich hinterher besser fühlen. Wir bezeichnen vieles von dem sogar als „Trostfutter".

ZUCKERPROBLEME

Der durchschnittliche Deutsche konsumiert rund 35 Kilo Zucker pro Jahr. Vor gut hundert Jahren waren es noch nicht einmal 15 Kilo.

Wir brauchen den schnellen Kick, den uns der Zucker schenkt, doch Zucker kann auch Stresshormone

ausschütten, die uns bis zu fünf Stunden „beglücken".
In diesem Zeitraum muss der Körper dann mit überschüssigem Insulin und dem Abbau des gesunden Blutzuckerspiegels fertigwerden.

Wenn man Kummer hat, sollte man also die Packung Eiscreme unbedingt links liegen lassen. Sie ist alles andere als echtes Trostfutter.[*]

[*] Teresa Aubele: „Why a Sugar High Leads to a Brain Low", in: Psychology Today, 18. Oktober 2011, www.psychologytoday.com/blog/prime-your-gray-cells/201110/why-sugar-high-leads-brain-low (Zugriff am 26. September 2013).

Denken Sie einmal darüber nach: Gott selbst bezeichnet sich als *Tröster*. Er ist der Gott allen Trostes und will Sie an diesem Tag begleiten und Ihnen zur Seite stehen. Der Fürst des Friedens wartet darauf, Ihnen seine Gaben zu schenken und seine Kraft. Bei ihm sollen Sie Zufriedenheit finden. Frank Farrell schrieb einmal: „Ein Großteil der Probleme der Menschheit und des Elends dieser Welt ist darauf zurückführen, dass wir versuchen, die Seele mit Nahrung für den Körper zu ernähren."

Eine schlechte Geliebte

Paul Jones hatte zu Jesus gefunden, doch mit seinem Leben ging es weiter bergab. Seine Ehe wurde recht überraschend geschieden und nun saß er allein und ohne Freunde in Alabama. Er war einsamer und unglücklicher als jemals zuvor.

Und er brauchte Trost und Rettung. Für ihn gab es nur einen Ort, an dem er das zu finden hoffte: den Kühlschrank. Bald hatte er seine Essgewohnheiten nicht mehr unter

Kontrolle und merkte kaum noch, dass er sich in jeder Saison neue Kleidung kaufen musste, die jeweils ein oder zwei Nummern größer war als im Jahr zuvor. Es war ein schleichender Prozess und er dachte nicht weiter darüber nach. Eigentlich hatte er schon immer zu viel gegessen; einen anderen Lebensstil kannte er gar nicht. Doch nun nahm das Ganze überhand und verdrängte fast alles andere aus seinem Leben. Er besuchte verschiedene Gemeinden und entdeckte, dass es auch dort ums Essen ging. Fast nach jeder Veranstaltung wurde irgendetwas gereicht – manchmal Eintöpfe, manchmal Eiscreme. Am Mittwochabend war die Bibelstunde mit einer gemeinsamen Mahlzeit verbunden. Nicht, dass Paul sich darüber beklagt hätte – es passte genau zu ihm.

1990 fühlte sich Paul in den vollzeitlichen Dienst berufen. Er zog nach Louisville und besuchte eine theologische Hochschule. Dort lernte er Renée kennen, seine zweite Frau, und er begriff, dass Gott etwas Wunderbares für ihn getan hatte – er hatte ihm eine zweite Chance geschenkt, eine Partnerin fürs Leben zu finden. Paul strengte sich nach Kräften an, um das 12 000-Kalorien-pro-Tag-Monster, das ihn gefangen hielt, zu ignorieren. Inzwischen wog er knapp 200 Kilo. Jeden Tag musste er zehn verschiedene Medikamente nehmen, weil er unter Diabetes, hohen Cholesterinwerten, überhöhtem Blutdruck und Schlafapnoe litt.

Die Götzen des Essens bedrängten ihn und forderten immer mehr.

Er aß nur noch um des Essens willen und genoss es immer weniger. Häufig musste er die riesige Pizza oder die zahllosen Hamburger, die er zu sich nahm, wieder erbrechen, weil nicht einmal sein gewaltiger Körper mit den Mengen zurechtkam, die die Sucht forderte. Auch Renée nahm zu und so brachten die beiden sogar als entschiedene Nachfolger Christi im Verborgenen dem beharrlichen und unersättlichen Götzen des Essens ihre Opfer.

Schließlich rebellierte sein Körper. Sein Herz raste, er litt unter Panikattacken und Angstanfällen, er konnte nicht mehr atmen und zitterte. Er hatte das Gefühl, dass es nun vorüber war und er sterben musste.

Auch die Ärzte konnten ihm auf sein Problem keine Antwort geben. Paul brauchte Hilfe, und zwar sofort. Er wandte sich an die Seelsorger der Gemeinde, zu der er und Renée gehörten. Als er zu seinem Termin kam, musste er sich im Büro des Seelsorgers auf den Boden setzen – das war oft der Fall, weil es keine Stühle gab, die breit genug für ihn waren.

Er weinte, erzählte seine Geschichte und war völlig verzweifelt. Um ihn war es finster geworden, und er sehnte sich danach, dass jemand ein Licht anzündete.

Eine andere Art von Brot

Das Johannesevangelium hält einen Augenblick im Leben Jesu fest, in dem Nahrung zu einem ernsthaften Konkurrenten wird. Im 6. Kapitel des Buches wird davon berichtet, dass die Menschen gezwungen sind, sich zwischen dem Essen, das ihren Hunger stillt, und Jesus, der ihre Seele satt macht, zu entscheiden.

Jesus stand vor einer gewaltigen Menschenmenge; von fünftausend Menschen ist die Rede, doch dabei sind nur die erwachsenen Männer mitgerechnet. Insgesamt waren also vielleicht fünfzehntausend Menschen anwesend.

Sie brauchten etwas zu essen. Möglicherweise kennen Sie die Geschichte: Auf wundersame Weise machte Jesus sie mit fünf Gerstenbroten und zwei Fischen satt. Im Johannesevangelium heißt es, dass alle aßen, bis sie genug hatten.

Für sie war es ein Picknick, doch Jesus nahm das zum Anlass, um ihnen etwas zu erklären. Er wünschte sich, dass diese Menschen Hunger und Durst nach Gerechtigkeit verspürten.

Er wünschte sich, dass sie die Wahrheit dessen entdeckten, was er sie in der Bergpredigt gelehrt hatte: „Leben bedeutet mehr als Essen und Trinken" (Matthäus 6,25). Zu Beginn seines öffentlichen Wirkens hatte Jesus vierzig Tage und vierzig Nächte in der Einöde verbracht, um zu fasten, sodass ihn der Wunsch nach Nahrung nicht davon abhalten würde, Gott gehorsam zu sein.

Wie konnte er die Menschen dazu bringen, das zu erkennen, was er erkannt hatte: dass sie Nahrung für den Körper aufnehmen mussten, wenn sie sie brauchten, und sich dann auf die Nahrung für die Seele konzentrieren sollten, die sie in alle Ewigkeit satt machen würde? Er wünschte sich, dass sie dieselbe Leidenschaft dafür aufbrachten, ihre Seele zu sättigen, wie dafür, ihren Magen zu füllen.

Nachdem sich alle satt gegessen hatten, stahl sich Jesus in der Nacht ans andere Seeufer davon. Er brauchte Abstand von der lärmenden Menschenmenge.

Am nächsten Morgen wachten die Leute auf und bemerkten, dass Jesus und seine Jünger verschwunden waren. Also versuchten sie, ihn zu finden. Schließlich hatten sie die Nahrung vom Vortag verdaut und ihr Magen knurrte schon wieder. Was stand denn heute auf dem Speiseplan? Bestimmt würden sie von Jesus Frühstück bekommen.

Am gegenüberliegenden Ufer fanden sie ihn schließlich und er sagte ihnen Folgendes: „Bemüht euch doch nicht nur um das vergängliche Brot, das ihr zum täglichen Leben braucht! Setzt alles dafür ein, die Nahrung zu bekommen, die bis ins ewige Leben reicht. Diese wird der Menschensohn euch geben" (Johannes 6,27).

Jesus erklärte ihnen, dass sie nur an ihn glauben müssten, um wirklich satt zu werden.

Für ihre Antwort muss man sie einfach lieben. Sie schlugen ihm vor, dass er ihnen doch ein Zeichen geben solle, dass an seinen Worten auch etwas dran war. Etwas richtig Schönes wäre zum Beispiel, na ja, sagen wir mal, frisches Brot vom Himmel, wie Gott es Mose und seinem Volk geschickt hatte. Um Jesus auf die Sprünge zu helfen, zitierten sie auch gleich die passende Bibelstelle: „Kannst du nicht ein Wunder tun? Vielleicht so eines wie damals, als unsere Vorfahren in der Wüste jeden Tag Brot aßen? Es heißt doch in der Heiligen Schrift: ‚Er gab ihnen Brot vom Himmel'" (Johannes 6,31).

In der Bibel ist leider nicht festgehalten, ob jemand noch hinzufügte: „Ich mein ja bloß ..."

Die Menschen dachten nur ans Brot, aber können Sie sich vorstellen, dass sie Jesus wirklich aufforderten, sich mit einem Wunder auszuweisen, nachdem er am Vortag schätzungsweise fünfzehntausend Leute mit ein paar Broten und Fischen satt gemacht hatte?

Jesus entgegnete ihnen schließlich: „Ich bin das Brot des Lebens. Wer zu mir kommt, wird niemals wieder Hunger leiden, und wer an mich glaubt, wird nie wieder Durst haben" (Johannes 6,35).

Damit gab er ihnen zu verstehen: Obwohl sie es nicht begreifen konnten, war *er selbst* das Brot, nach dem sie suchten. Sie kamen zu ihm, um etwas zu essen zu bekommen, und Jesus gab sich ihnen selbst.

Doch eine Frage bleibt: Ist er uns genug?

Die Antwort finden wir in Vers 66. Von diesem Augenblick an, so lesen wir dort, folgten viele Menschen Jesus nicht länger nach. Sie trafen eine Wahl darüber, welchen Götzen sie anbeten wollten, und entschieden sich gegen Jesus.

Wie steht es mit Ihnen? Wollen Sie ihm weiterhin nachfolgen, auch wenn keine Gratismahlzeiten dabei herausspringen? Was ist Ihnen wichtiger: Nahrung für den Körper oder Nahrung für die Seele?

Drei Wege

Nachdem er – innerlich zerbrochen – seinen Seelsorger aufgesucht hatte, schlug Paul Jones nun zum dritten Mal einen neuen Weg ein. Auf seinem ersten Weg, dem er in seiner Kindheit und Jugend gefolgt war, hatten ihn mangelndes Selbstwertgefühl und eine ungesunde Beziehung zum Essen geleitet. Den zweiten Weg schlug er an dem Tag ein, an dem er zum Glauben kam, und er war sich sicher, dass dies der richtige Weg war. Damit hatte er zwar recht, doch irgendetwas stimmte immer noch nicht. Er schleppte weiterhin seinen alten Götzen mit sich herum, den Götzen des Essens. Und in seinem Leben gab es nur Platz für einen Herrn. Nun saß er im Büro des Seelsorgers auf dem Fußboden und ihm ging ein Licht auf.

Paul verstand, warum Gott vermeintlich geschwiegen hatte: Er wartete darauf, dass Paul sich ihm voll und ganz anvertrauen würde. Alle Bereiche seines Wesens, alle Bereiche seines Lebens. Dreizehn frustrierende Jahre hatte es gedauert, bis Paul ganz unten angekommen war. In dieser Zeit hatte er immer neue Pläne geschmiedet und jeder einzelne Plan hatte nicht funktioniert. Endlich war er bereit, einem Plan zu folgen, der von Gott selbst stammte.

Als er wieder zu Hause war, schaute er in den Badezimmerspiegel und weinte, während er betete: „Gott, ich weiß nicht mehr, was ich tun soll. Ich gebe auf. Ich gebe einfach auf."

Und in der Stille hörte er Gottes Antwort: „So lange warte ich schon darauf, diese Worte von dir zu hören, Paul. Hör endlich damit auf, dich so abzumühen. Hör damit auf, eigene Pläne zu schmieden. Ich will dich führen. Lass es zu, dass ich deine Hand ergreife. Du musst nur das Alte loslassen."

Von diesem Augenblick an war alles anders – und zwar wirklich anders. Gott begann, diesen Mann von Grund auf zu verändern. Als wäre es ihm wie Schuppen von den Augen gefallen, konnte er nun begreifen, was in seiner Kindheit eigentlich passiert war. Er verstand, warum er damals so gehandelt hatte: Dass er den Götzen des guten Essens anbetete, war Selbstmord in Zeitlupe.

Er wusste, dass manche Verletzungen noch nicht geheilt waren, etwa im Hinblick auf die Beziehung zu seinem Vater und seiner Mutter und vieles mehr. Eine Menge Probleme musste er noch angehen, doch dazu war er nun auch in der Lage, weil Christus ihm zur Seite stand. Christus hatte einen Plan für ihn. Nun war er bereit, die künstliche Ekstase, in die ihn reichhaltige Mahlzeiten versetzten, gegen echte Freude einzutauschen.

In schwachen Augenblicken erhoben die alten Gewohnheiten wieder ihr Haupt. Doch Paul staunte über die Entdeckung, dass ihm das Essen überhaupt nicht mehr richtig schmeckte, wenn er es damit übertrieb.

Es ging ihm auch eigentlich nicht ums Abnehmen, sondern nur darum, einen Tag nach dem anderen zu bewältigen und zu lernen, ein neuer Mensch zu werden. Es ging ihm nicht darum, eine Diät zu halten, sondern sich Jesus ganz anzuvertrauen. Trotzdem bemerkten Renée und er, dass ihm seine Sachen zu weit wurden.

Häufig machte er lange Spaziergänge, vor allem im Regen – er liebte solche Streifzüge einfach –, doch es ging ihm dabei nicht um Fitness. Nein, es war bloß einfach, sich auf diesen Spaziergängen mit Gott zu unterhalten. Er stand auf und ging morgens los; er ging spazieren, wenn er etwas Zeit übrig hatte, und manchmal schockierte es ihn förmlich, wenn er merkte, dass er aus Versehen eine Mahlzeit ausgelassen hatte. *Wer bin ich eigentlich?*, fragte er sich. Erst jetzt begriff er, was das Essen ihm bedeutet hatte.

Und bald fing er an zu laufen, erst eine Meile, dann einen Minimarathon und schließlich den vollen Marathon über 42 Kilometer. Genau wie ernsthafte Sportler.

Paul Jones, der einmal fast zweihundert Kilogramm gewogen hatte und zehn verschiedene Medikamente einnehmen musste, um zu überleben, fand schließlich einen tieferen Sinn für sein Leben. Am Ende wurde ausgerechnet er Fitnesstrainer in seiner Gemeinde. Er wusste, dass sein Leben ein Wunder war.

Heute dankt er Gott dafür, dass dieser ihm wahre Freude schenkt, und er denkt über den bekannten Ausspruch von Jesus nach: „Glücklich sind, die nach Gerechtigkeit hungern und dürsten, denn sie sollen satt werden" (Matthäus 5,6). Dieser Weg ist für Paul Jones alles andere als bequem gewesen. „Aber Gott ist nicht daran interessiert, dass ich es bequem habe", meint er. „Er ist an meiner Heilung interessiert."

Damit das geschehen konnte, musste erst ein Götze zertrümmert werden, der Gott der Vergnügungen in Form von Nahrung. Was für eine Ironie – Paul Jones lernte wirkliche Freude erst dann kennen, als er die Nahrung für den Körper durch das Brot des Lebens ersetzte.

Gott kann und will uns nicht dauerhafte Freude schenken, die von ihm abgekoppelt ist, weil das dem widerspricht, wie er uns geschaffen hat. In Psalm 34, Vers 9 heißt es treffend: „Schmecke und sieh, dass der Herr gut ist."

Kauen Sie doch darauf etwas herum, wenn der Gott des guten Essens Sie das nächste Mal locken will.

Mehr über Paul und seine Geschichte erfahren Sie hier: zndr.vn/QMuZc4

GÖTZEN-CHECK

Essen Sie, weil Sie den Genuss lieben oder weil Sie satt werden wollen?

Nehmen Sie einmal Ihre Essgewohnheiten unter die Lupe. Warum essen Sie bestimmte Nahrungsmittel? Geht es Ihnen in erster Linie um den Genuss oder wollen Sie satt werden? Ich möchte es noch einmal betonen: Es ist überhaupt nicht verkehrt, eine gute Gabe Gottes zu genießen. Doch wenn wir dem Genuss um seiner selbst willen hinterherjagen, wird das in aller Regel zur Folge haben, dass wir immer und immer mehr wollen.

In seinem ersten Brief an die Gemeinde in Korinth erklärt Paulus, dass unsere Nahrung nicht Objekt unserer Anbetung sein sollte, sondern zur Anbetung Gottes werden kann. Er schrieb: „Was immer ihr tut, was ihr auch esst oder trinkt, alles soll zur Ehre Gottes geschehen" (1. Korinther 10,31).

Wann und warum essen Sie maßlos?

Wie häufig brauchen Sie „Trostfutter"? Nutzen Sie es quasi als Salbe, um Ihre inneren Verletzungen zu behandeln?

Wenn in unserem Leben irgendetwas schiefläuft, wenden wir uns häufig instinktiv dem Essen zu. Das ist einfach, es ist immer verfügbar, und unser Geschmackssinn kann uns eine wunderbare Ablenkung verschaffen.

Denken Sie einmal darüber nach, zu welcher Tageszeit Sie besonders dazu neigen. Geschieht es auf dem Heimweg von der Arbeit, wenn Sie versuchen, mit den Problemen des Alltags fertigzuwerden?

Geschieht es, wenn alle anderen schon im Bett liegen und Sie meinen, dass Sie eine Belohnung verdient hätten?

Wären Sie bereit, einmal zu fasten?
Eine der einfachsten Möglichkeiten, einmal zu überprüfen, wie sehr der Gott des guten Essens Sie im Griff hat, besteht darin, eine Fastenzeit einzulegen. Wie schwer würde es Ihnen fallen, drei Tage zu fasten, vielleicht auch nur einen Tag oder auch einfach auf bestimmte Nahrungsmittel zu verzichten? Tun Sie das jedoch nicht, um sich in Selbstdisziplin zu üben oder endlich wieder in die hautenge Jeans hineinzupassen. Tun Sie es, weil Sie Zeit mit Gott verbringen wollen. Beten Sie darum, dass Sie mehr nach ihm hungern als nach der Nahrung, die diese Welt Ihnen bietet.

ENTSCHEIDUNG FÜR JESUS
JESUS, MEIN GUT UND MEIN TEIL

Götzen besiegt man nicht, indem man sie entfernt, sondern indem man sie durch etwas anderes ersetzt.

Der Gott des Essens versprach uns ein Fest, doch wir standen hinterher mit leeren Händen da. Er lud uns ein zu verzehren, bis wir selbst verzehrt wurden. Wir kosteten alles, doch zum Schuss schmeckte alles fade.

So kamen wir schließlich zu Jesus. Wir entdeckten, dass er uns wirklich ein Festmahl anbietet. Er stillt jedes unserer Bedürfnisse. Wenn wir Hunger verspüren, führt uns das immer zu ihm zurück.

David schrieb: „Der Herr ist mein Gut und mein Teil; du erhältst mir mein Erbteil" (Psalm 16,5; Luther).

Jesus befreit uns von einer ungesunden Beziehung zum Essen, die uns kaputt macht, denn bei ihm finden wir, wonach wir die ganze Zeit gesucht haben. Wenn wir Freude und Sinn im Essen suchen, versiegt die Quelle unseres Genusses immer wieder, und wir müssen uns neu auf die Suche machen – es ist ein Götze, den wir konsumieren und verbrauchen. Mit Jesus ist das anders.

Nichts schmeckt besser als die Freude und die Zufriedenheit, die wir erleben, wenn wir Jesus kennen. Nichts tut unsere Seele so gut wie er. Nichts gibt uns mehr Kraft als die Zeit, die wir mit ihm verbringen.

Er lädt uns ein, zu ihm zu kommen und zu essen. Er lädt uns ein, zu dem Brunnen zu kommen, wo er uns lebendiges Wasser anbietet, sodass wir nie wieder Durst haben werden.

Stellen Sie sich vor, draußen herrsche Gluthitze. Schweißüberströmt und mit trockener Kehle kommen Sie herein und trinken ein Glas eiskaltes Wasser auf einen Zug aus. Hat Ihnen je etwas besser geschmeckt?

Das ist nur ein schwaches Bild für das, was wir empfinden, wenn wir geistlich verhungern und dann vom Brot des Lebens kosten, wenn unsere Seele dürstet und wir einen tiefen Zug vom Wasser des Lebens trinken.

Es liegt schon eine gewisse Ironie darin: Erst wenn wir unseren Lebenssinn bei Christus finden und er den Thron unseres Lebens besteigt, beginnt uns irdische Nahrung wieder richtig zu schmecken. Wenn wir ihr die richtige Priorität in unserem Leben zuweisen, ist sie eine wunderbare Gabe Gottes.

KAPITEL 6
DER GOTT DER SEXUALITÄT

Sexualität ist etwas Gutes. Das möchte ich gleich am Anfang klarstellen. Sexualität ist ein Geschenk, das uns Gott selbst gegeben hat. Doch es ist erstaunlich, wie gerade die besten und schönsten Gaben Gottes oft so verdreht und verbogen werden, dass sie zu zerstörerischen Götzen werden.

Gott hat uns die Sexualität geschenkt, damit wir die Intimität mit unserem Ehepartner erfahren. Wenn wir unsere Sexualität nach Gottes Vorstellung ausleben, knüpft sie ein übernatürliches Band zwischen uns. Als Gott die Menschen schuf, hatte er es sich so gedacht: „Darum verlässt ein Mann seine Eltern und verbindet sich so eng mit seiner Frau, dass die beiden eins sind mit Leib und Seele" (1. Mose 2,24).

Im *körperlichen* Geschlechtsakt vollzieht sich also eine *geistige* und eine *geistliche* Verbindung. Einer der hebräischen Begriffe für den Geschlechtsverkehr bedeutet wörtlich übersetzt „Verbindung der Seelen", und das trifft es genau – es ist ein wunderbares Geschenk Gottes.

Der Geschlechtsverkehr schenkt uns Freude und Intimität und natürlich bringt er auch Kinder hervor – so hat Gott es sich ausgedacht. Er hätte die Fortpflanzung auch simpel und mechanisch gestalten können, sodass sie einfach auf einen natürlichen Instinkt zurückgeht, der uns keinerlei Freude bereitet. Er hätte den Geschlechtsakt so gestalten können, dass wir dabei ebenso wenig empfinden wie beim Wachsen unserer Haare. Gott aber entschied, dass uns Sexualität Freude bereiten sollte.

Genau wie das Essen gestaltete Gott unsere Sexualität so, dass sie nicht nur einen Zweck erfüllt, sondern uns auch Genuss und Freude bereitet. Er ist ein Vater, der seinen Kindern gern gute Gaben schenkt.

Alle seine Gaben weisen wieder auf ihn zurück. So sollte es zumindest sein. Diese Gabe sollte uns eigentlich veranlassen, ihn noch mehr zu lieben und anzubeten. Doch nur allzu leicht passiert es, dass seine Gaben zu seinen härtesten Konkurrenten werden. Stellen Sie sich einmal vor, Sie kaufen ein Geschenk für Ihren Sohn. Sie haben gehört, wie er für die neue Spielekonsole geschwärmt hat. Dann sehen Sie eine im Geschäft, und Sie stellen sich vor, dass sie bestimmt ein Lächeln auf das Gesicht Ihres Sohns zaubern wird. Sie ist nicht gerade billig; im Grunde müssen Sie sogar ein finanzielles Opfer bringen. Doch Sie wollen das Beste für Ihr Kind.

Als Sie nach Hause kommen und Ihrem Sohn das Geschenk überreichen, stößt er einen Freudenschrei aus, umarmt Sie ganz fest und dankt Ihnen ein Dutzend Mal überschwänglich. Für diesen Augenblick des Glücks war Ihnen die Ausgabe jeden Cent wert. Ein paarmal schauen Sie in seinem Zimmer vorbei und sehen zu, wie er das Gerät aufbaut und mit äußerster Konzentration spielt. Sie stellen ihm eine Frage zum Spiel, doch er entgegnet nur: „Warte, ich habe jetzt keine Zeit", und dann vergisst er offenbar, dass Sie überhaupt da sind.

Später laden Sie ihn ein, zusammen mit der Familie essen zu gehen, doch er winkt ab, weil er zu Hause bleiben und mit der Konsole spielen will. Noch später redet er darüber, welche Extras und Spiele seine Freunde haben – sie sind viel besser ausgerüstet als er. Sie bekommen ihn nicht nur weniger zu Gesicht als früher, nein, er scheint auch unzufriedener und unglücklicher zu sein als vor dem Kauf der Spielkonsole. Wie konnte die Sache mit diesem schönen Geschenk so schieflaufen?

Das liegt daran, dass das Geschenk wichtiger wurde als der Geber. Nicht die Sache selbst sollte eigentlich das Schöne daran sein, sondern die Liebe und Zuneigung, die Sie damit zum Ausdruck bringen wollten.

Und das geschieht auch, wenn Gott mit den Segnungen, die er uns schenkt, konkurrieren muss. Sexualität ist etwas Wunderbares, solange sie nicht ihre geistliche Dimension verliert. Essen und andere Formen des Genusses sind etwas Wunderbares, solange sie nicht zum Selbstzweck verkommen. Dann werden sie zum Götzen, aus Götzen werden Tyrannen, und die Tyrannen werden zu Sklaventreibern.

Ein Märchen ohne Happy End

Es gibt eine uralte Geschichte über einen Prinzen und eine Prinzessin. Doch sie ist ganz anders als die Märchen, die wir unseren Kindern vorlesen, und Disney wird daraus wohl kaum einen Trickfilm machen. Man findet sie in der Bibel – in 2. Samuel 13 – und es ist eine wahre Geschichte.

David, der König Israels, hatte, wie es dem Brauch seiner Zeit entsprach, mehrere Frauen und auch Kinder von ihnen. Übrigens ist es interessant, dass im Alten Testament Polygamie weder gebilligt noch entschuldigt wird, jedoch wird ein Beispiel nach dem anderen präsentiert, warum das nicht funktionieren kann.

Die Hauptfiguren der Geschichte sind Amnon, einer von Davids Söhnen und damit ein Prinz von Israel, und Tamar, Davids Tochter, die er von einer anderen Frau hatte, eine Prinzessin von Israel.

Amnon und Tamar sind also Halbgeschwister. In der Bibel heißt es: „Amnon begehrte Tamar so sehr, dass er krank wurde" (2. Samuel 13,2).

Begehren – das ist ein Begriff, der auf Götzendienst hindeutet. Amnon hatte nur noch eine Sache im Kopf, einen einzigen Wunsch. Er ließ zu, dass seine Lustgefühle, seine Fantasien ihn ganz ausfüllten, bis er sogar krank wurde.

Amnon hatte einen Freund und Berater, der wissen wollte,

warum er so mitgenommen aussah. Amnon erklärte ihm, dass er immer an Tamar denken musste. Da riet ihm sein Freund Folgendes: „Gut, Amnon. Wir machen das so: Morgen meldest du dich krank. Dein Vater, der König, wird sich Sorgen machen und nachschauen, wie es dir geht. Dann erklärst du ihm, dass es deiner Genesung zuträglich wäre, wenn deine Schwester Tamar dich pflegt und dir ihr gutes, selbst gebackenes Brot bringt. Und wenn sie dann hereinkommt, sagst du ihr, wie gern du ihr beim Backen zusiehst. Mit dem Rest kommst du wohl allein klar, oder?"

Und genau das tat Amnon auch. Als seine Halbschwester hereinkam, meinte er zu ihr: „Sag den Dienern, dass wir sie heute Abend nicht brauchen." Dann forderte er sie auf, in sein Schlafzimmer zu kommen und ihm das Brot zu bringen.

Was als Nächstes passierte, bricht einem das Herz. Er schob das Essen beiseite und sagte geradeheraus, was er eigentlich wollte. Sie wehrte sich. Sie flehte ihn an, darüber nachzudenken, was er da eigentlich tat, flehte ihn an, über die Schande nachzudenken, die diese Sache über ihn bringen würde, und auch über seinen eigenen Ruf.

In der Bibel heißt es: „Doch Amnon wollte nicht auf sie hören. Er stürzte sich auf sie und vergewaltigte sie" (2. Samuel 13,14).

Tamar tat das, was die Menschen ihrer Zeit taten, um Trauer und Kummer zu signalisieren: Sie streute Asche auf ihr Haupt und zerriss das wunderschöne Gewand, das sie trug. Damit symbolisierte sie auch den Verlust ihrer Jungfräulichkeit. Zerbrochen und weinend verließ sie das Gemach.

Amnons sexuelle Verfehlung brachte Vernichtung und Zerstörung nicht nur über seine eigene Familie, sondern über das ganze Land. Wenn das Zusammenleben im Königspalast empfindlich gestört wird, wirkt sich das auf das ganze Land aus. Alles geriet außer Kontrolle, doch womit hatte es begonnen? Mit Götzendienst. Amnon hatte sich entschieden, den

Götzen der sexuellen Vergnügungen anzubeten. Unzählige Stunden dachte er mit seinen lustvollen Gedanken an Tamar, bis er förmlich davon besessen war.

Ich weiß schon, was Sie denken: *Was in aller Welt hat diese Geschichte denn mit mir zu tun? So etwas Schreckliches würde ich niemals tun!* Ich bin mir ziemlich sicher, dass Amnon das ebenfalls vorher gesagt hätte. Der Gott der Sexualität hat sich darauf spezialisiert, Sie zu einem Verhalten zu verführen, das Ihnen eigentlich nie in den Sinn gekommen wäre.

Deshalb möchte ich Ihnen eine Frage stellen: Sind Sie vom Gedanken an Sex besessen? Ist es das Letzte, was Ihnen vor dem Zubettgehen, und das Erste, was Ihnen beim Aufstehen durch den Kopf geht? Hängen Sie diesen Gedanken bei der Arbeit in Ihren Tagträumen nach, geben Sie dafür Geld aus und setzen Sie Karriere und Ehe dafür aufs Spiel? Ist das der größte Streitpunkt in Ihrer Beziehung?

Spüren Sie, wie Gottes Gegenwart hinter einer Wolke der Scham verblasst?

Das Genuss-Paradox

Wenn etwas eigentlich Gutes zum Götzen wird, stirbt der Genuss, den es mit sich bringt, dabei. Das ist eine besondere Eigenschaft des Genusses: Je intensiver man ihm nachjagt, desto unwahrscheinlicher ist es, dass man ihn tatsächlich in die Hände bekommt.

Philosophen nennen dies die „hedonistische Tretmühle". Dahinter steht die Vorstellung, dass man die ganze Zeit dem Vergnügen, dem Glück nachjagt und doch nicht von der Stelle kommt.

In der Bibel können wir nachlesen, wie Amnon reagierte, als er seiner Begierde schließlich nachgab. Der Akt befriedigte ihn keineswegs so, wie er sich das vorher vorgestellt hatte.

Ganz im Gegenteil. Die eigentliche Tat war eine Sache von wenigen Augenblicken, und als die vergangen waren, blickte er seine Halbschwester voller Verachtung an, ja, sogar mit „glühendem Hass". In der Bibel heißt es: „Ja, er hasste Tamar nun mehr, als er sie vorher geliebt hatte" (2. Samuel 13,15). Was für ein eigenartiger Vers. „Er hasste Tamar nun mehr, als er sie vorher geliebt hatte." Was soll das heißen? Sie hatte ihm doch nichts getan. Das ergibt einfach keinen Sinn.

Ich vermute, einige von Ihnen ahnen bereits, was hier eigentlich passiert: Der Gott der sexuellen Erfüllung verheißt Ihnen unglaubliche Befriedigung. Wenn Sie bestimmte Zeitschriften lesen oder auf den einschlägigen Webseiten surfen, wenn Sie mit Ihrem Freund oder Ihrer Freundin immer noch ein wenig weiter gehen, dann malen Sie sich aus, wie es denn wäre, aufs Ganze zu gehen, Ihrer Begierde nachzugeben und diesen Augenblick der Ekstase zu erleben.

Doch was geschieht? Dieser Götze liefert das Gegenteil von dem, was er versprochen hatte.

Statt Befriedigung erleben Sie innere Leere und bekommen fast sofort Appetit auf mehr. Statt Nähe und Intimität empfinden Sie ein seltsames Gefühl, das verdächtig an Einsamkeit erinnert.

Sie haben geglaubt, das würde sich lohnen, die Vorfreude sei berechtigt, Sie würden sich hinterher gut fühlen. Stattdessen werden Sie den Eindruck nicht los, dass Sie einen Teil von sich verschenkt haben, den Sie nicht mehr zurückbekommen.

Wenn die Gabe den Geber als Objekt unserer Anbetung ersetzt, geschieht etwas Überraschendes. Wenn wir den Götzen der Vergnügungen und des Genusses anbeten und nicht den Gott, der uns diese Gaben schenkte, entdecken wir, dass das Vergnügen verfliegt. Wir stoßen auf das ernüchternde Paradoxon, dass Genuss und Vergnügen sich in Luft auflösen, sobald wir sie als Götzen anbeten.

DIE KOSTEN ÜBERSCHLAGEN

Wie sehen die langfristigen Folgen des Konsums von Pornografie aus? Dolf Zillman, Professor an der Universität von Indiana, und Jennings Bryant, Professor an der Universität von Houston, haben Folgendes herausgefunden:

- *Abnehmende Zufriedenheit mit dem eigenen Sexualpartner.* Männer finden ihre Frauen oder Partnerinnen weniger attraktiv und sexuell befriedigend. Darüber hinaus sind sie mit dem Geschlechtstrieb und der sexuellen Neugierde ihrer Partnerin weniger zufrieden.
- *Treue wird als weniger wichtig bewertet.* Sex außerhalb der Ehe ist kein absolutes Tabu mehr, sondern nur noch eine Möglichkeit.
- *Sex ohne verbindliche Beziehung wird wichtiger.* Der Geschlechtsakt wird zu etwas rein Körperlichem und ist nicht länger Ausdruck einer intimen Beziehung. Dadurch vereinsamen Menschen.[*]

[*] D. Zillman und J. Bryant: „Pornography's Impact on Sexual Satisfaction", in: *Journal of Applied Social Psychology 18*, Nr. 5 (1988), S. 438–453; D. Zillman und J. Bryant: „Effects of Prolonged Consumption of Pornography on Family Values", in: *Journal of Family Issues 9*, Nr. 4 (Dezember 1988), S. 518–544.

Am Morgen danach

Kommen wir noch einmal auf die Geschichte von Elia zurück, die wir ja in einem anderen Kapitel bereits angesprochen hatten. Die Dürre hatte katastrophale Folgen für das Land. Elia sucht König Ahab auf und arrangiert eine Art Wettbewerb zwischen Gott, dem Herrn, und den Götzen Baal und Aschera. Menschen aus dem ganzen Land Israel versammeln sich auf dem Karmel, um den „Krieg der Götter" mitzuerleben. Auf der einen Seite steht Elia im Auftrag des Herrn, auf der anderen 850 Propheten der falschen Götzen:

Da sagte Elia zu den Propheten Baals: „Ihr könnt anfangen, weil ihr so viele seid. Sucht euch einen Stier aus, und bereitet ihn zu; aber keiner darf das Opfer anzünden! Und dann bittet euren Gott, Feuer vom Himmel zu schicken!" Sie schlachteten ihren Stier und bereiteten ihn für das Opfer zu. Dann begannen sie zu beten. Vom Morgen bis zum Mittag riefen sie ununterbrochen: „Baal, Baal, antworte uns doch!" Sie tanzten um den Altar, den man für das Opfer errichtet hatte. Aber nichts geschah, es blieb still. Als es Mittag wurde, begann Elia zu spotten: „Ihr müsst lauter rufen, wenn euer großer Gott es hören soll! Bestimmt ist er gerade in Gedanken versunken, oder er musste mal austreten. Oder ist er etwa verreist? Vielleicht schläft er sogar noch, dann müsst ihr ihn eben aufwecken!" Da schrien sie, so laut sie konnten, und ritzten sich nach ihrem Brauch mit Messern und Speeren die Haut auf, bis das Blut an ihnen herunterlief (1. Könige 18,25–28).

Was muss das für ein Anblick gewesen sein! Die Propheten ritzen sich die Haut auf, weil sie ihren Gott verzweifelt auf sich aufmerksam machen wollen. Immer eindringlicher beten sie zu ihrem Götzen und glauben, dass sie nur noch ein wenig mehr geben müssen, bis er endlich reagiert. Auf uns wirkt das alles reichlich primitiv. Welche Relevanz hat das für uns heute noch?

Doch haben wir nicht alle auf dem Altar des sexuellen Vergnügens schon einmal geblutet?

Manche haben ihr Geld geopfert. In den USA wird für Pornografie jedes Jahr mehr Geld ausgegeben als für Rockmusik, Country, Jazz und klassische Musik zusammen. Für

Pornografie wird mehr Geld ausgegeben als für Baseball, Basketball und Football zusammen. Dieser Wirtschaftszweig setzt bei uns jährlich über zehn Milliarden Dollar um. Doch nicht nur Geld opfern wir diesem Götzen.

Viele Menschen haben ihre Ehe, ihre Kinder und ihre Karriere auf diesem Altar geopfert.

Als Pastor erlebe ich oft, wie Männer und in zunehmender Anzahl auch Frauen zu mir kommen und mit mir über ihre Pornosucht reden. Ich blicke ihnen in die Augen und entdecke, was dieser grausame Gott von ihnen gefordert hat. Ich sehe, wie sie sich selbst geißeln und ritzen, bis sie schwach und elend sind.

Ich habe mit Männern und Frauen gesprochen, die sich einfach nicht aus außerehelichen Beziehungen lösen können. Alles fing mit der Schmeichelei einer Kollegin oder eines Kollegen an – ein kleines Lächeln hier, ein Vorschlag dort, vielleicht eine Freundschaftsanfrage bei Facebook, die man angenommen hat. Und nun ist die Ehe kaputt.

Manchmal schreiben mir Oberstufenschüler, dass sie heute von Bildern im Internet, die sie früher abstoßend und widerlich fanden, sexuell erregt werden. Wohin das alles führen und welche Menschen das aus ihnen machen wird, wissen sie nicht. Sie sind noch keine zwanzig und schon so verzweifelt.

Eine andere Frau, die ich kenne, lebt schon seit Jahren ein Doppelleben. Ihre Sexualpartner findet sie über Facebook. Die Tür nach draußen findet sie nicht mehr.

„Ach, das sind doch nur Bilder", sagen wir. „Harmlose Unterhaltung."

Nein. Nicht wirklich. Auch das Betrachten von Bildern ist eine Spielart des Götzendienstes. Wir bringen unsere Seele auf dem Altar eines Götzen dar, der uns verzehren und vernichten will. Diesem Götzen liefern Sie Ihr Herz aus, und wie wir wissen, fließt alles aus dem Herzen. Schließlich kommt der ganze Müll an die Oberfläche.

Vielleicht sieht das heute anders aus als damals, aber wir dürfen uns dieser Täuschung nicht hingeben: Für diesen Götzen schreien, tanzen und bluten wir letzten Endes auch und hoffen, dass er irgendwie reagiert. Doch der Gott der sexuellen Befriedigung fordert immer mehr. In seinem Brief an die Römer spricht Paulus von „Ungerechtigkeit zu immer neuer Ungerechtigkeit" (Römer 6,19; Luther). So ist es beim Essen. So ist es bei der Pornografie oder dem Wunsch, immer mehr Geld zu haben. Der Götze fordert immer mehr und die Gegenleistung verringert sich immer mehr. Man verspricht uns, dass Genuss und Vergnügen gleich hinter der nächsten Ecke auf uns warten. Nur einmal noch müssen wir eine unserer Überzeugungen opfern. Doch diese Opfer werden immer größer und schmerzhafter und das Vergnügen ist flüchtiger denn je: „Am Nachmittag schließlich gerieten sie vollends in Ekstase. Dieser Zustand dauerte bis gegen Abend an. Aber nichts geschah, keine Antwort, kein Laut, nichts" (1. Könige 18,29).

Die Götzen reagieren nicht. Zu den traurigsten Seiten meines Berufs gehört es, wenn ich miterleben muss, dass Menschen einen Götzen anbeten, der ihnen alles nimmt und nichts zurückgibt.

Die innere Landkarte

Als Amnon zum ersten Mal auffiel, wie gut Tamar aussah, und er von der Begierde gepackt wurde, hielt er das wahrscheinlich für völlig harmlos. Schließlich spielte sich das ja alles nur in seinem Kopf ab.

Die Schlacht der Götzen wird zwar in Ihrem Herzen ausgetragen, Ihr Herz wird aber von Ihren Gedanken geprägt. Ihre Gedanken wiederum entscheiden darüber, wer den Kampf um den Thron Ihres Herzens gewinnen wird. In

Sprüche 4, Vers 23 heißt es: „Behüte dein Herz mit allem Fleiß, denn daraus quillt das Leben" (Luther). Ich möchte es noch einmal in eigenen Worten formulieren: Achten Sie darauf, was Sie denken, denn genau das werden Sie auch anbeten. Darum rät uns auch die Bibel, dass wir jeden Gedanken gefangen nehmen sollen. Womit wir uns gedanklich auseinandersetzen, entscheidet in starkem Maße darüber, wer den Krieg schließlich gewinnen wird.

Die Schlacht beginnt in unserem Kopf, und das sagt uns nicht nur die Bibel. Psychologen können uns immer besser verraten, was dort eigentlich vor sich geht. Im Lauf der letzten Jahrzehnte ist die sogenannte *kognitive Psychologie* zum bedeutendsten Zweig dieser Wissenschaft herangewachsen. Hier untersucht man, inwiefern unsere Gedanken unsere Standpunkte, Gefühle und unser Verhalten beeinflussen.

Gedanken, Standpunkte und Gefühle sind miteinander verflochten, doch der Ausgangspunkt ist unser Verstand. Stellen Sie sich einmal vor, Sie müssten sich einen Weg durch den Urwald bahnen. Das ist anstrengend und schwierig. Mit Ihrer Machete hauen Sie sich durch das Buschwerk und der Pfad ist kaum zu erkennen. Doch dann beginnen andere Leute, Ihren Weg ebenfalls zu benutzen. Wenn ihn erst einmal genügend Personen gegangen sind, ist es so, als hätte es diesen Weg schon immer gegeben.

Nach den Erkenntnissen der Wissenschaft funktioniert das Gehirn ebenso. Ein neuer Gedanke lässt sich mit einem neu angelegten Pfad vergleichen, und tatsächlich bezeichnet man so etwas auch als eine neuronale Bahn. Kinder und Teenager bahnen sich mit ihrem jungen Verstand unablässig einen Weg durch den Urwald und schaffen sich damit gedankliche Pfade. Das Thema „Sexualität" ist uns fremd, wenn wir zum ersten Mal davon hören, doch Filme, Musik, Realityshows im Fernsehen und Gespräche in der Schule sorgen dafür, dass wir in diesem Wald Pfade anlegen, die sich überall verzweigen.

Stellen Sie sich eine junge Frau vor, deren neuronale Bahnen von der Vorstellung erzeugt wurden, ihr Wert hänge von ihrem Aussehen und ihrem Körper ab, von dieser Rundung und jenem Körpermaß. Ihre Art sich zu kleiden und zu schminken gründet sich auf Tausenden von Botschaften, dass sie eine bestimmte Ausstrahlung braucht, weil sie als junge Frau das ist, was ihr Äußeres vorgibt.

Und nun stellen Sie sich einer jungen Mann vor, der ebenfalls seine neuronalen Schnellstraßen angelegt hat. Heute sieht er sich gern Pornos an, und diese spezielle neuronale Bahn wird zu seiner Hauptstraße. Mit der Zeit schlägt er automatisch diesen Weg ein, wenn er an irgendeine Frau denkt. Und lustvolle Gedanken festigen diesen Weg nur noch.

Ein Psychologe hat einmal erklärt, dass Lust und Genusssucht ein Spiel mit dem neurochemischen Feuer sind. Seiner Auffassung nach führt es zu einer narzisstischen und selbstbezogenen Spielart der Sexualität, bei der wir uns an uns selbst binden, wenn man so will. Sexualität soll auf eine Beziehung ausgerichtet und keine private und selbstsüchtige Erfahrung sein.

Ich habe einmal eine Studie über einen Mann gelesen, der jeden Tag eine bestimmte Zeit vor dem Computer saß und pornografisches Material konsumierte, wobei eine Baseballmütze auf dem Monitor lag. Nach einiger Zeit erregte ihn durch die gedankliche Verbindung bereits der Anblick der Mütze sexuell. Die Frage lautet also: An wen oder was binde ich mich? Welche gedanklichen Wege lege ich an oder befestige ich? Und wohin werden mich diese Wege führen? Darum ist Götzendienst so gefährlich. Unsere Gedanken, Standpunkte und schließlich auch Handlungen werden von dem bestimmt, was wir anbeten.

Wenn Sie glauben, Sie könnten Ihre sexuellen Fantasien irgendwo vergraben oder einschließen, sind Sie einer Lüge aufgesessen. Denn unser Denken bestimmt, wer wir sind und wozu wir werden, und unser Denken gründet sich auf alles, was wir sehen und hören. Welche Eindrücke speisen wir in unser Denken ein? In 2. Korinther 10, Vers 5 heißt es: „Alles menschliche Denken nehmen wir gefangen und unterstellen es Christus, weil wir ihm gehorchen wollen." Mir gefällt diese Metapher außerordentlich, denn genau das geschieht mit unserem Denken auf die eine oder andere Weise. Entweder nehmen wir Gedanken für die Wahrheit gefangen, oder wir lassen zu, dass sie von Lügen gefangen werden. Vergessen Sie nicht: Wir befinden uns im Krieg. Die Götzen führen Krieg um unsere Seele.

Von der Freude zum Schmerz

Wenn etwas Gutes zu einem Götzen wird, verschwindet nicht nur die Freude – es tut auch weh.

Denken wir einmal gemeinsam darüber nach. Wenn wir Sexualität zum Götzen erheben, entdecken wir, dass das in die entgegengesetzte Richtung führt, wie wenn wir es als Gottes Geschenk annehmen.

Als Geschenk stiftet sie Beziehungen, als Götze führt sie zur Einsamkeit.

Als Geschenk stiftet sie Freude, als Götze führt sie in die Leere.

Als Geschenk stiftet sie Zufriedenheit, als Götze verlangt sie von uns, uns als Sklaven zu unterwerfen.

Als Geschenk stiftet sie Intimität, als Götze führt sie zur Trennung.

Als Geschenk stiftet sie Einheit, als Götze führt sie häufig zur Scheidung.

Sie ist ein wunderbares Geschenk und ein tyrannischer Götze.

Wenn Genuss und Vergnügen zum Götzen werden, erlebt

man weder Genuss noch Freude. Der Gott des Vergnügens weiß uns zu ködern. Er lockt uns mit Bildern und Versprechungen, die dann zu den mentalen Ketten werden, die uns gefangen halten.

Als wir noch in Kalifornien wohnten, wünschte sich meine damals vierjährige Tochter ein Haustier. Wir waren einverstanden, knüpften es jedoch an einige Bedingungen. Erstens musste es ein Tier sein, das nicht bellte, miaute oder irgendwelche anderen Laute von sich gab. Zweitens durften ihm weder Fell noch Haar ausfallen. Und drittens durfte es höchstens fünf Dollar kosten.

So verfielen wir schließlich auf einen Goldfisch. In der Zoohandlung sahen wir ein Schild mit der Aufschrift: „Drei Tage Garantie – wir stellen keine Fragen." Damit wähnten wir uns sicher.

Also nahmen wir den Fisch – ein Er oder eine Sie, wer konnte das schon sagen – mit nach Hause. Meine Tochter nannte ihn „Nemo" und wollte unbedingt mit ihm spielen. Aber wie spielt man mit einem Fisch? Man kann ihn ja nicht an der Leine ausführen. Man kann ihm nicht beibringen, etwas zu apportieren. Aber man *kann* mit ihm schwimmen gehen.

Also machten wir mit Nemo einen Ausflug zum Swimmingpool. Wir setzten ihn am Beckenrand in einem großen Goldfischglas ab. Während meine Tochter und ich uns im Wasser nass spritzten, bemerkte ich, dass Nemo uns beobachtete. Ich vermutete, dass er am liebsten aus dem Glas gesprungen wäre, um sich in den Pool zu stürzen, der auf ihn wie ein Ozean gewirkt haben musste.

Meiner Tochter erklärte ich, dass das aber keine gute Idee sei, weil dem Wasser im Schwimmbecken Chemikalien zugesetzt worden waren, die Nemo schaden würden. Sie war zwar enttäuscht, sah es aber ein.

Ein Weilchen später bemerkte ich, dass Nemo es offenbar *nicht* eingesehen hatte. Er war seinem Namen gerecht geworden, mit einem Salto aus dem Glas entkommen und in den Pool gehüpft! Augenblicklich fing ich an, ihn zu suchen. Auch unser Auftrag lautete: Findet Nemo! Schließlich entdeckte ich ihn am anderen Ende im tiefen Wasser. Er flitzte hin und her und schien das Leben zu genießen. Fast konnte man die Filmmusik im Hintergrund hören. Ich wusste genau, dass ich diesen kleinen Fisch so schnell wie möglich wieder einfangen musste.

Haben Sie schon einmal versucht, einen Goldfisch im Swimmingpool zu fangen?

Das ist schwerer, als es klingt.

Wir konnten schließlich nur eines tun: abwarten. Nemo schwamm immer langsamer, bis er schließlich mit dem Bauch nach oben an die Oberfläche trieb.*

Ich kann Nemos Sehnsucht gut verstehen. Das Glas erlegte ihm Schranken auf, der Pool dagegen lockte mit unwiderstehlicher Freiheit und Weite. Als der Fisch sich ins Wasser stürzte, fühlte er sich zunächst großartig. Doch was ihm wie ein Vergnügen vorkam, erwies sich als Gift. Die Beschränkung hatte man ihm aus Liebe auferlegt und die vermeintliche Freiheit bedeutete seinen Tod.

So ist das mit den Götzen des Vergnügens nun einmal. Sie versprechen Freiheit und Freude, doch wenn man den Sprung gewagt hat, erweist sich das Ersehnte als Gift. Sie wollen dir weismachen, dass man innerhalb der Grenzen, die uns Gott gesetzt hat, nicht glücklich werden kann. Ein wilder Hengst braucht seine Freiheit, oder? In Wirklichkeit sind uns aber Schranken gesetzt, weil uns jemand liebt und beschützen will. Der Sicherheitsgurt im Auto schränkt mich vielleicht in

---

* Noch am selben Tag brachte ich den Fisch in die Zoohandlung zurück. Die Frau, die ihn mir verkauft hatte, saß auch an diesem Tag an der Kasse, und obwohl auf dem Schild stand „Wir stellen keine Fragen", wollte sie gerne wissen, was passiert war. Ich sagte ihr die Wahrheit: „Der Fisch ist ertrunken."

meinem Fahrstil ein, doch wenn es hart auf hart kommt, rettet er mir vielleicht das Leben. Über die rote Ampel kann ich mich ärgern, doch da ich nicht der einzige Verkehrsteilnehmer bin, verhindert sie auch einen Zusammenstoß. Den Götzen des Vergnügens gefallen Ampeln oder Sicherheitsgurte nicht. Sie mögen es nicht, wenn ich vorsichtig bin, und sagen mir, ich solle doch aufhören, mir dauernd Sorgen zu machen, und mal so richtig durchstarten.

Amnon dagegen würde uns raten, den Sicherheitsgurt anzulegen und das Tempo zu drosseln, denn er musste entdecken, dass die Götzen keine echte oder dauerhafte Freude schenken. Ein kurzer Moment des Genusses und dann Scham, Schmerz, Leere. Er bekam am eigenen Leib zu spüren, dass keine Tat folgenlos bleibt. Tamar erzählte ihrem Bruder Absalom, was geschehen war. Dieser raste vor Zorn, wartete jedoch ab, bis der geeignete Zeitpunkt gekommen war. Achten Sie einmal darauf, dass auch er den Impuls verspürte, sofort etwas zu unternehmen. Nur dürstete es ihn nach Rache, nicht nach sexuellen Abenteuern. Er diente einem Götzen, der genauso zerstörerisch war.

Absalom wartete zwei Jahre, bis sich die Gelegenheit ergab, Amnon umzubringen, weil dieser seine Schwester vergewaltigt hatte. Dann brach das Chaos aus. David, der Vater dieser beiden sich bekriegenden Söhne, musste handeln, und bald befand sich das Land im Bürgerkrieg. Absalom verlor sein Leben ebenso wie sein Halbbruder und auch andere starben.

Wenn Amnon schon vorher gewusst hätte, wie die Bilanz aussehen würde, wie hätte er dann wohl gehandelt? Und wie würden *wir* handeln, wenn wir ebenfalls in die Zukunft schauen könnten? Amnon hätte auf der Haben-Seite den einen flüchtigen Augenblick sexueller Erregung niedergeschrieben, auf der Soll-Seite sein Leben und den schrecklichen Kollateralschaden. Warum hatte ihm die Stimme, die ihm eingeflüstert hatte, seiner Begierde nachzugeben, nichts davon gesagt? Warum hatte sie so schamlos gelogen? Warum war der Preis, den alle dafür zahlen mussten, so hoch gewesen?

Anbetung setzt ungeheure Kräfte frei und hat ungeahnte Konsequenzen, und das unabhängig davon, ob ich den Gott des Himmels anbete oder den Götzen des Appetits. Wenn ich Gott anbete, verändert das mein ganzes Leben. Es schlägt positive Wellen, die noch in der Ewigkeit Widerhall finden. Wenn ich falsche Götzen anbete, tragen die Wogen ein Stück der Hölle auf die Erde.

Wenn wir in diesem Lebensbereich Gott, den Herrn, anbeten, erleben wir, was wir uns die ganze Zeit gewünscht haben: echte Freude an einer intimen und engen Beziehung. Wenn wir das Geschenk der Sexualität dagegen zum Götzen erheben, ist es nur eine Frage der Zeit, bis sie alles zerstört und nicht mehr das schenkt, wozu sie eigentlich geschaffen war. Wenn uns diese Gabe jedoch den Geber anbeten lässt, entdecken wir, dass er seine Geschenke noch verschwenderischer verteilt.

GÖTZEN-CHECK

Haben Sie Ihre Gedanken unter Kontrolle?
Eine Studie ergab, dass Männer neunzehnmal pro Tag an Sex denken, Frauen zehnmal.[10]

Es ist also ganz normal, dass wir daran denken, vor allen Dingen in einer hochsexualisierten Gesellschaft. Man kann sich diesen Bildern höchstens dadurch entziehen, dass man sich in ein Kloster zurückzieht. Der Gott der Sexualität hat nämlich überall seine Tempel errichtet.

Wir müssen diese Gedanken unter Kontrolle bekommen und sie Gott unterstellen, wie alles andere im Leben auch. Und wir können solche Gedanken ebenfalls unter Kontrolle bekommen, wenn sie uns erst einmal durch den Kopf schießen. Dann müssen wir eine Entscheidung treffen.

Machen Sie einmal eine Bestandsaufnahme: Woran denken Sie im Verlauf des Tages häufig? Was verrät Ihnen das über sich selbst? Bitten Sie Gott, dass Sie sich stärker bewusst werden, welche Art von Gedanken Ihnen in den Sinn kommen, und bitten Sie ihn auch, Ihnen zu helfen, Ihr gesamtes Denken in gute Bahnen zu lenken. Denken Sie an Paulus' Ratschlag: „Schließlich, meine lieben Brüder und Schwestern, orientiert euch an dem, was wahrhaftig, gut und gerecht, was redlich und liebenswert ist und einen guten Ruf hat, an dem, was auch bei euren Mitmenschen als Tugend gilt und Lob verdient" (Philipper 4,8).

Wenn man das Schlechte aus seinem Leben hinausdrängen will, dann gelingt das am besten dadurch, dass man es mit Gutem füllt. Mit anderen Worten: Wir sollten dem Götzen des sexuellen Vergnügens nicht nur den Rücken kehren, sondern Gott, den Herrn, an seine Stelle setzen.

Welche Internetseiten rufen Sie auf, wenn Sie allein sind?
Innerhalb von zwei Jahrzehnten hat sich das Internet zum Epizentrum unserer in der Kultur verankerten sexuellen Besessenheit entwickelt. Stellen Sie sich die Internetseiten als Tempel vor, in denen Sie Götzen anbeten. Über diesen Bereich haben Sie definitiv

Kontrolle. Überlegen Sie, ob Sie Ihren Computer nicht mit Filtern sichern, damit Sie fragwürdige Seiten erst gar nicht aufrufen können.

Was fehlt Ihnen zu einer engen Beziehung mit Gott? Im Grunde geht es aber um ein geistliches Thema. Manchmal jagt man Fantastereien nach und baut Luftschlösser, um eine geistliche Lücke zu füllen. Was brauchen wir wirklich? Wem oder was jagen wir nach, wenn wir uns gewisse Bilder anschauen oder uns bestimmten Fantasien hingeben?

Wo stehen Sie heute im Hinblick auf Gott? Machen Sie einmal Bestandsaufnahme. Ist er für Sie real, sodass Sie Ihn jeden Tag in Ihr Leben einbeziehen? Wo ist er in Ihren Gedanken, wenn die Versuchung anklopft? Glauben Sie, dass er mächtig genug ist, um Sie davor zu retten?

Jesus lehrte seine Jünger zu beten: „Und führe uns nicht in Versuchung, sondern erlöse uns von dem Bösen" (Matthäus 6,13; Luther).

Bitten Sie Gott, Sie an Orte und in Situationen zu führen, wo keine Versuchungen lauern. Vergessen Sie nicht, dass er immer da ist und Sie niemals im Stich lassen wird. Wenn die Versuchung übermächtig zu werden droht, dann suchen Sie Gottes Nähe, und er wird Ihnen zur Seite stehen.

Der Weg, der auf jeden Fall von einem Götzen wegführt, ist der Weg hin zu Gott.

ENTSCHEIDUNG FÜR JESUS
JESUS IST GENUG

Götzen besiegen wir nicht, indem wir sie von ihrem Platz entfernen, sondern indem wir sie ersetzen.

Der Gott der Sexualität versprach uns Befriedigung, doch als wir seiner Einladung folgten, wurden wir einsam und haben uns geschämt. Er lockte und verzauberte uns, indem er etwas, das als Geschenk und Segnung gedacht war, bis zur Unkenntlichkeit verzerrte. Er stellte es so dar, als gäbe es nichts Besseres, als körperliche Triebe schnell und unkompliziert zu befriedigen. Doch hinterher fühlten wir uns kleiner und schwächer als jemals zuvor – als ob uns diese Triebe definierten, als ob wir nur wilde Tiere wären und nichts weiter.

Dann kamen wir zu Jesus, der uns Freude schenken will, größere Freude, als wir uns vorstellen können, größer als alles, was wir mit unserem Körper empfinden können. Zum ersten Mal begriffen wir, dass es beim Götzen der Sexualität überhaupt nicht um Liebe geht. Er reduziert andere Menschen auf bloße Objekte, die unserem persönlichen Vergnügen dienen. Wer aber Jesus liebt, findet die größte Zufriedenheit darin, anderen zu dienen. Er wird sie nicht benutzen. Auf diese Weise findet man Freude. Auf diese Weise erkennt man, dass man ein geliebtes Kind Gottes ist. Wir sind auf diese Weise mit Körper, Seele, Verstand und Geist verbunden und nicht nur durch einen primitiven Instinkt.

Bei Jesus finden wir echte Zufriedenheit. Bei ihm finden wir Nähe, etwas, das wir die ganze Zeit gesucht haben. Die Beziehung zwischen ihm und uns ist von Liebe geprägt, und endlose Flitterwochen nehmen ihren Anfang, wenn wir uns für ein Leben an seiner Seite entscheiden. Und wenn wir mit ihm durchs Leben gehen, wird er für uns mit jedem Tag größer und wunderbarer.

Das bedeutet aber nicht, dass wir die Sexualität abschütteln. Im Gegenteil. Wir entdecken darin eine Schönheit und Tiefe, die wir uns niemals hätten vorstellen können – das Gegenteil von Scham. Sexuelle Intimität, wie Gott sie sich gedacht hat, hebt die Beziehung zwischen zwei Menschen auf eine ganz neue Ebene, weil wir einander nicht gebrauchen, sondern uns aneinander erfreuen. Der Gott der Sexualität hat uns entmenschlicht; Christus gibt uns unser Menschsein zurück und macht aus zwei Menschen ein Fleisch, sodass wir mehr sind als nur die Summe unserer Teile.

Der Gott der Sexualität bietet uns eine billige Kopie der Freude, die mit der Zeit immer schwerer zu erreichen ist und immer weiter ins Leere führt. Die Liebe Christi aber bahnt uns den Weg zu noch tieferer Freude.

Sexuelle Erfüllung ist, vom richtigen Standpunkt aus gesehen, eine Gabe Gottes, die uns zeigt, wie sehr er uns liebt. Doch diese Ekstase ist nur ein Vorgeschmack auf die göttliche Herrlichkeit, ein Abglanz der ewigen Freude, Christus zu kennen, ihn zu lieben und ihm zu dienen. Nur bei ihm finden wir wahre Zufriedenheit und Erfüllung.

KAPITEL 7
DER GOTT DER UNTERHALTUNG

Versuchen Sie doch einmal, sich das folgende Szenario vorzustellen:

Die Menschen strömen einige Stunden zu früh in die Kirche. Am Sonntagmorgen stellen sie sich nicht nur sicherheitshalber einen zweiten Wecker, damit sie auch rechtzeitig aufwachen, sondern sogar drei. Sie planen sorgfältig, damit sie den Gottesdienst nur ja nicht verpassen. Die ganze Woche reden sie darüber, was im letzten Gottesdienst passiert ist, und freuen sich schon auf den nächsten.

Den ganzen Tag über laufen im Radio Sendungen, in denen der letzte Gottesdienst besprochen und der nächste angekündigt wird. Im Fernsehen gibt es sogar eine Sendung namens „GemeindeHeute", in der Videoclips von gottesdienstlichen Höhepunkten aus dem ganzen Land gezeigt werden.

Am Sonntagmorgen packen die Gemeindemitglieder schon Stunden vor Gottesdienstbeginn ihre Sachen zusammen und verfrachten sie ins Auto.

„Nun aber schnell", meint der Vater und gerät fast in Panik. „Wir sind schon wieder spät dran."

„Es ist sechs Uhr", entgegnet die Mutter. „Der Gottesdienst fängt doch erst in vier Stunden an."

„Beim letzten Mal haben wir erst fünf Kilometer von der Gemeinde entfernt einen Parkplatz gefunden und mussten uns in die letzte Reihe setzen. Eines Tages möchte ich einmal einen Platz in der ersten Reihe haben. Aber dafür muss man wohl auf dem Gemeindegrundstück zelten."

Die Straßen zur Gemeinde sind völlig verstopft, ganz egal, wie frühzeitig man sich auch auf den Weg macht. An der Gemeinde parken Autos, so weit das Auge reicht, und überall sieht man Menschen beim Picknicken. Manche haben sogar einen Grill und Campingstühle mitgebracht. Einige Leute haben einen Fernseher mit Satellitenschüssel aufgestellt, um sich Auszüge aus anderen Gottesdiensten anzusehen, während sie auf ihren eigenen warten. Das Wetter ist schön, aber das spielt eigentlich keine Rolle. Auch mitten im Winter stehen hier so viele Leute. Und allmählich beginnen die Menschen, voller Vorfreude in das Gotteshaus zu strömen.

Als der Gottesdienst anfängt, sind alle auf den Beinen – genau genommen setzen sie sich gar nicht erst hin. Die erste Reihe wurde natürlich von einer Gruppe junger Männer in Beschlag genommen. Wahrscheinlich sind sie schon seit Freitagabend hier. Sie haben keine Hemden an und jeder von ihnen hat sich einen riesigen Buchstaben auf seinen nackten Oberkörper gemalt. Zusammen ergeben sie den Satz „Gebt den Zehnten". Offenbar hat das Gerücht die Runde gemacht, dass der Pastor heute darüber sprechen will, wie wir Gott mit unserem Geld anbeten. Alle warten gespannt auf die Predigt. Sie gehört zu den Höhepunkten des ganzen Jahres.

Nach einigen Stunden schauen die ersten Leute auf die Uhr. Alle denken das Gleiche: *Ich hoffe, der Prediger überzieht heute wieder.*

Die Footballgemeinde

Sie haben sicher begriffen, worauf ich mit meiner nicht besonders subtilen Einleitung hinauswollte. Das obige Szenario kommt uns verrückt vor, doch wenn man sich die Kirche wegdenkt und das Ganze durch American Football ersetzt, wird es schon plausibler.

Vor einigen Jahren wünschte sich meine Tochter nichts sehnlicher, als einmal in Indianapolis ein Footballspiel der „Colts" zu sehen. Mehr wollte sie zu Weihnachten gar nicht haben. Das Hauptgeschenk waren also in jenem Jahr zwei Tickets für ein Spiel der „Colts", eingewickelt in ein Trikot von Peyton Mannings, der damals noch für diese Mannschaft spielte. Weil sie erst zehn war, brauchte sie jemanden, der sie begleitete, und ich war bereit, dieses Opfer zu bringen. Nun ja, ehrlich gesagt bin ich ein großer Footballfan, und ihre Sportbegeisterung hat sie von mir geerbt.

Das Spiel sollte am Sonntagnachmittag stattfinden, doch wir fuhren schon am Samstagabend los, damit wir das Stadion auf jeden Fall rechtzeitig erreichten. Am Sonntagmorgen standen wir in aller Frühe auf und besuchten einen Gottesdienst im Ort. Sie bettelte darum, ihr Peyton-Mannings-Trikot zur Kirche anziehen zu dürfen, doch ich erklärte ihr, dass man auch hier keine „Colts"-Fanartikel zum Gottesdienst anzog.

In meinem ganzen Leben hatte ich noch nie so danebengelegen.

Wir saßen weit hinten und hatten ein ganzes Meer von Blau vor Augen. Siebenunddreißig Leute trugen ein Peyton-Manning-Trikot. Sie hatte gezählt. Zwei Leute hatten sogar ihr Gesicht angemalt.

Einige Stunden später saß ich mit achtzigtausend anderen Fans im Lucas-Oil-Stadium und, ja, auch ich hatte mir das Gesicht angemalt. Wir brüllten und jubelten, bis uns die Stimme versagte. Bis heute erinnern wir uns gern daran und wir verbrachten einen großartigen Nachmittag. Doch auf der Heimfahrt, als meine Tochter erschöpft eingeschlafen war, ging mir immer wieder durch den Kopf, dass ich an diesem Sonntag eigentlich zwei Gottesdienste besucht hatte. Und ich stellte mir die Frage: Bei welchem hatte ich mehr Leidenschaft an den Tag gelegt?

Man kann leicht überzeugende Argumente dafür finden, dass unsere Kultur aus der Unterhaltung eine Ersatzreligion gemacht hat. Bleiben wir jedoch einen Augenblick beim Sport im Besonderen. Charles S. Prebish, Professor für Religionskunde an der *Pennsylvania State University*, glaubt nicht, dass unsere Sportbegeisterung einer Religion ähnelt. Seiner Meinung nach ist es eine, und zwar „Amerikas neueste und am schnellsten wachsende Religion, mit weitem Abstand zum zweiten Platz, wer auch immer den belegen mag"[11].

Ihre Tempel sind die großen Stadien, heiliger Boden für die vielen Pilger, die sich am Wochenende auf den Weg dorthin machen. Die Schiedsrichter sind die Hohepriester. Ihre Götter tragen ihren Namen hinten auf dem Trikot. Die Liturgie besteht aus den Fangesängen, und man bringt Opfer in Form von Geld, das die Fans für Eintrittskarten und Fanartikel bezahlen.

Doch das ist nicht der einzige Götze des Entertainments. Denken wir nur einmal an die Promis und die ungeheure Aufmerksamkeit, die Paaren im Showbusiness zuteilwird. Über jeden ihrer Schritte wird detailliert berichtet.

Wir haben Prominente, die als Kino-, Fernseh- oder Musikstars berühmt sind. Dann gibt es Leute, die einfach nur dafür berühmt sind, dass sie berühmt sind. Fasziniert blickt man auf den Alltag von Kim Kardashian oder Lindsey Lohan. Die einschlägigen Illustrierten sind oft Blickfang in den Zeitschriftenständern, und sie zeigen Bilder von Promis, die im Supermarkt einkaufen oder ihren Hund ausführen. Nicht, was sie tun, fesselt uns, sondern wer sie sind.

Spieler

Wenn Sie Teenager kennen, wissen Sie vielleicht, dass der Götze der Videospiele auf dem aufsteigenden Ast sitzt. Manche Jugendlichen tauchen einige Tage am Stück in ihre virtuelle Welt ein, die von Computerpixeln definiert wird. Ihre wahre Identität verblasst, wenn sie Elfen oder Ninjakrieger verkörpern. Es schaudert mich, wenn ich daran denke, wie viele Stunden ich damit zugebracht habe, mit den „Angry Birds" irgendwelche Schuppen zu zerstören.

Einige Enthusiasten, die man als „Extreme Gamers" bezeichnet, verbringen 48 Stunden pro Woche vor dem Bildschirm und stehen nur widerstrebend auf, weil sie zur Toilette müssen oder einen Energiedrink brauchen. Fast zehn Prozent der Kinder und Jugendlichen zwischen acht und achtzehn Jahren sind im medizinischen Sinne süchtig nach Computerspielen.[12]

Ihr Gehirn ist so „verkabelt", dass ihnen die Videospiele immer mehr Anreize liefern müssen, damit sie Dopamin ausschütten, was sie wiederum an den Computer fesselt.

Ein Fünfzehnjähriger, der computerspielsüchtig ist, wird mit den folgenden Worten beschrieben: „Er weist alle typischen Anzeichen eines Heroinsüchtigen auf. Zwar sticht er sich keine Nadel in den Arm und erlebt einen Rausch, doch die Kollateralschäden sind die gleichen: Er zieht sich von seiner Familie und seinen Freunden zurück und lügt, um seine Sucht zu verheimlichen. Dafür tut er alles."[13]

Wie viel Zeit verbringen wir in sozialen Netzwerken wie zum Beispiel Facebook? John Piper hat es einmal so formuliert: „Der größte Nutzen von Twitter und Facebook ist folgender: Am Jüngsten Tag werden sie den Beweis dafür liefern, dass wir nicht etwa deshalb so wenig gebetet haben, weil wir nicht genügend Zeit gehabt hätten."* Gott, der Herr, zieht oft den Kürzeren, wenn er mit den Götzen der Unterhaltung um unsere Zeit und Aufmerksamkeit wetteifern muss.

Ich will Ihnen erzählen, was mich letzten Endes erkennen ließ, dass wir in diesem Bereich ein Problem haben: Vor einigen Jahren brach einer meiner Freunde zu einer Missionsreise nach Indien auf. Nach seiner Rückkehr zeigte er mir

---

* Ja, das hat er tatsächlich getwittert: twitter.com/johnpiper.

133

begeistert seine Fotos und erzählte von seinen Erlebnissen. Ich finde es immer ungemein interessant, wie der Alltag der Menschen in anderen Kulturen aussieht. Mein Freund zeigte mir ein Bild von einem typischen indischen Wohnzimmer. Wo in amerikanischen Wohnzimmern der Kaminsims zu finden ist, stand ein geschnitztes Götzenbild. Mein Freund wies mich darauf hin, dass jeder Stuhl im Zimmer genau auf diesen Götzen ausgerichtet war.

Traurig schüttelte ich den Kopf, als ich an diese Familie dachte, in deren Lebensmittelpunkt ein Götze stand. Einige Stunden später betrat ich unser Haus und machte es mir im Sessel bequem. Ich schnappte mir die Fernbedienung, schaltete den Fernseher an und lehnte mich zurück. Plötzlich fiel es mir wie Schuppen von den Augen. Ich ließ meinen Blick durchs Zimmer schweifen und, ja, jeder einzelne Sitzplatz war genau auf den 50-Zoll-Flachbildfernseher ausgerichtet, der auf dem Kaminsims stand.

Verstehen Sie mich nicht falsch. Ich habe nichts gegen Unterhaltung. Ich frage mich nur, ob sie für uns nicht inzwischen zum Götzen geworden ist.

Vielleicht denken Sie jetzt: *Zum Götzen? Wirklich? Ist das nicht ein bisschen weit hergeholt?*

Dann denken Sie einmal daran, dass der durchschnittliche Deutsche jeden Tag knapp vier Stunden fernsieht. Viele Familien schalten den Fernseher schon morgens an (und nicht mehr aus) und man kann durchschnittlich gut 80 Sender empfangen. Wenn man sich am Arbeitsplatz begegnet, worüber redet man dann? Womit verbringen Sie am meisten Zeit, wenn Sie mit Ihrer Familie zusammen sind? Seit Jahren lautet die Antwort „Fernsehen".

Unsere eigenen falschen Götzen sind für uns oft unsichtbar; vermutlich kann ich Ihren sehen, doch mein eigener entgeht mir völlig. Ich gebe Ihnen mal einen Tipp: Auf wen oder was sind die Stühle Ihres Herzens ausgerichtet?

Worum dreht sich alles in Ihrem Leben? Welche Ereignisse haben Sie fest in Ihren Kalender eingetragen? Welche festen Kosten gibt es in Ihrem Budget?

Manche Familien errichten einen Schrein für ihre Fußballmannschaft, tapezieren ein Zimmer mit den Postern des Lieblingssängers, hängen eingerahmte Erinnerungsstücke auf oder stellen Sporttrophäen in die Regale. Bei anderen werden die Räume von Elvis-Presley-Fotografien dominiert oder von irgendwelchen Sammlungen: Modelleisenbahnen, Barbiepuppen oder Hummel-Figuren. Der springende Punkt ist der: Traurig schütteln wir den Kopf über diese Familie in Indien, doch wir sollten zumindest die Möglichkeit in Erwägung ziehen, dass wir uns zu Hause ebenfalls Schreine errichten.

Und jetzt die gute Nachricht

Irgendwie habe ich das Gefühl, ich müsste an diesem Punkt auf die Bremse treten, weil ich fürchte, dass das alles ein wenig gesetzlich klingt. Ich möchte Sie gar nicht mit einem Regelwerk erschlagen, und ich behaupte auch nicht, dass Entertainment grundsätzlich etwas Böses ist. Wie Essen und Sexualität ist auch Unterhaltung eine Gabe Gottes – sie kann etwas Gutes sein, bis wir sie zum Götzen machen.

Denn Gottes Schöpfung unterhält uns ja ebenfalls. Gott selbst fand es vermutlich auch unterhaltsam, die Welt, die Sterne und die Galaxien zu entwerfen. Wie sollen wir dann wohl seiner Meinung nach auf einen Regenbogen, eine Bergkette oder das Meer reagieren? Er schenkte uns keinen nackten, funktionellen Ort zum Leben, sondern einen Planeten voller Wunder.

Und was sollen die Menschen wohl am siebten Tag tun, dem Ruhetag, den er uns verordnet hat? Wir können doch nicht vierundzwanzig Stunden durchschlafen. Auch Unterhaltung, die Freude an Gottes Schöpfung, kann Verstand und Gefühlen Erholung bieten.

Und wie sollten wir wohl seiner Meinung nach auf den würdevollen Pinguin, das verspielte Kätzchen und den Hund reagieren, der darauf besteht, dass wir einen Stock werfen, damit er ihn apportiert?

Wenn Unterhaltung etwas Verkehrtes ist, warum hat Gott den Schnee dann so geschaffen, dass er uns so viel Spaß bereitet? Warum besitzen Menschen in jeder Kultur die Fähigkeit, zu lachen und sich zu amüsieren?

Er ist ein Gott der Freude, und er will, dass wir diese Freude kennenlernen. In 1. Timotheus 6, Vers 17 ist von einem Gott die Rede, „der uns mit allem reich beschenkt, damit wir es genießen können".

Und denken Sie einmal an Jesus, der mit Geschichten, die oftmals amüsant und immer aus dem Leben gegriffen waren, den Menschen etwas beibrachte. Das Gleichnis vom verlorenen Sohn wird häufig als die beste Kurzgeschichte bezeichnet, die jemals erzählt wurde. Seine Gleichnisse wirkten so kraftvoll, weil sie auch Unterhaltungswert besaßen.

Wo also liegt das Problem?

Salomo, eine der großen Gestalten des Alten Testaments, fand die Antwort darauf. Pausenlos jagte er Genuss und Vergnügungen hinterher.

Darauf verwandte er alle ihm zur Verfügung stehende Energie. Salomo war König von Israel, der Sohn von König David. Das Buch Prediger im Alten Testament ist im Grunde eine Art Tagebuch, das er in dieser Zeit führte. In einem der ersten Einträge heißt es: „Versuch fröhlich zu sein und das Leben zu genießen!" (Prediger 2,1).

Salomo ist unermesslich reich und besitzt unglaublich viel Macht. Keine Ausgabe scheut er, wenn es darum geht, das Leben zu genießen. Zunächst versucht er es mit Lachen und stellt den besten Komiker seiner Zeit als Hofnarr ein. Doch schon bald entdeckt er, dass das sinnlos ist. Die Freude, die ihm das schenkt, ist nicht von Dauer.

Dann versucht er es mit Partys, doch auch hier breitet sich bald innere Leere aus. Er sucht Zerstreuung, indem er große Projekte in Angriff nimmt. Er baut Häuser, legt Weingärten und Parks an. Er interessiert sich für vieles und will herausfinden, ob er seine innere Leere damit füllen kann. Salomo kann es sich leisten, damit zu experimentieren, weil er unermesslich reich ist. Er hat Diener, Butler, Zimmermädchen, Chauffeure, Masseurinnen, Leute, die für ihn einkaufen gehen, und sogar Künstler, die für Live-Unterhaltung sorgen. In Prediger 2, Vers 8 lesen wir, dass er Sängerinnen und Sänger einstellte – und natürlich einen Harem hatte.

Die meisten haben schon einmal von diesem Harem, seinen Frauen und Nebenfrauen, gehört. Frauen aus aller Herren Länder, Speisen aus jeder Kultur, Weisheitsliteratur aus jeder nur erdenklichen Gegend dieser Erde. Salomo hatte für alles vorgesorgt. Er würde das Vergnügen finden, und wenn es ihn umbrachte!

Und wie endete das alles schließlich? Mit diesem Ausruf: „Alles ist vergänglich und vergeblich, nichts hat Bestand, ja, alles ist völlig sinnlos!"

Das Leben genießen zu wollen ist ja an sich nicht falsch – wenn man einmal von den 999 Frauen absieht, die er zu viel hatte. Wo also lag Salomos Problem? Er versuchte, dem Genuss etwas abzugewinnen, das dieser nicht hergab. Er suchte den Sinn des Lebens in Genuss und Vergnügen und merkte nicht, dass er etwas zur Hauptveranstaltung erklärte, was eigentlich nur die Nebenvorstellung war.

Achtung, Spoilerwarnung!

Salomo warnt uns davor, wo die Jagd nach Genuss und Vergnügen letzten Endes hinführen wird. Wir haben diese Lockvogeltaktik ja bereits an anderer Stelle kennengelernt: Die Götzen versprechen uns den Himmel auf Erden und liefern nur Dreck. Aus Nahrung wird unstillbarer Hunger, aus Sex wird Scham, aus Unterhaltung grenzenlose Langeweile.

Haben Sie sich schon einmal gefragt, warum heutzutage so viele Menschen gelangweilt sind, und das im Zeitalter technologischer Wunder – immerhin können wir über 80 frei verfügbare Fernsehsender empfangen? Die Wissenschaftsjournalistin Winifred Gallagher vertritt die Auffassung, dass dieses Problem erst in der jüngeren Vergangenheit aufgekommen ist und in vielen anderen Kulturen überhaupt kein Thema ist. Sie erzählt von einem Wissenschaftler aus dem Westen, der jahrelang unter afrikanischen Buschmännern lebte und ihre Sprache beherrschte. Im Lauf der Jahre versuchte er immer wieder, in ihrer Sprache einen Begriff für „Langeweile" zu finden. Doch sie verstanden einfach nicht, was er damit meinte. Das englische Wort für „Langeweile" – *boredom* – gibt es beispielsweise erst seit der industriellen Revolution. Richtig: Genau in dieser Zeit begann sich die moderne Unterhaltungsindustrie zu entwickeln.[14]

Der Begriff „sich amüsieren" stammt übrigens ursprünglich aus dem Bereich von Religion und Anbetung. Es steckt das Wort „Muse" darin. Die Musen waren griechische Göttinnen, die Schriftsteller, Wissenschaftler und Künstler inspirierten – so behauptete man jedenfalls. Sie waren für die guten Ideen zuständig und halfen beim Nachdenken. Wenn wir nun das Präfix „a" voranstellen, wird damit das Fehlen von etwas bezeichnet. „Amüsement" bedeutet also das Fehlen von Inspiration und Nachdenken.[15]

Wir wollen uns amüsieren, um nicht nachdenken zu

müssen. Haben Sie sich nach einem harten Arbeitstag schon einmal in den Wohnzimmersessel fallen lassen und sich irgendeine Fernsehsendung angeschaut, weil Sie einfach keine Lust mehr hatten nachzudenken? Das ist in Ordnung, jedenfalls bis zu einem gewissen Punkt. Aber vergessen Sie nicht: Die Götzen der Unterhaltung reißen uns aus Langeweile und Apathie nicht heraus, sondern verstärken diese noch. Haben Sie schon einmal die gleiche Erfahrung gemacht wie Salomo? Zum Beispiel schauen Sie sich schon die vierte Realityshow in Folge an oder zappen sich durch Dutzende von Fernsehkanälen, bis Sie schließlich denken: *Es läuft einfach nichts!* Im Grunde sagen Sie damit: „Alles ist völlig sinnlos!"

Wir werden nicht gut unterhalten, sondern das Gegenteil tritt ein: Langeweile macht sich breit.

Haschen nach dem Wind

Salomo strebte nach Genuss und Unterhaltung. Dabei kam er jedoch zu dem Schluss: „Ich beobachtete, was auf der Welt geschieht, und erkannte: Alles ist vergebliche Mühe – gerade so, als wollte man den Wind einfangen" (Prediger 1,14).

Legen Sie dieses Buch einmal zur Seite, gehen Sie nach draußen und nehmen sich ein paar Minuten Zeit, um den Wind einzufangen.

So, Sie sind wieder zurück? Wie ist es gelaufen? Hat es geklappt?

Vor einigen Jahren veröffentlichte Neil Postman ein Buch mit dem Titel *Wir amüsieren uns zu Tode.* Er vertritt darin die Auffassung, dass unsere Populärkultur uns in atemberaubendem Tempo verdummen lässt. Schon der Titel des Buches geht darauf ein, wie viel Macht der Gott des Vergnügens hat. Er verspricht uns Leben, doch in Wirklichkeit raubt er es uns, und zwar in Raten von einer halben Stunde pro Sitcom.

Salomo war Genuss und Vergnügen hinterhergejagt, doch letzten Endes kam er zu dem Schluss, dass dies sinnlos war. Die Symptome beschreibt er ganz genau: „Generationen kommen und gehen, nur die Erde bleibt für alle Zeiten bestehen! Die Sonne geht auf und wieder unter, dann eilt sie dorthin, wo sie aufs Neue aufgeht. Der Wind weht bald von Norden, bald von Süden, ruhelos dreht er sich, schlägt ständig um und kommt dann am Ende wieder aus der alten Richtung. Unaufhörlich fließen die Flüsse, sie alle münden ins Meer, und doch wird das Meer niemals voll. Nichts kann der Mensch vollkommen in Worte fassen, so sehr er sich auch darum bemüht! Das Auge sieht sich niemals satt, und auch das Ohr hat nie genug gehört" (Prediger 1,4–8).

Salomo sagt hier also mit anderen Worten: „Ich fühle mich erschöpft. Man arbeitet hart und was hat man schließlich vorzuweisen? Also echt!" Er verwendet Bilder aus der Geologie und der Meteorologie, um seine Gefühlslage zu illustrieren: Wenn man Glück und Zufriedenheit bei falschen Göttern sucht, ist das, als würden wir uns immer im Kreis drehen. Man bedenke: Salomo schrieb diese Worte, bevor es Internet, iPods und Satellitenfernsehen gab. Es gab noch nie zuvor in der Geschichte der Menschheit so viel Unterhaltung und so wenig Zufriedenheit.

Einundzwanzigmal gebraucht Salomo eine interessante Formulierung (Luther-Übersetzung). Er definiert damit die Parameter seiner Suche: „unter der Sonne". An jedem Ort unter der Sonne hat er gesucht. Vieles hat er unter der Sonne gesehen. Nirgendwo unter der Sonne hat er den Sinn des Lebens gefunden. Kein Wunder, dass er erschöpft und frustriert ist. Er hat das Suchgebiet zu sehr eingeschränkt, die Parameter sind zu eng gewählt. Das, wonach er sucht, existiert wirklich, aber nicht unter der Sonne.

C. S. Lewis formuliert es so: „Es gibt kein Verlangen, für das es keine Befriedigung gibt. Ein Säugling hat Hunger, und er bekommt sein Fläschchen. Eine Ente will schwimmen, und da gibt es Wasser." Und er fährt fort: „Wenn in uns ein Verlangen lebt, das durch nichts auf dieser Welt gestillt werden kann, so geht doch wohl daraus hervor, dass der Mensch für eine jenseitige Welt erschaffen ist. Das Weltall ist noch lange kein Schwindel, nur weil keine irdische Freude dies Verlangen stillen kann. Wahrscheinlich sind irdische Freuden gar nicht dazu da, dies Verlangen zu stillen, sondern eher, um es zu wecken. Sie sind ein Abglanz der Vollkommenheit aller Dinge."[16] Die Götzen des Vergnügens können unsere Sehnsucht letzten Endes nicht stillen. Eines Tages werden wir zu dem Schluss gelangen, dass sich das, was wir suchen, nicht durch Magenfreuden, Sexualität oder irgendeine andere Art von Vergnügung finden lässt. Wir wollen reine, ungetrübte Freude und die Spur führt uns schließlich zu Gott selbst. Auf den letzten Seiten seines Tagesbuchs zieht Salomo Bilanz: „Zu guter Letzt lasst uns das Wichtigste von allem hören: Begegne Gott mit Ehrfurcht, und halte seine Gebote! Das gilt für jeden Menschen" (Prediger 12,13).

Wir wurden dafür geschaffen, in Beziehung zu Gott zu leben, und bis wir das erkannt haben, bis er derjenige ist, an dem allein wir uns erfreuen, führt uns alles andere, was dieses Leben an Genuss und Vergnügen bietet, in die innere Leere. Vor fast fünfzehn Jahrhunderten drückte es Augustinus in seinem Gebet so aus: „Unser Herz ist unruhig, bis es Ruhe findet in dir, o Gott."

Mitte des letzten Jahrhunderts schrieb A. W. Tozer einen Essay über das unruhige Herz mit dem Titel „The Great God Entertainment" – „Der große Gott der Unterhaltung". Je lebendiger wir innerlich sind, so führt er darin aus, desto weniger Anstöße brauchen wir von außen. Mit anderen Worten: Je aktiver Geist und Verstand arbeiten, umso weniger sind wir auf die Medien und andere Anregungen angewiesen. Er schlägt in dieselbe Kerbe, wenn er sagt: „Dass wir heute ein unmäßiges Verlangen nach Unterhaltung haben, zeugt von einem ernsthaften Niedergang des inneren Lebens in unserer Zeit."[17] Ich möchte lieber nicht wissen, wie sein Urteil über die heutige Generation ausfallen würde.

Verschiedene Formen der Unterhaltung wie Sport, Fernsehen, Kino, Musik und Spiele haben durchaus ihren Platz in unserem Leben, damit wir uns entspannen können, doch die Frage ist: Wollen wir das geistliche Vakuum in uns mit sinnentleerter Unterhaltung füllen oder schafft diese sinnentleerte Unterhaltung überhaupt erst dieses Vakuum? Ich vermute, das ist so ähnlich wie bei der Sache mit der Henne und dem Ei. Es gibt jedoch eine Fülle von Hinweisen darauf, dass die zunehmende Neigung, uns auf die glitzernde Welt der Unterhaltung zu verlassen, uns blind macht für stillere und echtere Freude.

Abschalten

Wie zerschmettern wir also diese Götzenbilder? Wie stoßen wir sie vom Thron unseres Herzens? Ich werde niemals vergessen, wie ich zum ersten Mal eine Gemeinde in Haiti besuchte. Von Freunden, die eine ähnliche Missionsreise unternommen hatten, hatte ich gehört, dass die Gottesdienste dort zwischen vier und sechs Stunden dauern. Ich horchte auf, denn diese Hingabe beeindruckte mich.

Die meisten amerikanischen Pastoren werden Ihnen erzählen, dass sie Gemeindemitglieder verlieren, wenn der Gottesdienst deutlich länger als eine Stunde dauert. Darüber hinaus stehen sie unter dem zusätzlichen Druck, diese Stunde mit Musik und multimedialen Inhalten zu füllen, um die Zuhörer bei der Stange zu halten.

Als ich in Haiti ankam, fragte ich den Pastor meiner gastgebenden Gemeinde nach diesen zeitlichen Unterschieden.

Ich wollte wissen: „Was ist an den Haitianern so anders, dass sie stundenlange Gottesdienste feiern?" Mir erschloss sich dieses Mysterium nicht, und ich hoffte auf eine tiefgründige Antwort, die mein gesamtes Verständnis der Ekklesiologie auf den Kopf stellen würde. Und was erwiderte er? Er lachte und meinte: „Hier in Haiti haben wir sonst nichts zu tun."

Ich musste lachen, doch dann begriff ich, dass an seiner Antwort etwas dran war. Es gab dort kein Fernsehen, Radio oder Telefon, weder Computer noch Kinos – Gott, der Herr, hatte kaum Konkurrenz.

Und dann begriff ich, welche Konsequenzen das für uns haben könnte. Wie wäre es, wenn Sie mal eine oder zwei Wochen haitianisch lebten? Wenn Sie sich auf ein Medienfasten einließen – mit Ausnahme natürlich von allem, was Sie beruflich brauchen?

Ich würde Sie gern einmal herausfordern, Gottes Konkurrenten aus dem Weg zu räumen, nur probeweise, um zu sehen, was dann geschieht.

Schalten Sie den Fernseher aus.

Loggen Sie sich bei Facebook aus.

Verzichten Sie darauf, Musik zu hören.

Ziehen Sie den Stecker Ihrer Spielekonsole.

Richten Sie Ihre Augen auf Gott allein.

GÖTZEN-CHECK

Welche Formen der Unterhaltung bevorzugen Sie?
Überlegen Sie einmal, wie Ihre Unterhaltungskost aussieht. Nehmen Sie kulturelles Junkfood zu sich oder schauen Sie sich auch wertvolle Filme an, tiefgehende Literatur, hören Musik, die Sie aufbaut, und halten nach intelligenten Fernsehsendungen Ausschau?

Was davon nimmt die meiste Zeit in Anspruch? Gibt die Wahl Ihres Unterhaltungsprogramms darüber Aufschluss, wer Sie wirklich sind?

Welche Formen der Unterhaltung haben Ihre Weltanschauung am nachhaltigsten beeinflusst?
Welche Werke unserer Kultur und Popkultur haben Sie am meisten geprägt? Warum?

Wo und wann legen Sie Begeisterung und Leidenschaft an den Tag?
Besucher von Rockkonzerten reagieren beispielsweise häufig sehr emotional, wenn bestimmte Lieder gespielt werden. Sportfans brüllen oder singen, und manchmal kommt es sogar zu Krawallen – nicht nur in den USA, sondern überall auf der Welt, zum Beispiel bei Fußballwettbewerben.

Bei welchen Gelegenheiten sind Sie gefühlsmäßig am meisten bei der Sache? Wie schneiden die Gottesdienste, die Sie in Ihrer Gemeinde besuchen, dagegen ab?

Von welchen Formen der Unterhaltung sind Sie am ehesten abhängig?
Viele Menschen sind internetsüchtig. Stundenlang surfen sie im Netz oder sind bei Facebook eingeloggt. Andere schauen sich jede Seifenoper im Fernsehen an oder dürfen keine Folge ihrer Lieblings-Realityshow verpassen. Manche Leute können nicht ohne ihr Smartphone oder ihren iPod leben. Unterhaltung kann ebenso süchtig machen wie Essen, Alkohol oder irgendetwas anderes.

> **Wenn Sie auf einer einsamen Insel stranden würden: Welche Form der Unterhaltung würden Sie am meisten vermissen?**
> Oder anders gefragt: Bei welchen Medien fiele Ihnen hier und heute der Verzicht am schwersten? Wenn es eine Form der Unterhaltung gibt, ohne die Sie nicht leben könnten: Was sagt das über die Rolle aus, die sie in Ihrem Leben spielt?

ENTSCHEIDUNG FÜR JESUS
JESUS, MEINE LEIDENSCHAFT

Götzen besiegt man nicht, indem man sie entfernt, sondern indem man sie durch etwas anderes ersetzt.

Der Gott der Unterhaltung versprach uns einen bunten Zirkus. Und in unserer Erwachsenenwelt, die grau und eintönig sein kann und in der wir Verantwortung und Verpflichtungen übernehmen, klang das ziemlich gut.

Wir suchten nach Vergnügen, Attraktionen und Überraschungen, die uns zum Staunen bringen sollten. Vielleicht, so dachten wir uns, würden wir das in der Musik, in Filmen, in Spielen oder im Sport finden. Der Gott der Unterhaltung warb für sie alle wie ein Jahrmarktschreier: „Treten Sie heran, meine Herrschaften! Lassen Sie sich überraschen! Kommen und staunen Sie! Treten Sie heran, meine Herrschaften!"

Doch am Ende wurde die Musik lustlos vorgetragen, die Filme waren klischeehaft, die Spielautomaten manipuliert. Der Zirkus verließ die Stadt, und wir warteten ungeduldig darauf, dass ein anderer seine Zelte bei uns aufschlug.

Dann entdeckten wir unsere Leidenschaft für Jesus. Wenn Sie das nicht selbst erfahren haben, klingt das für Sie vielleicht lächerlich. Wie kann eine staubige, alte Bibel mit einem Film, der mit einem millionenschweren Budget gedreht wurde, mit actiongeladenen Computerspielen oder Melodien, die zu Herzen gehen, konkurrieren? Doch wenn Sie Jesus kennenlernen und ihm leidenschaftlich nachfolgen, werden Sie feststellen, dass Sie auf einer Kinoleinwand, einer Website oder der Wiedergabeliste eines MP3-Players niemals das finden werden, wonach Sie wirklich suchen.

Oder wie Jesus sagte: „Ich aber bringe Leben – und dies im Überfluss" (Johannes 10,10).

TEIL 3

DER TEMPEL
DER MACHT

KAPITEL 8
DER GOTT DES ERFOLGS

Wenn die Leute sich über Chuck Bentley unterhielten, fiel immer der Begriff „ambitioniert". Offenbar war er schon mit einem gewissen Ehrgeiz auf die Welt gekommen.

Als er seinen Schulabschluss hinter sich hatte, war er bereit, sein Glück zu machen. Schon damals ging ihm immer wieder der Gedanke durch den Kopf: *Wie kann ich mir einen Namen machen? Ich will Erfolg haben, ganz egal, was ich dafür anstellen muss.*

Er hatte begriffen, dass die Ökonomie die Welt regiert. Aber es gab etwas, das wiederum die Wirtschaft vorantrieb. Und das war das Internet.

Es waren die Neunzigerjahre des vergangenen Jahrhunderts, und alles, was mit dem Cyberspace zu tun hatte, boomte. Das Internet war der neue kalifornische Goldrausch. Also lud Chuck seine Habseligkeiten auf einen Planwagen und machte sich nach Westen auf.

Zunächst gründete er die Firma OfficeExchange. Sein Geschäftsmodell basierte darauf, dass das Internet das Medium der Zukunft sein würde. Von Anfang an lief alles bestens und das Geld strömte nur so herein. Investoren verfolgten die Entwicklung von Internet-Start-ups mit fast hysterischem Interesse. Nach wenigen Wochen hatte Chuck über eine Million Dollar beisammen und das reichte als Startkapital vollkommen aus.

Er war jung, hatte Investoren, und die Zukunft stand ihm offen. Nach Meinung eines Unternehmerforums im Silicon Valley gehörte Chucks Firma zu den sechzig besten Newcomern der Welt. Ein halbes Jahr nach der Firmengründung stellte er seine Geschäftsidee anderthalbtausend potenziellen Investoren vor.

Was für eine Erfolgsgeschichte! Die meisten seiner Freunde jagten noch dem großen Geld hinterher, doch bei Chuck war es genau andersherum: Das Geld lief ihm hinterher, und das wusste er auch. Er lehnte sich zurück, holte tief Luft und dachte: *Ich bin das nächste Amazon. Ich bin das nächste eBay.* Aus Geld machte er sich eigentlich nichts – es war schon fast komisch, mitzuerleben, wie einfach die Finanzierung gewesen war. Chuck berauschte sich an etwas ganz anderem: Erfolg. Er wollte aus der Masse hervorstechen. Er wollte sich einen Namen machen wie Yahoo oder AOL. Sein Name sollte der Inbegriff des Internetzeitalters werden. Der Erfolg war sein Heroin und jeden Tag brauchte er einen Schuss.

Wenn er am Ende eines Sechzehnstundentages neben seiner Frau Ann im Bett lag, meinte er zu ihr: „Wenn wir an die Börse gehen und Aktien zu zehn Dollar das Stück herausgeben, wäre ich Multimillionär. Kannst du dir das vorstellen?"

Ann sagte kaum etwas dazu und das verwirrte Chuck. Sie legte nicht annähernd so viel Begeisterung an den Tag wie er. „Keine Sorge, das wird mich als Menschen nicht verändern", meinte er. „Ich werde immer demütig bleiben. Hör mal, wenn ich einhundert pro Aktie bekomme, dann kauf ich uns ein oder zwei Baseballteams – unser Geld soll ja schließlich arbeiten."

Ann fühlte sich nicht so recht wohl bei der ganzen Sache. Ihr Mann hatte sich sehr wohl verändert. Was für ein Mensch würde noch aus ihm werden? Es machte ihr ein wenig Angst. Er arbeitete sieben Tage pro Woche, und wenn er nicht gerade schlief, arbeitete er meistens. Der geplante Börsengang setzte ihn förmlich unter Strom.

Auch wenn er zu Hause war, war er nicht wirklich da. An seinen Augen konnte man ablesen, dass er in Gedanken woanders war. Immer wieder blickte er verstohlen zum Telefon und rief seine E-Mails ab, so als ob es ihn juckte und er sich einfach kratzen musste.

Irgendeine Macht hat ihr den Mann genommen. Das Eigenartige dabei war, dass er mit Begeisterung bei der Sache war, als hätte er eine Droge genommen. Wer ihn beobachtete, musste zu dem Schluss kommen, dass er glücklich und hoch motiviert war und auf einem Adrenalinhoch schwamm. Nur dass er eben nicht mehr Chuck war. Sie wusste es, die Kinder wussten es. War das der Preis des Erfolgs? Würde er seine Familie, ja, sogar sich selbst, auf dem Altar des Erfolgs opfern müssen?

Der König des Hügels

Der Gott des Erfolgs hat keine Schwierigkeiten, Menschen zu finden, die ihn anbeten.

Er ist attraktiv, unwiderstehlich und charismatisch. Er drängt sich in unseren eintönigen Alltag hinein und zeigt uns, wie das Leben der oberen Zehntausend aussieht. Und was er uns verkaufen will, lässt sich nur schwer ignorieren. Er bietet uns den Beifall und den Neid der anderen an, was uns das Leben versüßt.

Dieser Götze deklamiert einen Text, der schon so alt ist wie der Garten Eden: „Wenn du willst, hast du alles in der Hand. Es ist dein Leben, warum solltest du also nicht am Steuer sitzen? Warum drückst du das Gaspedal nicht bis zum Anschlag durch und probierst mal, wie schnell du die Ziellinie überquerst?"

Damit nutzt er eine grundsätzliche Schwachstelle unserer menschlichen Existenz aus – das Verlangen, alles auf unsere Art und Weise zu tun, auch bekannt unter der Bezeichnung *Stolz*.

Bei den Götzen des Erfolgs dreht sich alles um persönliche Leistung und die Belohnungen, die wir einheimsen. Werden wir ein angenehmes Leben führen? Werden wir zufrieden sein? Die Götzen des Erfolgs geben uns eine Liste an die Hand, mit der wir unseren Erfolg bewerten können: Welche Titel führe ich vor meinem Namen, wie viel verdiene ich, wie viele Quadratmeter Wohnfläche hat mein neues Haus? Wir setzen unsere Hoffnung auf die Versprechungen dieser Götzen und definieren uns darüber. Und so klettern wir die Leiter hoch bis an die Spitze und setzen dabei auch unsere Ellenbogen ein.

Wir haben früher in der Schule ein Spiel namens „King of the Hill" – „König des Hügels" – gespielt. Als ich in die vierte Klasse ging, gehörte das jeden Tag zum Pausenprogramm. Das Spiel ging so: Alle Jungen schubsten einander und zerrten aneinander herum. Irgendwann erklang die Pfeife, und wer dann noch mit beiden Beinen auf dem Hügel stand, wurde zum König gekrönt.

Ich vermute, dass dieses Spiel wegen seiner Brutalität heute an den meisten Schulen verboten ist. Ich habe es jedenfalls geliebt. Wissen Sie, warum? Weil ich der unangefochtene König des Hügels war.*

Ich kostete meine Herrschaft aus, bis eines Tages jemand Neues zu uns in die Klasse kam. Größer und stabiler gebaut als ich und vor allen Dingen handelte es sich um ein Mädchen.

Zuerst machte ich mir deswegen keine Gedanken. Welches Mädchen mit etwas Selbstachtung würde schon „König des Hügels" spielen wollen? Doch ich hatte nicht damit gerechnet, dass Barbara anders war.**

Barbara trug Cowboystiefel. Sie machte sich über die anderen Mädchen lustig, die Zöpfe trugen. Dass sie Schwierigkeiten machen würde, ahnte ich, als wir an ihrem zweiten

---

* Um ehrlich zu sein, war ich in der vierten Klasse bereits so groß wie heute und habe mich schon rasiert.
** Hallo, Barbara, falls du das hier lesen solltest: Ich meine eine andere Barbara.

Schultag im Kunstunterricht saßen und sie den Klebstoff aß. Ich hatte schon davon gehört, dass so etwas an anderen Schulen vorkommen sollte, doch hier sah ich es zum ersten Mal mit eigenen Augen.

Und siehe da, in der Pause wollte Barbara tatsächlich „König des Hügels" spielen. Rückblickend wäre es vernünftiger gewesen, eine Regel aufzustellen, die Mädchen von dem Spiel ausschloss. Dass es diese Regel nicht ausdrücklich gab, spielte keine Rolle, denn immerhin hieß das Spiel nicht „Königin des Hügels" oder „HerrscherIn des Hügels". Es hieß „König des Hügels". Schon die Bezeichnung brachte zum Ausdruck, dass Mädchen hier nichts zu suchen hatten. Man kann das mit einer Herrentoilette vergleichen: Man braucht kein Extraschild, dass Frauen der Zutritt verboten ist, weil sie per Definition ausgeschlossen sind. Aber ich schweife ab.

Höflich versuchte ich, Barbara das zu erklären. Aber auch wenn man es in großen Lettern auf ein Plakat schreibt, auf ein Kissen stickt oder auf Facebook postet: Mit einer Klebstoffesserin kann man nicht diskutieren. Barbara stemmte sich mit den Stiefelabsätzen in den Boden und blieb mir auf den Fersen. Als an diesem Tag die Pfeife ertönte, war ich nicht länger König. Ein Mädchen hatte mich vom Thron gestoßen. Ich kann mich noch erinnern, was das für ein schreckliches Gefühl war. Den Rest des vierten Schuljahrs schmiedete ich Pläne, wie ich die böse Königin stürzen und wieder meinen mir rechtmäßig zustehenden Platz einnehmen konnte. Zum Glück verlor Barbara das Interesse an dem Spiel und verlegte sich darauf, die anderen Kinder auf dem Pausenhof zu tyrannisieren.

Mir ging auf, dass „König des Hügels" nicht nur ein Spiel für Kinder ist, sondern dass wir es häufig zu unserem Lebensmotto erklären: nämlich alles zu tun, was nötig ist, damit wir ganz nach oben kommen.

Im 18. Kapitel des Lukasevangeliums wird davon erzählt,

dass Jesus sich mit einem solchen „König des Hügels" unterhält. Nun gut, im Bibeltext wird er nicht so genannt, aber es kommt dem ziemlich nahe. Mit drei Begriffen wird er umschrieben: „angesehen", „reich" und „jung"*. Er hatte es also geschafft und war der Inbegriff des Erfolgs. Daran ist an sich nichts auszusetzen, außer man macht es zu seinem Lebensziel.

In Lukas 18, Vers 18 heißt es: „Jesus wurde von einem angesehenen und reichen Mann gefragt: ,Guter Lehrer, was muss ich tun, um das ewige Leben zu bekommen?'"
Hören Sie einmal genau auf diese Frage. Im Grunde will der Mann wissen, was er tun muss, um Erfolg zu haben. Das ist eine gute Frage, vor allen Dingen, wenn man sie Jesus stellt, doch ist Ihnen aufgefallen, auf welchem Wort die Betonung liegt? Er fragt: „Was muss ich tun, um etwas Bestimmtes zu *bekommen*?"

Die Wahl des Tätigkeitsworts ist sehr aufschlussreich, oder? Dieser Mann geht davon aus, dass er etwas leisten kann, um sich damit das ewige Leben zu sichern, irgendetwas, das er noch in seinem Lebenslauf aufführen kann. Da schrillen schon die Alarmglocken und weisen uns darauf hin, dass der Gott des Erfolgs im Leben eines Menschen zum „König des Hügels" geworden ist. Man schaut sich mit begehrlichen Augen um und denkt: *Das und das kriege ich auch noch.*

Für diesen reichen Mann ist die Errettung eine weitere Trophäe oder eine Belohnung, die er sich redlich verdient hat. Wer die Götzen des Erfolgs anbetet, interessiert sich nicht

---

* Im Matthäusevangelium wird er ausdrücklich als „jung" bezeichnet. Manche von Ihnen hören das vielleicht nicht gern, aber im biblischen Sprachgebrauch bezieht sich der Begriff „jung" auf jemanden, der jünger als vierzig ist. Sollten Sie also schon älter sein, würde man Sie, biblisch gesehen, nicht mehr als jung bezeichnen. Wenn Sie dennoch darauf bestehen, ist das also nicht biblisch. Ich entschuldige mich schon mal im Voraus, falls Sie die Gleitsichtbrille aufsetzen mussten, um diese Fußnote zu entziffern.

zwangsläufig für weltliche Erfolge. Es geht bei diesem Götzen nicht nur um Beruf und soziale Stellung. Einer der verbreitetsten Götzen des Erfolgs ist die Anbetung religiöser Regeln: Wir vertrauen darauf, dass wir das Regelwerk meistern und damit auf der sicheren Seite sind.

Der Gott des Erfolgs lädt Sie ein, sich selbst zu erlösen; Sie müssen sich nicht von Jesus Christus abhängig machen. Das ist einer der Gründe, warum ich glaube, dass es gerade erfolgreichen Menschen so schwerfällt, zu Nachfolgern Christi zu werden. Wer ein Jünger sein will, muss seine eigene Hilflosigkeit eingestehen und zugeben, dass er gerettet werden muss. Und einem erfolgreichen Menschen fällt es schwer einzuräumen, dass er Hilfe braucht.

Darum meint der Fernsehkritiker Bill Maher im Hinblick auf die Kreuzigung auch: „Ich versteh das einfach nicht. Der Gedanke, dass jemand mich von meinen Sünden reinigen muss, ist doch lächerlich. Ich brauche niemanden, der mich reinwäscht, das kann ich selbst."

Darum sagte Warren Buffett, nachdem er 85 Prozent seines Vermögens von 44 Milliarden Dollar an wohltätige Organisationen gespendet hatte: „Es gibt mehr als eine Möglichkeit, in den Himmel zu kommen, aber die hier ist jedenfalls wunderbar."

Klar, es *wäre* schon wunderbar, wenn man genug Geld, Rabattmarken und gute Taten sammeln und sie an der himmlischen Pforte einlösen könnte. Für uns ergibt das Sinn, denn nach diesem Prinzip funktioniert auch das Leben auf der Erde. Überall geht es darum, sich etwas zu verdienen und seinen eigenen Weg zu machen. Wenn ich etwas haben will, arbeite ich dafür. Mit Blut, Schweiß und Tränen bezahle ich für alles, was ich bekomme, und jedes Wirtschaftssystem beruht auf dem Prinzip, dass ich bekomme, wofür ich bezahle.

In den meisten Fällen ist das auch ein gutes System. Wo es allerdings um Schuld geht, gibt es ein Problem: Die Sünde hat uns alle hoffnungslos in Schulden gestürzt. Niemals werden wir in dieser Hinsicht genug Erfolge aufweisen können. Auf der ganzen Welt gibt es nicht genügend gute Taten, nicht genügend wohltätige Spenden, um uns auch nur einen Hauch der Reinheit erkaufen zu können, die wir nötig haben.

Gottes Ökonomie funktioniert anders als unsere. Dort haben wir nur dann Erfolg, wenn wir eine geistliche Bankrotterklärung abgeben.

Kommen wir noch einmal auf den reichen jungen Mann zurück. Er wollte wissen, was er tun müsse, um im Leben Erfolg zu haben, und Jesus entgegnete ihm: „Du kennst doch die Gebote, oder?"

Genau diese Antwort hatte sich dieser erfolgreiche Mann erhofft. Sofort platzte er mit dem Hinweis heraus, dass er alle Gebote gehalten hatte, seit er ein kleiner Junge war. Für ihn waren die Gebote eine Art Liste zum Abhaken, für die er Preise einheimsen konnte. Mit Entschlossenheit und harter Arbeit brachte er es fertig, alle Regeln einzuhalten. An diesem Punkt können wir den jungen Mann mit einem vierten Begriff charakterisieren: „Fromm" war er auch. Er war der reiche, junge, fromme, einflussreiche Mann.

In der Bibel heißt es: „Jesus sah ihn voller Liebe an" (Markus 10,21), und zwar auch dann, als er hinzufügte: „Etwas fehlt dir noch."

Und jetzt ließ er die Bombe platzen.

Jesus forderte ihn auf, all seinen Besitz zu verkaufen und das Geld den Armen zu geben, um sich so Schätze im Himmel zu sammeln. Ich wünschte, ich hätte sein Gesicht sehen können, als Jesus ihm das sagte.

Das war kein Patentrezept, das Jesus jedem Menschen mit auf den Weg gab. Dieser Ratschlag richtete sich an einen bestimmten Menschen in einer bestimmten Situation. Im 19. Kapitel des Lukasevangeliums wird beispielsweise nicht davon berichtet, dass Jesus Zachäus, den ehemaligen

Zolleinnehmer, der bereit war, sein Leben völlig zu ändern, dazu auffordert. Warum fährt Jesus hier also eine solch harte Linie?

Der Grund ist folgender: Er sah diesem leidenschaftlichen, erfolgreichen jungen Mann, der gut angezogen, voller Energie und guten Willens war, mitten ins Herz. Und er sah, dass der Eine Gott dort nicht auf dem Thron saß. Also machte Jesus sich selbst zum unmittelbaren Konkurrenten der Trophäen, denen dieser Mann hinterherjagte. Er sagte: „Die Entscheidung liegt bei dir."

Der junge Mann brachte das nicht übers Herz. „Über diese Forderung war der Mann tief betroffen. Traurig ging er weg, denn er war sehr reich" (Markus 10,22).

Er war tief betroffen. Offenbar nahm er sich nicht die Zeit, seine Entscheidung zu überdenken. Er machte auf dem Absatz kehrt und ging traurig weg, wie ein Junge auf einem Volksfest, der auf die tollste Achterbahn zugeht und entdeckt, dass ihn die Fahrt sein gesamtes Geld kosten wird.

Der reiche Jüngling hatte sich durch seinen Erfolg und seine Leistung definiert, ganz egal, ob es nun um Geld oder um Gebote ging. Gleichgültig, wie stark sein Wunsch, Jesus nachzufolgen, auch sein mochte: Es gab einen Preis, den er nicht zu zahlen bereit war; es gab einen Götzen, den er nicht vom Thron stürzen konnte.

Jesus rief aus: „Wie schwer ist es doch für die Reichen, in Gottes neue Welt zu kommen!" (Markus 10,23).

Ich kann mir vorstellen, wie traurig Jesus blickte, als er das sagte. Er mochte diesen jungen Mann, der mit glänzenden Augen zu ihm gekommen war und niedergeschlagen wieder ging. Doch Jesus lief ihm nicht nach und sagte: „Moment, warte mal! Hab ich gerade ‚alles' gesagt? *Alles* musst du nun wirklich nicht verkaufen. Ich bin sicher, wir finden eine Lösung, mit der wir beide zufrieden sind." Jesus ließ hier keinen Verhandlungsspielraum.

Für manche Menschen ist der Gedanke, ohne beeindruckenden Lebenslauf vor Gott zu treten, einfach undenkbar. Wir wollen ihm unsere Erfolge zeigen und beweisen, dass wir etwas wert sind. Doch Gott versteht unter „Erfolg" etwas völlig anderes: dass wir nämlich bereit sind, von allem, was wir selbst erreicht haben, einen Schritt zurückzutreten und zu sagen: „Das hier bedeutet mir nichts, Herr. Alles lege ich vor dir nieder. Dass ich zu dir gehöre, ist der einzige Erfolg, der zählt."

Kostenanalyse

Chuck, der angehende Internet-Tycoon, verstand überhaupt nicht, was in Ann gefahren war. Was wollte sie denn noch von ihm? Wie viele andere Männer war er darauf programmiert, seine Familie zu versorgen. Es gehörte zu seinen Aufgaben, für Frau und Kinder zu sorgen, damit sie etwas zu essen und ein Dach über dem Kopf hatten. Und aus seiner Sicht hatte er in dieser Hinsicht einen Volltreffer gelandet. Er konnte sich Villen leisten, schnelle Autos, Urlaub in Europa und die allerbesten Privatschulen für die Kinder. Was gefiel seiner Frau denn daran nicht?

Ann hatte an seinem Ehrgeiz so lange nichts auszusetzen, bis er schließlich einen Keil zwischen die Familienmitglieder trieb. „Deine Kinder haben überhaupt nichts mehr von dir", meinte sie. „Und ich auch nicht. Ist dein Erfolg dieses Opfer wert?"

Sie sprach über ihre geistlichen Ziele. Als er darüber nachdachte, musste er einräumen, dass er überhaupt keine besonderen Ziele hatte, was seinen Glauben betraf. Andererseits hatten er und Gott einen Deal: Wenn Gott Chuck über die Maßen viel Erfolg schenkte, würde er Gott die Ehre geben.

Ihm kam das wie ein faires Geschäft vor. Doch etwas nagte an ihm, und er spürte, dass er allmählich vom Weg abkam. In dieser Zeit führte er ein anderes Gespräch und wieder ging es um Lebensziele. Einer seiner Freunde meinte: „Ich glaube, Menschen, die sich Ziele setzen, erreichen auch etwas." Chuck war ganz seiner Meinung. Auch er hatte sich Ziele gesetzt und erkundigte sich bei seinem Freund, wie denn dessen Geheimnis aussähe.

Dieser entgegnete: „Du musst sie aufschreiben. Wenn du etwas nicht schwarz auf weiß vor dir liegen hast, ist es für dich nicht real." Dann griff er in seine Brieftasche, kramte ein Blatt Papier hervor und begann, eine Liste vorzulesen. Ein Punkt auf dieser Liste war eine goldene President-Uhr von Rolex. „Ich will sie Ende des Jahres kaufen", sagte er, „und ich weiß auch schon, was sie mich kosten wird."

„Wie viel denn?" Chuck rechnete damit, dass der andere nun einen bestimmten Geldbetrag nennen würde. „Weniger Zeit mit meiner Familie", erwiderte sein Freund nüchtern. „Das ist mein Preis. Noch mehr Abende, die ich nicht zu Hause bin, noch mehr Wochenenden, noch mehr Arbeit."

So einfach war das. Dann wandte er sich wieder seiner Liste zu. „Ich möchte Mitglied des exklusivsten Country-Clubs werden", sagt er. „Dafür muss ich einige Hobbys aufgeben und einen Familienurlaub pro Jahr streichen."

Chucks Freund redete ganz beiläufig über den Preis, den er dafür zahlen würde, und er schien damit auch kein Problem zu haben. Er war bereit, dieses Opfer zu bringen. Chuck begriff, dass er selbst denselben Weg eingeschlagen hatte, auch wenn sein Freund ihm schon weit voraus war.

Er dachte noch einmal über seine persönlichen Ziele nach. Im Grunde unterschieden sie sich kaum von denen seines Freundes, abgesehen davon, dass er nicht mit dieser brutalen Ehrlichkeit darüber sprach, was es ihn kosten würde. Er fragte sich: *Warum dreht sich hier alles um Geld, Prestige und Ruhm?*

Welche Opfer bringe ich in Wirklichkeit dafür? Und wo hat Gott da noch Platz?

Doch dann entspannte er sich wieder und dachte bei sich: *Gott und ich, wir haben einen Deal. Ich habe Erfolg und den schreibe ich dann Gott zu.*

Doch langsam begann er, seinen Denkfehler einzusehen. Vielleicht war Gott gar nicht besonders glücklich damit, erst später „eingewechselt" zu werden und sich nach Spielende höflich zu verbeugen. Vielleicht wollte er hier und heute Teil von Chucks Leben sein. Gott wollte vielleicht gar kein Investor sein, sondern ein Partner mit Mitspracherecht.

KINDER UND FERNSEHEN

2011 untersuchte ein Team von Psychologen von der Universität von Kalifornien in Los Angeles, wie sich die Werte, die durch die Lieblingssendungen der Zehn- bis Zwölfjährigen vermittelt werden, im Lauf der Jahre verändert haben. Dazu zählen etwa die *Andy Griffith Show* und *I love Lucy* aus den Sechzigern, *Happy Days* und *Laverne and Shirley* aus den Siebzigern und *American Idol* und *Hanna Montana* aus der jüngsten Vergangenheit.

In den aktuellen Sendungen zählte „Berühmtheit" zu den am häufigsten vermittelten Werten. Zwischen 1967 und 1997 galt „Gemeinschaftsgefühl oder das Gefühl, zu einer Gruppe zu gehören" als wichtigster Wert. Doch er fiel mit einem Mal auf den elften Platz zurück. Der Wert, der 1997 noch am zweitwichtigsten gewesen war, nämlich „freundlich zu sein und anderen zu helfen", war nun nur noch an dreizehnter Position zu finden.

Heutzutage scheinen Fernsehsendungen, die sich an Zehn- bis Zwölfjährige richten, in erster Linie zu vermitteln, dass sich bei einem erfolgreichen Leben alles darum dreht, berühmt zu werden.

Einer der an der Studie beteiligten Wissenschaftler meinte: „Ich war schockiert, vor allen Dingen über die dramatischen Veränderungen in den letzten zehn Jahren. ... Wenn Sie wie ich glauben, dass das Fernsehen unsere Kultur widerspiegelt, dann hat sich die amerikanische Kultur drastisch verändert."*

* Stuart Wolpert: „Popular TV Shows Teach Children Fame Is Most Important Value. UCLA Psychologists Report", in: *ULCA Newsroom* (11. Juli 2011), http://newsroom.ucla.edu/portal/ucla/popular-tv-shows-teach-children-210119.aspx (abgerufen am 20. September 2013).

Erfolg bewerten

Was genau meinen wir eigentlich, wenn wir von Erfolg reden? Dieser Begriff hat ja für jeden von uns eine etwas andere Bedeutungsnuance, weil wir dazu neigen, ihn gedanklich mit unseren eigenen Zielen und Vorstellungen zu verknüpfen.

Aus der Soziologie wissen wir, dass in unserer Kultur Erfolg als das Prestige definiert wird, das eine höhere gesellschaftliche Stellung mit sich bringt – das ist so, als würde man eine große, öffentlich ausgetragene Runde „König des Hügels" gewinnen. Ihr persönlicher Hügel sieht vielleicht etwas anders aus als meiner, doch heute herrscht allgemein Einigkeit darüber, welche Zutaten den Erfolg ausmachen.

Im nächsten Kapitel wollen wir uns mit dem Götzen des Geldes beschäftigen. Was er uns anbietet, ist etwas viel Einfacheres: Wohlstand, mit dem wir uns Macht kaufen können. Schon darin kann eine große Faszination liegen. Doch sein

Verbündeter, der Gott des Erfolgs, will, dass wir vor der gesellschaftlichen Stellung einer Person demütig niederknien – eine Art Hackordnung, wenn man so will. Auch Geld spielt dabei eine Rolle, denn das benutzen wir am häufigsten, um unseren Erfolg zu bewerten. Für die meisten von uns gehört Geld zum Erfolg unbedingt dazu, doch es geht nicht allein darum. Es geht um Prestige und Einfluss, um Respekt und Anerkennung. Es geht darum, den besten Platz an der gedeckten Tafel zu bekommen, den besten Parkplatz auf dem Firmengelände, den richtigen Titel auf der Visitenkarte, die richtige Kleidung im Schrank. Es geht darum, die goldene Armbanduhr zu bekommen, die Trophäe, die Beförderung, die Auszeichnung.

Beim Erfolg geht es darum, herauszufinden, woran er gemeinhin gemessen wird, und dann Punkte zu sammeln.

In der Bibel findet man den Begriff „Erfolg" kaum. Ihm am nächsten kommen die Worte „gesegnet", „selig", „glücklich" oder „glückselig". In der Kultur des antiken Griechenlands bezeichnete man damit „einen Zustand des Glücks und des Wohlergehens, wie ihn die Götter genießen"[18]. Noch heute verwenden wir diese Ausdrücke, um zu verstehen zu geben, dass wir erfolgreich sind, ohne allzu unbescheiden zu wirken. Wenn zum Beispiel jemand zu Besuch kommt und meint: „Sie haben wirklich ein schönes Haus! Ihr Sportwagen und Ihre Jacht gefallen mir auch außerordentlich gut", dann lächeln wir bescheiden und entgegnen: „Ja, ich kann mich wirklich glücklich schätzen."

Betrachten wir einmal den Unterschied zwischen den beiden Begriffen „erfolgreich" und „gesegnet". Von „Erfolg" sprechen wir, wenn wir selbst etwas erreicht haben. Der Begriff „gesegnet" dagegen weist darauf hin, dass jemand etwas für uns getan hat.

Ich möchte es einmal so formulieren: Erfolg bedeutet, dass wir etwas geleistet haben; gesegnet sind wir, wenn wir etwas empfangen. Wenn wir von uns selbst sagen: „Ich bin erfolgreich", geben wir uns die Ehre. Wenn wir aber sagen: „Ich bin gesegnet", geben wir Gott die Ehre.

Jesus zeigt uns zu Beginn der Bergpredigt, was es bedeutet, gesegnet oder glücklich zu sein (Matthäus 5). Jesus schockiert uns mit dem Porträt eines glücklichen, erfolgreichen Menschen, das nichts mit dem zu tun hat, was wir uns normalerweise darunter vorstellen.

Wer kann sich nach seiner Aussage glücklich schätzen?

Glücklich sind die Trauernden, sagt er, denn sie werden Trost finden. Glücklich sind die Friedfertigen, sagt er, und diejenigen, die nach Gerechtigkeit hungern und dürsten, die Barmherzigen, die ein reines Herz haben, die Friedensstifter und alle, die verfolgt werden, weil sie nach Gottes Willen leben. Das sind die Glücklichen.

Und schließlich, so sagt Jesus, sind die Menschen glücklich zu nennen, die verachtet, verfolgt und verleumdet werden, weil sie ihm nachfolgen.

Diese Neudefinition des Erfolgs folgt einer bestimmten Ordnung, die durchaus von Bedeutung ist, vor allen Dingen, was den ersten Punkt betrifft. Jesus beginnt die Bergpredigt mit den Worten: „Glücklich sind, die erkennen, wie arm sie vor Gott sind, denn ihnen gehört die neue Welt Gottes" (Matthäus 5,3).

Glücklich sind die Armen? Ich weiß schon, was Sie denken: *Ja! Dann habe ich das große Los gezogen. Ich bin völlig pleite.*

Doch Jesus spricht hier nicht über Geld. Es geht auch nicht darum, wie viel man in seinem Leben geleistet hat oder nicht. Hier ist die Rede von Menschen, die arm sind „vor Gott". Jesus beschreibt Menschen, die genau wissen, dass sie es allein nicht schaffen, und die demütig genug sind, um Gott um Hilfe zu bitten.

Normalerweise legen erfolgreiche Menschen Wert darauf, dass sie unabhängig und auf niemanden angewiesen sind.

Sie schaffen alles allein. Doch Jesus definiert Erfolg neu. Ein erfolgreicher Mensch ist jemand, der demütig zu Gott sagt: „Ich schaffe es nicht allein. Ich brauche deine Hilfe." Aus dem Blickwinkel unserer Gesellschaft betrachtet ist das das genaue Gegenteil von dem, was wir normalerweise unter Erfolg verstehen.

Das ist also ein deutlicher Gegensatz zu dem, was wir uns unter einem erfolgreichen Menschen vorstellen, einem, der beruflich vorankommt, sich eine Traumvilla kauft und vom *Time Magazine* als Persönlichkeit des Jahres gefeiert wird. Jesus stellt unsere Vorstellung von Erfolg auf den Kopf. Wir glauben, es komme darauf an, der König des Hügels zu werden. Jesus weist aber auf diejenigen, die schon am Boden liegen, die Demütigen und die Menschen reinen Herzens, die sich weigern, die Spielchen dieser Welt mitzuspielen.

Wenn wir unser Leben daran ausrichten, was in dieser Welt unter Erfolg verstanden wird, ist das Götzendienst. Wie also *sollen* wir denn Erfolg bewerten?

Es gibt schon seit ziemlich langer Zeit ein Brettspiel, das „Spiel des Lebens" heißt. Wenn man es einmal gespielt hat, weiß man, worauf es ankommt: Man muss schöne Häuser und teure Besitztümer sammeln. Gewinner ist, wer den perfekten Job bekommt und das beste Auto fährt.

Vielleicht haben Sie dieses Brettspiel noch nie gespielt, aber ich vermute, dass Sie im wahren Leben auch bei diesem Spiel mitmachen. Und Jesus stellt allen Spielern eine Frage: „Denn was gewinnt ein Mensch, wenn ihm die ganze Welt zufällt, er selbst aber dabei Schaden nimmt?" (Matthäus 16,26). Worin liegt der Sinn einer Beförderung, einer Luxuskarosse oder eines Zweithauses, wenn ich dafür mit meiner Seele bezahlen muss? Mit einem Mal würde sich der Erfolg in die schlimmste Niederlage verwandeln, die man sich vorstellen kann.

Vielleicht ist das der Grund, warum es uns nicht überraschen sollte, wenn wir lesen, dass der reiche junge Mann alles andere als glücklich war, als er sich von Jesus abwandte: „Traurig ging er weg, denn er war sehr reich" (Markus 10,22).

Wenn man diesen Vers aus dem Zusammenhang reißt, wirkt er fast komisch. Warum ging er traurig weg? Weil er reich war! Aus dem Blickwinkel betrachtet, den man uns mit der Muttermilch eingeflößt hat, ist das doch lächerlich, oder? Kein Mensch geht traurig weg, weil er reich ist; man geht traurig weg, weil man einen siebzehn Jahre alten Polo fährt, der nur noch auf drei Zylindern läuft. Warum sollte es ihn traurig machen, dass er so viel besaß?

Weil er zu viel würde aufgeben müssen, wenn er Jesus nachfolgen wollte. Er besaß so viel, dass sein Besitz im Grunde ihn besaß. Er war ein reicher, einflussreicher junger Mann, und Jesus bot ihm die Chance, ein armer junger Diener zu werden. Doch der Gott des Erfolgs nahm ihn bei der Hand und führte ihn weg.

Nicht einmal seinen Namen kennen wir. Wir erfahren nicht, was später aus ihm geworden ist. Es spricht viel dafür, dass aus dem reichen, einflussreichen jungen Mann ein reicher, einflussreicher alter Mann wurde. Ich vermute, dass er beim Spiel des Lebens immer weiter mitmischte und Erfolg hatte.

Doch was wäre geschehen, wenn er nicht weggegangen wäre, sondern zu Jesus gesagt hätte: „Gut, ich mach's! Ich tausche alles, was ich habe, gegen ein Leben an deiner Seite ein." Wenn er das gesagt hätte, so vermute ich, würden wir seinen Namen kennen. Vielleicht hätte es dann sogar dreizehn Jünger gegeben und nicht zwölf, vielleicht auch fünf Evangelien und nicht vier.

Chucks Entscheidung

Als Ann eine Veranstaltung in der Gemeinde erwähnte, verdrehte Chuck nur die Augen. „Lass uns doch zusammen gehen", meinte sie. „Es geht darum, was die Bibel zum Thema ‚Geld und Finanzen' zu sagen hat."

Chuck versuchte, nicht herablassend zu wirken. „Liebling, wenn ich etwas über Finanzen lernen möchte", entgegnete er, „würde ich einen Hochschulkurs belegen und nicht zur Sonntagsschule gehen."

An ihrem Blick konnte er ablesen, wie enttäuscht sie war. Einundzwanzig Jahre waren sie verheiratet, doch nun herrschte zwischen ihnen ein gespanntes Verhältnis. Sie spürten es beide. Endlich ging Chuck auf sie zu und meinte: „Na gut. Wann geht es los?"

Chuck war mit sieben Jahren Christ geworden, doch nun begriff er, dass er eigentlich fast keine Ahnung davon hatte, was in der Bibel stand. Er hatte in seinem Leben schon eine Menge Predigten gehört, doch auf diesem Gemeindeseminar passierte etwas mit ihm. Einige der Verse brannten sich ihm förmlich ein.

Zum Beispiel hieß es in 2. Könige 17, Vers 33: „So fürchteten sie den Herrn, dienten aber auch den Göttern nach dem Brauch der Völker, von denen man sie hergebracht hatte." Das war für ihn wie ein Schlag ins Gesicht.

Und im Neuen Testament sagte Jesus: „Niemand kann zwei Herren dienen [...]. Ihr könnt nicht Gott dienen und dem Mammon" (Matthäus 6,24; Luther). In beiden Versen kam das Wort „dienen" vor. Das brachte Chuck zum Nachdenken. Er wusste, dass es Gott auf mehr ankommt als nur Lippenbekenntnisse. Er will, dass wir auch entsprechend leben und handeln. Zum ersten Mal verstand Chuck die geistliche Haltung, die Anns Leben prägte. Und er sprach aus, was er selbst war: ein *Götzendiener*. *Was für ein schreckliches Wort*, dachte er. *Ich bete mit meinem Leben den Götzen des Erfolgs an.*

Er begann zu beten, fühlte sich jedoch völlig hilflos. Zu tief steckte er in diesem Sumpf des Erfolgs. Wie würde er sich jemals daraus befreien können?

Eines Tages nahm er seine Bibel mit in eine kleine Kammer, denn dort, so hatte Jesus einmal gesagt, sollten wir beten. Und Chuck war es ernst mit seinem Entschluss. Und während dieser Gebetszeit hatte er das Gefühl, dass Gott zu ihm sprach: „Gib mir dein Herz. Das ist das Einzige, das ich von dir will – aber ich will dein *ganzes* Herz."

Und Chuck ließ sich darauf ein. „Ich gebe es dir zurück", betete er. „Es tut mir so leid, dass ich einen falschen Götzen angebetet habe. Hilf mir nur, Herr. Keinen Tag länger will ich Geld und Erfolg hinterherjagen."

Im März 2000 fuhr er nach New York und besuchte dort einen der größten Investoren der Welt. Das Unternehmen hatte Interesse daran geäußert, sich bei ihm zu beteiligen. Er ging alles viel demütiger an als noch einige Monate zuvor. Weder selbstherrlich noch arrogant fühlte er sich – er wusste, dass Gott die Fäden in der Hand hatte und sich alles zum Besten fügen würde.

Noch während seines Aufenthaltes dort änderte sich alles. Die Internetblase platzte und der NASDAQ fiel ins Bodenlose. Auf einen Schlag war die Zeit vorüber, in der man gedankenlos ins Internet investiert hatte.

Chuck konnte nur zusehen, wie seine Aktien mit jedem Tag weiterfielen, und er fragte sich, wie er vor seinem Gebet darauf reagiert hätte. Sie können sich nicht vorstellen, wie er selbst diesen Verlust empfand. Sind Sie bereit? Er fühlte sich erlöst und erneuert. Der Gott des Erfolgs hatte ihn nicht länger in der Hand und nun auch noch den letzten Rest Einfluss verloren. Er war jetzt innerlich frei geworden und konnte ganz Gott gehören.

Viele seiner Geschäftsfreunde waren aufgrund ähnlich hoher Verluste am Boden zerstört. Chuck kannte sogar einige Kollegen, die Selbstmord begingen, da ihre Identität und ihr Lebenssinn eng mit ihrer beruflichen Leistung verbunden gewesen waren. Und als sie diese nicht länger bringen konnten, wurde das Leben für sie unerträglich. Chuck dachte darüber nach und dankte Gott noch einmal, dass er ihn nicht aufgegeben hatte.

Ann und die Kinder freuten sich, dass sie ihn wiederhatten. Zwar hatte Chuck eine Menge Geld verloren, als die Blase platzte, doch er spürte, dass Gott ihn dafür mit Dingen, die wirklich wichtig waren, mehr als entschädigt hatte. Er beschloss, in den geistlichen Dienst zu gehen und anderen beim Umgang mit Geld zu helfen. Ein Freund riet ihm davon ab. „Rede mit deiner Frau darüber", sagte er. „Sag ihr, dass du genau im richtigen Alter bist, um richtig Geld zu verdienen. Frag sie, ob sie bereit ist, diese Chance einfach wegzuwerfen."

Also sprachen Chuck und Ann darüber. Er gab die Frage seines Freundes an sie weiter und sie konterte mit einer anderen Frage. „Dann rede noch mal mit deinem Freund", meinte sie. „Frag ihn, welche Jahre seines Lebens er denn Gott schenken will."

Chuck lächelte und ergriff ihre Hand. Gemeinsam unterstellten sie ihr Leben wieder ganz neu Gott. Sie würden Jesus nachfolgen, wohin auch immer er sie führen würde und was auch immer sie das kostete. Heute leitet Chuck die *Crown Financial Ministries*. Er reist durch die Welt und erklärt den Menschen, was die Bibel zum Thema „Geld und Erfolg" zu sagen hat.

Auf zndr.vn/QMv3sd erzählt Chuck seine Geschichte.

GÖTZEN-CHECK

Wie definieren Sie Erfolg? Welche Ziele geben Ihnen den Weg vor?

Jeder Mensch hat eine Vorstellung davon, was unter einem erfolgreichen Leben zu verstehen ist. Manche Menschen setzen sich ganz bewusst Ziele, andere haben nur eine ungefähre Ahnung davon, in welche Richtung sie steuern wollen. Wie steht es mit Ihnen? Was müsste geschehen, damit Sie in Ihren Augen als „erfolgreich" zu bezeichnen sind? Warum definieren Sie „Erfolg" gerade so?

Erfolg bedeutet, dass Jesus eines Tages zu Ihnen sagt: „Du warst ein tüchtiger und zuverlässiger Diener." Wie wird er Ihren Erfolg messen?

Wir neigen dazu, Erfolg danach zu bewerten, ob wir messbare Ziele erreicht haben. Als Pastor laufe ich manchmal Gefahr, Erfolg anhand von Zahlen zu messen: Wie viele Menschen kommen zum Gottesdienst? Als Autor möchte ich meinen Erfolg vielleicht darüber definieren, wie viele Bücher ich verkauft habe. Gott erinnert mich aber daran, dass er meinen Erfolg an meiner Treue misst, ob ich also dem gehorsam bin, was in der Bibel steht. Vergleichen Sie einmal die allgemein akzeptierten Erfolgsmaßstäbe mit dem, was uns die Bibel darüber sagt.

Warum wollen Sie erfolgreich sein? Welche Motivation steht dahinter?

Vergessen Sie nicht, dass es keinesfalls Sünde ist, sich Ziele zu stecken, es sei denn, sie werden zum

Götzen. Vielleicht haben Sie sich das Ziel gesetzt, ein eigenes Restaurant zu eröffnen, weil Gott Ihnen die Liebe zum Kochen mit auf den Weg gegeben hat. Vielleicht träumen Sie davon, Fußballprofi zu werden, eine Firma zu gründen oder auch von irgendetwas anderem. Die eigentliche Frage lautet: Was treibt Sie an? Wie sehen Ihre Motive aus? Wollen Sie Gott die Ehre geben oder selbst das Lob einheimsen?

Wie oft ertappen Sie sich dabei, dass Sie andere Menschen beneiden?
In unserer Kultur verwenden wir viel Zeit darauf, das Scheinwerferlicht auf Menschen zu richten, die es – nach den Maßstäben dieser Welt – bis ganz nach oben geschafft haben. Sind Sie manchmal neidisch auf solche Menschen? Fällt es Ihnen schwer, sich für ihren Erfolg zu freuen? Manchmal weisen Neid und Groll auf die Bereiche hin, in denen wir selbst unter Druck stehen. Wenn wir auf ein bestimmtes Ziel zusteuern, frustriert es uns, wenn jemand anderes es vor uns erreicht. Wie reagieren Sie, wenn jemand anderes Erfolg hat?

ENTSCHEIDUNG FÜR JESUS
JESUS, MEIN LEBENSZIEL

*Götzen besiegt man nicht, indem man sie entfernt,
sondern indem man sie durch etwas anderes ersetzt.*

Der Gott des Erfolgs flüsterte uns ins Ohr: „Möchtest du nicht der König des Hügels sein?"
„Um welchen Hügel geht es denn genau?", fragten wir zurück.
„Ganz egal. Um alle." Er lächelte.
Und dann kletterten wir los. Immer weiter kletterten wir. Den Berg hinauf. Die Karriereleiter hoch. Auf irgendwelchen Listen empor. In der Hackordnung nach oben. In eine höhere gesellschaftliche Stellung. Dieser Götze musste uns gar nicht erst gut zureden.

Doch irgendwo auf dem Weg wurden Klettern, Arbeit, Geldverdienen, Etwas-Leisten zu eigenständigen Zielen. Es ging nicht länger darum, was wir selbst leisten konnten, sondern wen wir ausstechen konnten.

Wenn wir ehrlich wären, müssten wir zugeben, dass wir das nicht für Gott taten und auch nicht für andere Menschen, sondern für uns selbst.

Und einige Male warteten unangenehme Überraschungen auf uns. Zum Beispiel verletzten wir andere Menschen, wenn wir über sie hinwegkletterten oder sie mit dem Ellenbogen zur Seite drängten. Ständig waren wir erschöpft, weil wir uns so anstrengen mussten. Außerdem mussten wir unsere Konkurrenten immer im Auge behalten, die uns den Thron streitig machen wollten. Am meisten überraschte uns jedoch, dass es auf dem Gipfel nicht annähernd so schön war, wie wir erwartet hatten. Es war ziemlich einsam dort oben, eine enttäuschende Erfahrung. Wir fragten uns, ob wir möglicherweise den falschen Gipfel erklommen hatten. Und dann entdeckten wir einen weiteren Hügel. Doch hier gab es schon einen König und drei Kreuze standen ebenfalls dort. Und dieser König lud uns mit den schlichten Worten ein: „Komm und folge mir nach." Wenn wir ihm nachfolgten, würde unsere Vorstellung von Erfolg auf den Kopf gestellt werden. Die Ersten würden die Letzten sein und die Letzten die Ersten. Der Größte unter uns würde allen anderen dienen. Wir dachten von anderen höher als von uns selbst. Um in den Genuss eines Lebens zu kommen, das diesen Namen auch wirklich verdiente, musste man sein eigenes Leben in gewisser Weise verlieren.

Erfolg ist uns immer noch nicht egal, doch wir definieren ihn heute anders. Gott ist zu unserem Lebensziel geworden. Wir leben, um ihm zu dienen, um ihm zu gefallen. So definieren wir Erfolg.

KAPITEL 9
DER GOTT DES GELDES

Im September 2008 geschah das Schlimmste, was man sich vorstellen kann: Gott starb. Wer hätte das erwartet? Alle hatten ihn für unsterblich gehalten.

Der engste Jüngerkreis zeigte sich am meisten überrascht. Gott hatte sich doch bester Gesundheit erfreut und sein Einfluss erstreckte sich über die gesamte Erde.

Nach Gottes Tod wurden einige der wichtigsten und einflussreichsten seiner Kirchen sofort geschlossen. Viele Gläubige kehrten ihrer Religion über Nacht den Rücken. Sie hatten sich, was ihre Zukunft betraf, voll und ganz auf Gott verlassen. Was sollten sie jetzt tun? Überall auf der Welt herrschte Heulen und Zähneklappern. Regierungen versuchten, Gott wiederzubeleben, und hofften, dass er doch ein Lebenszeichen von sich geben würde.

In den Talkshows am Sonntagabend analysierte man seinen Tod: „Wie konnten wir das zulassen?", fragte ein Moderator. „Warum haben wir den Tod unseres Gottes nicht vorhergesehen?"

„Das war ja nicht das erste Mal." Einer der Talkshowgäste zuckte mit den Achseln. „Wir haben es hier mit einer zyklischen Entwicklung zu tun. Er wird wiederkommen, heil und gesund. So ist es immer."

„Aber dieses Mal ist es anders als früher", konterte ein weiterer Experte. „Nur in den Dreißigerjahren sah es schon einmal so schlimm aus. Ich glaube, er wird lange Zeit nicht mehr der alte sein."

Die Argumente flogen hin und her, Hoffnungslosigkeit machte sich breit und das Gefühl, etwas tun zu müssen. Sie hatten ihre Hoffnung auf Gott gesetzt, von ihm erhofften sie die Erfüllung ihrer Träume.

Sie hatten Zeit und Kraft darauf verwandt, ihn anzubeten. Sie hatten damit gerechnet, dass er für sie sorgen und sie bewahren würde. Nun hatten sie offenbar keinen Zufluchtsort mehr. Bis zum Vortag noch war ihr Gott so mächtig gewesen. Er hatte ihnen ein besseres Leben geschenkt, größere Häuser und schnellere Autos. Erinnern Sie sich noch daran, wie das war, als unser Gott starb? Zumindest empfanden es viele so, als die Wirtschaft 2008 zusammenbrach und die weltweite Krise einleitete.

Der allmächtige Mammon

Den Götzen des Geldes gibt es schon seit langer Zeit. Früher tauchte er in Form von Gold oder Silber auf oder, wenn man noch weiter in die Vergangenheit zurückgeht, in Form von Vieh, Tierfellen oder anderen Dingen, mit denen man Handel betreiben konnte. Heute kennen wir ihn unter der Bezeichnung „Kies", „Kohle", „Mäuse", „Moneten" oder „Piepen". Er kann die Form einer Plastikkarte annehmen oder auch einer Reihe von Wertpapieren, die man als „Portfolio" bezeichnet.

Bevor es mit seiner Gesundheit abwärtsging, hatte der Gott des Geldes seine beste Zeit erlebt. In der modernen Welt übte er unglaublichen Einfluss aus. Schon immer war er ein Götze gewesen, doch nicht immer hatte er solche Macht gehabt.

Verstehen Sie, früher hatte es sich beim Geld um einen ganz normalen Feld-Wald-und-Wiesen-Götzen gehandelt. Geld war schon wichtig, doch das meiste davon besaß der König. Um den Palast herum hatte sich das gemeine Volk angesiedelt. Die kleinen Leute gingen fischen, pflügten ihr Stückchen Land oder kämpften im Heer. Sie konnten aber kaum etwas auf die hohe Kante legen, und deshalb hielten sie sich eher an die Götzen, die sie in die Hand bekommen konnten.

Dann begann sich die Welt zu verändern. In der westlichen Welt glich die Demokratie die frappierenden Unterschiede ein wenig aus. Das gehörte in meinem Heimatland untrennbar zum amerikanischen Traum dazu, und wenn die Menschen vom „Streben nach Glück" redeten, dachte sich der Gott des Geldes: *In Wirklichkeit meinen sie mich.*

Im 19. Jahrhundert verhalf Horatio Alger mit seinen Geschichten der „Vom-Tellerwäscher-zum-Millionär"-Idee zu ungeahnter Popularität. In diesen Groschenromanen ging es darum, dass sich ein armer Wicht vom Schuhputzer bis zum Industriekapitän hocharbeitete. Das war der amerikanische Traum: Ganz egal, was du im Augenblick in der Tasche hast, du kannst das große Los ziehen. Du kannst ohne einen Cent in der Tasche auf Ellis Island ankommen und eines Tages an der Spitze eines Wirtschaftsimperiums stehen.

In unserer Kultur spielt Geld eine so beherrschende Rolle, dass es uns schwerfällt, einen Schritt zurückzutreten, um die Dinge aus der richtigen Perspektive zu betrachten. Gleichgültig, was wir auch von uns behaupten mögen: Viele von uns leben so, als wäre Geld das Wichtigste in unserem Leben. Reiche Menschen sagen manchmal: „Geld macht nicht glücklich", doch die meisten von uns haben so das dumpfe Gefühl, dass die Reichen vermutlich erste Klasse an ein exotisches Reiseziel geflogen sind, wo sie sich getroffen haben und übereinkamen, diesen Satz in die Welt zu setzen, damit wir anderen uns besser fühlen.

Wir geben Lippenbekenntnisse ab, dass uns Geld in Wirklichkeit nicht so furchtbar wichtig ist, doch womit wir unsere Zeit verbringen und welchen Zielen wir hinterherjagen zeigt, woran wir wirklich glauben. Säckeweise Geld – das ist für viele Menschen der ultimative Traum. Wenn sie sich in Tagträumen ergehen, handeln diese davon, dass sie im Lotto gewinnen oder ein Vermögen von einem reichen Verwandten erben. Mark Twain schrieb einmal: „Manche Menschen beten die gesellschaftliche Stellung an, manche beten Helden an, manche Macht, manche beten Gott an, und sie streiten über ihre Ideale und können sich nicht einig werden – doch sie alle beten Geld an."[19]

Im 12. Kapitel des Lukasevangeliums lesen wir, dass Jesus vor vielen Tausend Menschen lehrt. Sie lauschen gebannt seiner Botschaft, in der er sie dazu herausfordert, Gott treu zu sein. „Wer aber vor den Menschen nicht zu mir steht, zu dem wird auch der Menschensohn vor den Engeln Gottes nicht stehen", sagt Jesus (Vers 9). Jesus fordert sie auf, das Leben durch die Brille der Ewigkeit zu betrachten. Doch ein Mann in der Menschenmenge denkt nicht an den Himmel, sondern an Geld. In Lukas 12, Vers 13 heißt es: „Da rief einer aus der Menge: ‚Lehrer, sag doch meinem Bruder, er soll unser Erbe gerecht mit mir teilen.'"

Vermutlich handelte es sich um jemanden, der einen älteren Bruder hatte. Vielleicht ärgerte er sich darüber, dass nach dem levitischen Gesetz das Erbe so aufgeteilt wurde, dass der ältere Sohn zwei Drittel bekam, der jüngere nur ein Drittel. Wie man dieses Gesetz fand, hing wahrscheinlich davon ab, ob man der ältere oder der jüngere Bruder war. Achten Sie einmal darauf, dass er Jesus gar keine Frage zum Thema „Geld" stellte, sondern schlicht und einfach wollte, dass dieser ihn in seiner Auffassung bestärkte. Klingt das irgendwie vertraut?

Jesus erwiderte: „Bin ich etwa euer Richter oder euer Vermittler in Erbstreitigkeiten?" Dann wandte er sich an alle: „Hütet euch vor der Habgier! Wenn jemand auch noch so viel Geld hat, das Leben kann er sich damit nicht kaufen."

Jesus erklärt hier, dass es im Leben nicht um Geld geht, und dann erzählt er eine Geschichte von einem Mann, der Geld und Besitz zu seinem Götzen macht. Von den 38 Gleichnissen, die Jesus erzählt, beschäftigen sich 16 mit dem Thema „Geld". Jesus macht uns deutlich, dass der Götze des Geldes häufig Gottes schärfster Konkurrent ist, wenn es um unser Herz geht. Das eigentliche Problem ist dabei gar nicht das Geld. Geld ist nicht die Wurzel allen Übels, sondern die *Liebe* zum Geld. Geld an sich hat keine moralische Qualität. Es ist weder gut noch schlecht. Doch es birgt ein ungeheures Potenzial, zum Gottersatz zu werden. Als Jesus in der Bergpredigt über Götzendienst sprach, führte er nur ein praktisches Beispiel an, und das hatte mit Geld zu tun. In Matthäus 6, Vers 24 heißt es: „Niemand kann zwei Herren gleichzeitig dienen. Wer dem einen richtig dienen will, wird sich um die Wünsche des anderen nicht kümmern können. Er wird sich für den einen einsetzen und den anderen vernachlässigen. Auch ihr könnt nicht gleichzeitig für Gott und das Geld leben." Immer wieder wird uns das Geld als Gottes schlimmster Konkurrent vor Augen geführt. Wie diesem Mann aus Lukas 12 kann es auch uns leicht passieren, dass wir Geld und Besitz zum Lebensinhalt machen.

Das Gleichnis von Frank

Frank Simmons hatte sich vorgenommen, alles zu tun, um Erfolg zu haben. Er stammte aus keiner besonders wohlhabenden Familie, doch das wollte er ändern. Bereits auf der Highschool dachte er im Hinblick auf seinen zukünftigen Beruf darüber nach, welcher am meisten Geld einbringen würde. Er überlegte, Arzt zu werden, aber nicht, weil es ihm ein Anliegen war, Menschen zu helfen, sondern weil er wusste, dass die Kasse stimmen würde. Doch schließlich entschied er sich für eine Laufbahn als Börsenmakler. In seinem letzten Collegejahr heiratete er und gründete eine Familie. Vierzehn Stunden am Tag arbeitete er, und das oft auch sonntags. Wenn er nach Hause kam, war er in Gedanken noch bei seinen Aktien und Investitionen. Als er dann seine eigene

Firma gründete, wurde sein Beruf zum alles beherrschenden Lebensinhalt. Er hatte ein einzigartiges Gespür für das, was an der Börse als Nächstes passieren würde, und schien im Voraus zu wissen, welche Aktie fallen würde. Immer wieder fragte ihn seine Frau, ob sie nicht einmal ausgehen könnten, nur sie beide. Sie versuchte, ihn daran zu erinnern, wie schnell die Kinder groß wurden; es gab Schul- und Sportveranstaltungen, an denen es teilzunehmen galt. Meistens sagte er dann so etwas wie: „Ja, ich muss nur noch ein paar Sachen erledigen, nächste Woche passt es wahrscheinlich." Doch es gab immer noch etwas zu erledigen und irgendwann hörten Frau und Kinder auf zu fragen. Sie wussten, woran sie waren. Hin und wieder kam Frank mit in den Gottesdienst, um mit seinen Klienten zu sprechen, doch meistens ging seine Familie allein.

Mit vierzig konnte sich Frank als Selfmade-Millionär bezeichnen. Als immer mehr Menschen Internetanschluss hatten, begriff Frank, dass er viel Geld scheffeln könnte, wenn er die Möglichkeit anbot, auch online zu investieren. Zwanzigmal am Tag kontrollierte er den Stand seiner Aktien und sah zu, wie sein Vermögen wuchs. An einem Wochenende flog er mit seiner Frau nach Naples in Florida und zeigte ihr das Grundstück am Strand, das er kaufen wollte, um darauf seine Traumvilla zu errichten. Dann ließ er die Bombe platzen: „Nächstes Jahr um diese Zeit gehe ich an die Börse. Dann haben wir für unser ganzes Leben ausgesorgt. Wir werden alles haben, was wir uns nur wünschen. Danach können wir das Leben leicht nehmen, essen, trinken und fröhlich sein. Wir werden mehr als genug haben." Sie sprach es nicht laut aus, dachte aber bei sich: *Frank kann niemals genug haben.*

Einige Tage später brachte Frank den Grundstückskauf zum Abschluss. Spät abends war er mit seinem Mercedes auf dem Nachhauseweg, als er eine Kurve ein wenig zu schnell nahm. Als man ihn fand, war er schon seit Stunden tot. In

Finanzkreisen machte sein Tod Schlagzeilen. Sogar im *Wall Street Journal* wurde er erwähnt; man erzählte seine Erfolgsgeschichte und gebrauchte Begriffe wie „Visionär" oder „Trendsetter", um ihn zu beschreiben.

Er hatte den amerikanischen Traum verkörpert. Doch während man ihn auf der Erde als Erfolgsmenschen im Gedächtnis behielt, stand er nun vor seinem Schöpfer, um Rechenschaft über sein Leben abzulegen. Und dort stellte sich heraus, dass Gott trotz seiner unternehmerischen Leistungen und seines großartigen Portfolios nicht von ihm beeindruckt war. Ihn beeindruckte weder das Auto, das Frank fuhr, noch sein Ferienhaus, noch die Firma, die er aufgebaut hatte.

John Tillotson bringt dies folgendermaßen auf den Punkt: „Wer für sein Leben vorsorgt, die Ewigkeit dabei jedoch nicht im Blick hat, ist einen Augenblick lang weise, doch für immer ein Narr."

So könnte das Gleichnis aussehen, wenn Jesus es heute erzählen würde. In Lukas 2, Verse 16 bis 19 lesen wir die Originalfassung: „Ein reicher Gutsbesitzer hatte eine besonders gute Ernte. Er überlegte: ‚Wo soll ich bloß alles unterbringen? Meine Scheunen sind voll; da geht nichts mehr rein.'" Dieser Mann ist also schon reich und besitzt mehr, als er braucht. Dann fällt die diesjährige Ernte besser aus als erwartet. Was soll der arme Kerl also tun? Er lässt sich die verschiedenen Möglichkeiten durch den Kopf gehen und fasst dann den Entschluss: „Ich werde die alten Scheunen abreißen und neue bauen, so groß, dass ich das gesamte Getreide, ja, alles, was ich habe, darin unterbringen kann. Danach setze ich mich zur Ruhe. Ich habe für lange Zeit ausgesorgt. Jetzt lasse ich es mir gut gehen. Ich will gut essen und trinken und mein Leben genießen!"

Meins!

In dieser Geschichte geht es um einen Mann, der den Götzen des Geldes anbetet. Wenn man genau hinschaut, sieht man, dass er in zwei Versen neunmal von sich redet. Er spricht von *meiner* Ernte, *meinen* Scheunen, *meinem* Getreide. Wer hat ihm denn die gute Ernte beschert? Wer hat ihm die Begabung geschenkt, Geschäfte zu machen und reich zu werden? Offenbar kommt ihm überhaupt nicht der Gedanke, dass er das alles nur deshalb hat, weil Gott es ihm gab. Diese Auffassung muss man einem Menschen nicht erst groß beibringen. Ein Zweijähriger besitzt ein ziemlich begrenztes Vokabular, doch das Wort „meins" kennt er mit Sicherheit. Viele Male am Tag greift sich ein Kind irgendetwas und sagt: „Meins." Wenn man einen Haufen Zweijähriger in ein Zimmer mit lauter Spielsachen setzt, erinnern die Geräusche, die aus dem Raum dringen, bald verdächtig an die „Meins" rufenden Möwen in „Findet Nemo". Meins. Meins. Meins. Meins. Sie sind vollauf damit beschäftigt, ihren Eigentumsanspruch anzumelden. Ein kleines Mädchen mag wie ein Engel aussehen, seiner Puppe das Haar bürsten und „Alle meine Entchen" dazu singen. Doch wenn ein anderes Mädchen dazukommt und seine Puppe haben will, wird es einen Wutanfall bekommen, der verdächtig an „Der Exorzist" erinnert. Wenn wir Geld als etwas betrachten, das uns gehört, werden wir irgendwann merken, dass das nicht funktioniert. Wenn wir Geld den richtigen Platz in unserem Leben anweisen wollen, müssten wir uns daran erinnern, dass eigentlich alles Gott gehört. Was immer wir haben, ist ein Darlehen, das Gott uns gegeben hat. In Prediger 5, Vers 15 erinnert uns Salomo: „Es ist zum Verzweifeln! Wie er kam, muss er wieder gehen. Was hat er also von seiner harten Arbeit – es ist ja doch alles umsonst!" In Psalm 24, Vers 1 heißt es schlicht: „Dem Herrn gehört die ganze Welt und alles, was auf ihr lebt." Wenn wir das im Hinterkopf behalten, werden wir verstehen, dass wir von ihm abhängig sind, und wir werden ihn anbeten, denn er ist unser Versorger.

Stellen Sie sich einmal vor, Sie hätten schon mehrere Jahre keinen Urlaub gemacht. Sie sind knapp bei Kasse, und dieses Jahr sieht es auch wieder so aus, als müssten Sie Ihren Urlaub auf Balkonien verbringen. Doch eines Tages bekommen Sie eine E-Mail von Ihrem Onkel, der zufällig ein Haus am Strand besitzt. Er lädt Sie dorthin ein und übergibt Ihnen den Schlüssel: Eine ganze Woche lang gehört das Haus Ihnen. Stellen wir uns nun vor, Sie betreten das Haus und wollen das Licht einschalten, doch die Birne ist durchgebrannt. Dann gehen Sie in die Küche und stellen fest, dass keine Getränke im Kühlschrank sind. Das Kissen auf Ihrem Bett ist auch nicht mehr frühlingsfrisch. Und zum Strand muss man weiter laufen, als es auf dem Foto den Anschein hatte. Also setzen Sie sich hin, schreiben Ihrem Onkel sofort eine E-Mail mit einer Mängelliste und fordern ihn auf, Ihnen gleich mitzuteilen, wie er alles wieder in Ordnung zu bringen gedenkt.

Im wirklichen Leben würden Sie natürlich niemals so reagieren. Sie sind Ihrem Onkel dankbar, dass er Ihnen eine Woche im Strandhaus ermöglicht hat.

2009 führte ich ein aufschlussreiches Gespräch mit meinem Vater, der damals einundsechzig war. Die meisten Leute in diesem Alter stehen kurz vor der Rente, obwohl ich glaube, dass mein Vater noch niemals daran gedacht hat. Er hat niemals besonders viel verdient, aber immer eisern gespart. Wir sprachen über sein Rentenkonto, und ich erkundigte mich, wie sehr ihn die Wirtschaftskrise getroffen hatte. Er entgegnete, dass er im Vergleich zum Vorjahr 40 Prozent weniger habe. Damit steht er nicht allein, und ich bin sicher, viele von Ihnen wissen, was das bedeutet. Ich hakte nach: „Mom und du, wie geht es euch damit, dass ihr so viel Geld verloren habt?" Er lächelte mich an und sagte: „Na ja, es war ja eigentlich niemals mein Geld." Und dann zitierte er einen Vers aus dem

Philipperbrief: „Aus seinem Reichtum wird euch Gott, dem ich gehöre, durch Jesus Christus alles geben, was ihr zum Leben braucht" (4,19).

Gott stellt uns seine Ressourcen für eine kurze Zeit hier auf der Erde zur Verfügung, und es gibt so viel, wofür wir dankbar sein müssen. Gehen Sie einmal in Gedanken Ihren Alltag durch und führen Sie sich vor Augen, dass alles Gott gehört: Sie stehen aus Gottes Bett auf, gehen in Gottes Badezimmer, drehen Gottes Dusche auf und ziehen Gottes Kleidung an. Sie essen Gottes Cornflakes* und trinken Gottes Kaffee. Dann steigen Sie in Gottes Auto und fahren zur Arbeit. Wenn wir alles, was uns zur Verfügung steht, als Gottes Eigentum betrachten, hilft uns das, eine dankbare Einstellung zu entwickeln, die uns wiederum in die Anbetung führt.

Göttliche Eigenschaften des Geldes

Dass Geld so oft in Konkurrenz zu Gott tritt, liegt daran, dass wir ihm gern göttliche Eigenschaften zuschreiben. Wir erwarten vom Geld, dass es für uns die Dinge tut, die Gott für uns tun will. Auch dem Mann in der Geschichte, die Jesus erzählt, geht es so.

Zunächst einmal sucht er im Geld *Sicherheit*. Er sagt sich, dass er für viele Jahre ausgesorgt hat. Wenn wir nur genug sparen und zusammentragen können, so glauben wir, müssten wir uns keine Sorgen mehr machen. Vielleicht haben Sie Angst, dass die Wirtschaft zusammenbricht, dass Sie ernsthaft erkranken, dass es einen Terrorangriff gibt oder Sie Ihre Arbeitsstelle verlieren. Wenn wir vom Geld Sicherheit erwarten, wird es zu unserem Götzen, weil wir unsere Hoffnung darin setzen und uns davon abhängig machen. Gebet wird zu

---

*   Natürlich nur die echten „Frosties".

einem netten, aber im Grunde überflüssigen Extra, weil wir genug Geld zur Verfügung haben, um unsere Bedürfnisse zu befriedigen.

Vielleicht sollten wir einmal das Gebet aus Sprüche 30, Verse 8 und 9 nachbeten, in dem es heißt: „Lass mich weder arm noch reich sein! Gib mir nur so viel, wie ich zum Leben brauche! Denn wenn ich zu viel besitze, bestreite ich vielleicht, dass ich dich brauche, und frage: ‚Wer ist denn schon der Herr?‘"

Die Götzen der Macht sind für uns so anziehend, weil wir von einer Grundannahme ausgehen: Wir können für uns selbst sorgen. Der Herr ist ja ganz nett, aber eigentlich brauchen wir ihn nicht. Wir müssen nicht für unser tägliches Brot beten, weil der Kühlschrank eh schon gut gefüllt ist. Die Götzen des Erfolgs sprechen unseren Wunsch nach Selbstständigkeit und Autarkie an.

Vor einiger Zeit erzählten uns gute Freunde von ihrem ersten Ehejahr. Die Frau verdiente deutlich mehr als ihr Mann und definierte sich über ihr Vermögen. Für sie war es wichtiger als ihr Mann, und deshalb begann ihre Ehe, langsam zu zerbrechen. Eines Tages kaufte sie für 180 000 Dollar 2000 Aktien eines Unternehmens, das gerade an die Börse gegangen war. Dafür musste sie ihr gesamtes Vermögen und noch ein bisschen mehr hinblättern. Die Aktie verlor jedoch rasend schnell an Wert und am Abend besaß sie keinen Cent mehr. Ihre Familie musste sich sogar verschulden, um für den Verlust aufzukommen. Sie war am Boden zerstört. Als sie ihren Mann anrief, meinte der: „Es ist doch nur Geld. Wir haben immer noch uns." Gott begann, sie zu lehren, worauf es wirklich ankam. Sie begriff, dass sie sich auf sich selbst und ihren Erfolg verlassen hatte. Sie betrachtete sich als die Versorgerin, statt sich von Gott versorgen zu lassen. Heute ist sie fest davon überzeugt, dass der Tag, an dem sie 180 000 Dollar verlor, zu den besten Tagen ihres Lebens gehört. Wäre das nämlich nicht passiert, hätte sie nie gemerkt, wie sehr ihr Mann sie liebte, und wahrscheinlich hätten die beiden sich scheiden lassen. Statt eine liebevolle Mutter zu werden, hätte sie weiterhin ihren Wert an ihrem Gehalt festgemacht. Vor allem hätte sie nicht begriffen, dass sie voll und ganz von Gott abhängig ist, und hätte sich auch nie wirklich Gott anvertraut.

Auch wenn es hart klingt: Falls Geld und Erfolg Ihre Götzen sind, wünsche ich Ihnen, dass sie Ihnen weggenommen werden und Sie nicht Ihr Leben lang vor ihnen niederknien und am Schluss merken, dass Ihnen das Eigentliche und Wichtigste entgangen ist.

Zweitens betrachtet der Mann in der von Jesus erzählten Geschichte Geld als Quelle der *Zufriedenheit*. Er denkt sich: *Wenn ich nur noch ein bisschen mehr zusammentragen kann, werde ich mich endlich zurücklehnen. Ich kann essen, trinken und fröhlich sein.* Schon vor der überreichen Ernte ist dieser Mann reich gewesen, doch er glaubt, wenn er nur noch ein wenig mehr habe, dann könne er wirklich zufrieden sein. Doch man fragt sich, ob das wirklich so stimmt, ob nicht die neuen Scheunen auch wieder zu klein sein werden und sein Lebensglück davon abhängt, noch größere Scheunen zu bauen.

Als meine Frau und ich noch jung und frisch verheiratet waren, lebten wir in einem winzigen Haus, das 25 000 Dollar gekostet hatte. Die Höhe der monatlichen Abzahlung hat sich in mein Gedächtnis eingebrannt, wie so oft, wenn man nicht viel Geld zur Verfügung hat: 213 Dollar.

Mehr als diese 65 Quadratmeter konnten wir uns nicht leisten, doch wir versuchten, das Ganze positiv zu sehen. Zum Beispiel reichte fürs Staubsaugen eine einzige Steckdose, denn wir kamen mit dem Kabel des Geräts auch in den letzten Winkel, ohne den Stecker umstecken zu müssen. Und wir mussten keine Treppen steigen oder uns in den „Westflügel" bemühen. Es war klein, aber gemütlich.

Eine Zentralheizung hatten wir nicht, sondern einen großen Heizofen im Fußboden, der fast die gesamte Flurbreite einnahm. Seitlich konnte man nicht daran vorbeigehen, und er war auch zu lang, um ihn mit einem großen Schritt zu überwinden. Wenn man sich also nicht die Füße verbrennen wollte, musste man Anlauf nehmen und darüberspringen. Zum Glück hatte ich eine Frau geheiratet, die während ihrer Schulzeit Hürdenläuferin gewesen war. Damals hatte ich noch keine Ahnung gehabt, dass sich das einmal als nützlich erweisen würde. Ich kann mich noch erinnern, wie ich morgens im Bett lag und hörte, wie sie vier Schritte Anlauf nahm, um darüberzuspringen.

Die Fenster waren nicht doppelt verglast und deshalb hatten wir *innen* Eisblumen. Es war meine Aufgabe, den Eiskratzer aus dem Auto zu holen und die Scheiben innen vom Eis zu befreien. Die Wände waren dünn wie Papier, und wenn dem Hund nebenan der Magen knurrte, hörten wir das in Hi-Fi-Qualität. Und ich bin ziemlich sicher, dass unser Badezimmer aus einem kleinen Flugzeug ausgebaut worden war.

Wir waren damals noch Studenten. Dreimal pro Wochen aßen wir Nudeln. Wenn wir ausgingen, teilten wir uns eine Vorspeise und tranken dazu Leitungswasser, das bei uns in den USA immer kostenlos gereicht wird. Hauptsache, die Rechnung betrug weniger als sechs Dollar. O ja, die Kellner liebten uns.

Neulich hingen meine Frau und ich unseren Erinnerungen nach und versuchten uns gegenseitig mit Geschichten voller Entbehrungen zu überbieten. Wir mussten lachen, doch dann breitete sich Stille aus, und sie fragte mich: „Bist du heute glücklicher als damals?"

Darüber musste ich nicht einmal nachdenken. „Nein", erwiderte ich.

Unsere Geschichte ist keineswegs einzigartig. Wenn Sie schon eine Weile auf der Welt sind, haben Sie vermutlich etwas Ähnliches zu erzählen. Doch obwohl wir aus Erfahrung wissen, dass Geld uns keine Zufriedenheit schenkt, jagen wir ihm andauernd nach. Vom Verstand her weiß ich genau, dass ein einfacher Lebensstil unterbewertet wird und Wohlstand unerwartete Komplikationen mit sich bringt, doch irgendetwas in meinem Herzen schreit nach immer mehr.

Eine Studie aus dem Jahr 2006 kam zu dem Ergebnis, dass jemand, der pro Jahr 20 000 Dollar verdient, glücklicher ist als jemand, der unter der Armutsgrenze lebt. Schließlich muss er sich keine Gedanken darüber machen, wo die nächste Mahlzeit herkommt oder ob er morgen noch ein Dach über dem Kopf hat. Mehr Geld aber macht einen Menschen nicht glücklicher. Überraschenderweise ist jemand, der 100 000 Dollar im Jahr verdient, nicht glücklicher als der Angestellte mit 20 000 Dollar. Ein beträchtlicher Unterschied, was das Gehalt angeht, doch nur ein minimaler Unterschied im Hinblick auf das Lebensglück. Je reicher jemand ist – und das wurde tatsächlich nachgewiesen –, desto weniger beschäftigt er sich mit Dingen, die ihm Freude bereiten. Die Verfasser der Studie schlossen daraus: „Der Glaube, ein hohes Einkommen hebe die Laune, ist zwar verbreitet, entstammt aber trotzdem größtenteils dem Reich der Fantasie."[20]

In Prediger 5, Vers 9 heißt es: „Wer geldgierig ist, bekommt nie genug, und wer den Luxus liebt, hat immer zu wenig – auch das ist völlig sinnlos!" Je mehr Geld man hat, desto mehr gibt man auch aus, und zwar so viel, wie das Einkommen hergibt.

Die meisten von uns wünschen sich mehr Geld oder Besitz. Und wir glauben, dass der Appetit gestillt wird, wenn wir nur ein wenig mehr haben, wenn wir nur die Gehaltserhöhung bekommen oder das neue Auto kaufen. Doch so funktioniert das nicht. Je mehr man isst, desto hungriger wird man.

Der letzte Punkt: Der Mann in der Geschichte, die Jesus erzählt, betrachtet Geld als Mittel zur *Selbstfindung*. Er hat nur sich selbst und seinen Besitz im Blick. Diese sind augenscheinlich das Einzige, worüber er sich definiert. Häufig machen wir es genauso: Wir beurteilen uns und unseren Wert nach unserem Bankkonto. Wenn wir uns aber die Frage stellen, wie viel ein Mensch wert ist, dann ist doch klar, dass wir uns nicht nur nach seiner finanziellen Situation erkundigen.

WAS EIN LÄCHELN KOSTET

Psychologen haben untersucht, was einen Menschen glücklich macht. Viele Studien deuten nicht nur darauf hin, dass man sich Glück nicht mit Geld erkaufen kann, sondern offenbar ist sogar das Gegenteil der Fall.

„Materialismus ist Gift für das Lebensglück", meinte Ed Diener, Psychologe an der Universität von Illinois. Seine Forschungsarbeiten zeigen, dass Menschen, die sich weniger Gedanken darüber machen, Besitz anzuhäufen, mit größerer Wahrscheinlichkeit zufrieden sind.

Christopher Peterson, Psychologe an der Universität von Michigan, weist darauf hin, dass Vergebungsbereitschaft der Faktor ist, der das Lebensglück am stärksten beeinflusst. „Sie ist die Königin der Tugenden und vielleicht diejenige, die am schwersten zu meistern ist."[*]

[*] Marilyn Elias: „Psychologists Now Know What Makes People Happy", in: *USA Today*, 10. Dezember 2002, www.usatoday.com/news/health/2002–12–08-happy-main_x.htm

In seiner Autobiografie *So wie ich bin* erzählt Billy Graham eine Geschichte über einen der reichsten Männer der Welt:

Es ist schon einige Jahre her, da erlebten Ruth und ich ein anschauliches Beispiel dafür auf einer Insel in der Karibik. Einer der reichsten Männer der Welt lud uns in sein luxuriöses Haus zum Mittagessen ein. Ihm schien es an nichts zu fehlen – und doch war der Fünfundsiebzigjährige den Tränen nahe.

„Ich bin der unglücklichste Mann der Welt", sagte er. „Da draußen ist meine Jacht. Ich kann reisen, wohin ich will. Ich habe meinen privaten Jet und meine Hubschrauber. Ich habe alles, was ich mir wünschen könnte, um glücklich zu sein. Und doch bin ich zutiefst unglücklich."

Wir sprachen mit ihm, beteten mit ihm und versuchten, ihn auf Christus hinzuweisen, der allein dem Leben einen bleibenden Sinn geben kann. Dann gingen wir den Hang hinab zu dem kleinen Ferienhäuschen, in dem wir wohnten.

An diesem Nachmittag besuchte uns der Pastor der örtlichen Gemeinde. Er war Engländer, verwitwet und ebenfalls fünfundsiebzig Jahre alt. Den größten Teil seiner Freizeit verbrachte er damit, seine beiden behinderten Schwestern zu versorgen.

„Ich besitze keine zwei Pfund", sagte er lächelnd, „aber ich bin der glücklichste Mann auf dieser Insel." Man spürte ihm seine Begeisterung und Liebe zu Christus und seinen Mitmenschen ab.

„Wer, glaubst du, ist der Reichere?", fragte ich Ruth, nachdem er gegangen war.[21]

Sie lächelte, erzählt Graham weiter. Es war eine rhetorische Frage, denn die Antwort lag auf der Hand.

Der Gott des Geldes will uns weismachen, dass wir erst dann wertvoll sind, wenn wir etwas aus uns machen. Doch unsere wahre Identität finden wir bei Christus. Wir gehören zu ihm, und das allein macht uns wertvoll. Nirgendwo sonst finden wir unseren Wert. Als er am Kreuz für uns starb, hat er für immer unseren Wert definiert. Doch wenn wir den Götzen des Geldes anbeten, wird der Wert eines Menschen nicht länger durch das Symbol des Kreuzes bestimmt, sondern durch das Dollarzeichen.

Der Mann aus dem 12. Kapitel des Lukasevangeliums vertraute auf Geld und Besitz. Er hatte geplant, sich vorzeitig aus dem Berufsleben zurückzuziehen und dann zu essen, zu trinken und fröhlich zu sein. Doch es kam anders. In Lukas 12, Vers 20 wird berichtet, wie die Geschichte ausgeht: „Aber Gott sagte zu ihm: ‚Du Narr! Noch in dieser Nacht wirst du sterben. Wer bekommt dann deinen ganzen Reichtum, den du angehäuft hast?‘" Der Mann starb, und sein gesamter Reichtum hatte nur noch einen Nutzen: Man konnte davon eine schöne Beerdigung bezahlen.

Könnte es sein, dass auch Sie dem Geld so manche göttliche Eigenschaft zuschreiben? Erwarten Sie vom Geld, dass es für Sie etwas tut, das eigentlich Gott tun möchte? Auf jeder Dollarnote kann man den Satz lesen: *In God we trust* – Wir vertrauen auf Gott. In Anbetracht der Tatsache, dass so viele von uns ihr Vertrauen aufs Geld setzen und es zum Götzen machen, liegt darin eine gewisse Ironie. Es wäre wahrscheinlich angebrachter, diesen Satz als Frage zu formulieren: Vertrauen wir auf Gott?

Die Antwort darauf können wir an der Art und Weise ablesen, wie wir mit Geld umgehen. In der Bergpredigt drückt Jesus das folgendermaßen aus: „Wo nämlich eure Schätze sind, da wird auch euer Herz sein" (Matthäus 6,21). Welchen Platz wir dem Geld einräumen, zeigt, wem wir wirklich vertrauen.

GÖTZEN-CHECK

Wie oft vergleichen Sie Ihr Einkommen und Ihren Besitz mit dem, was andere haben?
Unsere Gesellschaft vermittelt uns in gewisser Weise, dass wir uns anhand unseres Gehaltsschecks miteinander messen sollten. Je mehr wir verdienen, desto wichtiger sind wir. Darum gehen wir leicht der Lüge auf den Leim, dass wir das sind, was wir verdienen. Und ganz egal, ob wir wirklich mehr Geld brauchen oder nicht: Wir jagen ihm nach, weil wir darin Selbstbestätigung finden.

Sind Sie mit Ihrem Gehalt zufrieden? Es gibt eine Fülle von vernünftigen Gründen, auf ein besseres Gehalt hinzuarbeiten, doch wie sehen Ihre Gründe aus? Schielen Sie auf das Gehalt Ihrer Kollegen oder Wettbewerber?

Ärgern Sie sich darüber, wenn Sie das Gefühl haben, dass Sie eigentlich mehr wert sind als das, was Sie verdienen?

Wenn ja, weist das unter Umständen darauf hin, dass Geld in Ihrem Leben allmählich zu einem Götzen wird.

Machen Sie sich Sorgen um Ihre finanzielle Lage?
Die letzten Jahre waren von der weltweiten Wirtschaftskrise geprägt. Viele von uns mussten sich Sorgen um ihre finanzielle Lage machen, weil sie ihre Arbeitsstelle verloren haben oder weil trotz eines Gehaltes am Ende des Gelds noch so viel Monat übrig ist.

Wenn Sie eine Liste der Dinge aufstellen, die Ihnen am meisten Sorgen bereiten: An welcher Position steht dann Geld? Und wo steht es verglichen mit Gesundheit, Beziehungen und beruflicher Leistung?

Vielleicht macht Ihnen Ihre finanzielle Situation im Augenblick zu schaffen. Bringen Sie dieses Problem im Gebet vor Gott, den Herrn? Der Apostel Paulus sagte einmal, dass wir in jeder Lebenssituation mit Dank vor Gott treten sollten. Er hatte, so schreibt er, das Geheimnis entdeckt, wie er in jeder erdenklichen Situation zufrieden sein konnte, ob er nun genug zu essen hatte oder hungrig war. Können Sie auch trotz Ihrer finanziellen Schieflage zufrieden und dankbar sein?

Inwieweit lassen Sie sich, was Ihre Träume und Ziele angeht, vom Geld leiten?
In diesem Buch haben wir über persönliche Träume nachgedacht, weil sie uns sehr viel darüber verraten, wer wir sind und wie wir ticken. Was ist Ihr größter Traum? Was geht Ihnen als Erstes durch den Kopf, wenn jemand Sie fragt: „Wenn du einen Wunsch frei hättest …?"

Haben Ihre Träume mit Wohlstand und Luxus zu tun? Damit, im Lotto zu gewinnen? Seien Sie sich selbst gegenüber ehrlich, wenn Sie darüber nachdenken, *warum* Sie sich so große Beträge wünschen. Würde es Ihnen beispielsweise die Freiheit schenken, in der gewonnenen Zeit neue Ziele zu verfolgen? Würde es Ihnen die Möglichkeit eröffnen, mehr zu verschenken oder etwas aufzubauen? Oder würden Sie sich einfach wichtig fühlen, weil Sie reich sind?

Wie halten Sie es mit dem Geben?
Überlegen Sie einmal, wie Sie sich verhalten, wenn man Sie um eine Spende bittet, beispielsweise für

die Gemeinde oder eine christliche Organisation. Vielleicht ruft ein Spendenwerber Sie an, oder eine gemeinnützige Organisation, die Sie unterstützen, wendet sich an Sie. Was empfinden Sie dann? Regen Sie sich auf? Fragen Sie sich, welches der kleinste Betrag ist, den Sie spenden können, ohne dass es peinlich wirkt? Oder freuen Sie sich darüber, dass Sie anderen helfen können?

Welchen Prozentsatz Ihres Einkommens spenden Sie zurzeit? In 5. Mose 14, Vers 23 heißt es: „Bringt jedes Jahr den zehnten Teil eurer Getreide-, Weintrauben- und Olivenernte sowie eure erstgeborenen Kälber, Lämmer und Ziegenböckchen an den Ort, wo der Herr, euer Gott, wohnt. [...] Auf diese Weise werdet ihr lernen, euer Leben lang Ehrfurcht vor dem Herrn zu haben."

Neulich unterhielt ich mich mit einem meiner Freunde, der recht wohlhabend ist. Dass er reich ist, merkt man nur an seiner überbordenden Großzügigkeit. Wir hatten uns vor einiger Zeit darüber unterhalten, dass Geld sehr leicht zum Götzen werden kann, und ich fragte ihn, wie er es schaffe, den Götzen des Geldes vom Thron seines Herzens fernzuhalten. Und er entgegnete: „Wenn ich Geld weggebe, bricht das seine Macht. Das ist so, als würde ich zum Geld sagen: ‚Ich mache mir überhaupt nichts aus dir. Du bist für mich so unwichtig, dass ich dich einfach weitergeben kann.'" Wenn man mit dieser Haltung spendet, so erklärte er mir, wird das Götzenbild zertrümmert, weil das Geld es nicht ertragen kann, so mit Missachtung gestraft zu werden.

Wenn Sie herausfinden wollen, wie wichtig Ihnen Geld wirklich ist, dann fangen Sie an, es wegzugeben.

ENTSCHEIDUNG FÜR JESUS
JESUS MEIN VERSORGER

Götzen besiegt man nicht, indem man sie entfernt,
sondern indem man sie durch etwas anderes ersetzt.

Der Gott des Geldes war nahezu unwiderstehlich. Er malte uns Bilder von schnittigen Autos, Eigenheimen und all den guten Dingen, die er uns kaufen wollte. Ja, wir hatten schon tausendmal gehört, dass man sich Glück nicht kaufen kann. Das wussten wir. Und wir hatten erlebt, was Geld Menschen antun kann.

Aber wir waren ja ganz anders. Wir würden wissen, wie wir Geld gebrauchen könnten, ohne dass es uns gebrauchte. Wir wollten uns das Glück nicht erkaufen, sondern uns nur ein wenig Vergnügen mieten. Aber an irgendeinem Punkt ging alles schief. Irgendwie wurde der Gott des Geldes zum Sklaventreiber.

Er hielt uns auf Trab. Wir mussten rennen, ihm nachfolgen, aufpassen, dass er uns nicht weglief. Wir folgten der mit Geldscheinen gepflasterten Straße, bis wir uns nach Ruhe sehnten. Wir setzten unsere Hoffnung auf das, was wir am Ende des Regenbogens finden würden. Geld, so glaubten wir, würde uns Sicherheit bieten, Bedeutung verleihen und in gewissem Maß Zufriedenheit schenken. Doch es war eigenartig: Sogar wenn wir Geld hatten, fühlten wir uns irgendwie abgebrannt und innerlich leer.

Dann entschieden wir uns für Jesus und entdeckten, dass er uns wirklich versorgt. Er gibt uns alles, was wir brauchen. Er schenkt uns Sicherheit, weil er immer bei uns ist und uns niemals im Stich lässt. Er schenkt uns Bedeutung, weil er uns bedingungslos liebt. Er schenkt uns Zufriedenheit, denn wir wurden für ein Leben mit ihm geschaffen. Wir entdeckten, dass Gott all unsere Bedürfnisse stillt und uns durch Jesus Christus am Reichtum seiner Herrlichkeit teilhaben lässt.

KAPITEL 10
DER GOTT DER LEISTUNG

Chuck Colson wurde in eine Welt hineingeboren, die von Angst und Sorgen regiert wurde, in ein Land, das unter der Weltwirtschaftskrise ächzte. Sein Vater lehrte ihn, wie wichtig es war, hart zu arbeiten, und wie wertvoll ein Dollar war, den man sich ehrlich verdient hatte. Zu seinen frühesten Kindheitserinnerungen zählen das Bild einer Menschenschlange, die um Brot ansteht, und das Wissen, dass einige von ihnen wieder hungrig nach Hause gehen müssen. Doch sein Vater zeigte ihm, wie man überleben konnte. Tagsüber arbeitete er hart, und abends besuchte er Jurakurse an der Universität. Nur am Sonntagnachmittag hatte er frei. Dann setzte er sich mit seinem Sohn auf die Veranda hinter dem Haus und brachte ihm Folgendes bei:

- „Sag immer die Wahrheit."
- „Gib immer deine ganze Arbeitskraft für den Gegenwert deines Tageslohns."
- „Nimm jede Arbeit an, egal, wie niedrig sie ist, und erledige sie gut."
- „Arbeite hart und du wirst im Leben vorankommen. Wir leben im Land der unbegrenzten Möglichkeiten."

Das war schlicht und ergreifend die gute alte protestantische Arbeitsethik. Eine ganze Generation von Amerikanern glaubte daran, lebte danach und bewies, dass sie funktionierte. Chuck war ein Bilderbuchbeispiel dafür. Er wusste, sein Leben würde von harter Arbeit geprägt sein. Er wollte im Leben weiterkommen, bis Hungertod, Armut und Scham nicht einmal mehr eine blasse Erinnerung waren. Er würde eine Anstellung finden und alles tun, um etwas zu erreichen.

Keiner von Chucks Angehörigen hatte jemals ein College besucht. Er war der Erste und bekam sogar ein Stipendium für eine der Eliteuniversitäten. Überall brachte er herausragende Leistungen, doch seine Leidenschaft gehörte der Politik. Chuck hatte Ideale. Die ersten Sätze der Unabhängigkeitserklärung bewegten ihn sehr – die Vorstellung, dass es Soldaten und Matrosen gab, die bereit waren, für die Freiheit ihr Leben zu lassen.

Das also war sein nächster Schritt. Er schloss sein Jurastudium mit Auszeichnung ab und ging zu den US-Marines. Das Militär begeisterte ihn – Entschlossenheit und hervorragende Leistungen waren hier gefragt, wieder einmal die klassische protestantische Arbeitsethik. Drückeberger gab es hier nicht. Er war mit Übereifer bei der Sache und arbeitete sich an die Spitze hoch. Mit weniger gab er sich nicht zufrieden.

Bei einem Manöver musste er fünfzig Männer bei einem augenscheinlich unmöglichen Auftrag anführen: Sie sollten einen Steilhang einnehmen. Er schaffte es durch schiere Willenskraft. Oben angekommen, sagte er sich: „Ich bin ein Marine. Ich kann alles schaffen." Und aus Erfahrung wusste er, dass das auch stimmte. Er wurde zum Captain befördert und bekam eine gute Stelle im Marineministerium.

Mit 29 Jahren leitete er den Wahlkampf eines republikanischen Kandidaten, der haushoch gewann und in den Senat einzog. Um seinem Kandidaten den Sieg zu verschaffen, krempelte er die Ärmel hoch und ließ sich auf manches ein, wozu andere nicht bereit gewesen wären. Ethisch war nicht alles einwandfrei, und er wandte auch ein paar schmutzige Tricks an, aber letzten Endes zählte doch nur das Ergebnis, oder? Und eines lernte er dabei: dass es in der Politik darum geht, was man alles in Kauf zu nehmen bereit ist, wenn man gewinnen will – was auch immer nötig sein mag, um Erfolg zu haben.

Dann wollte er es noch einmal als Jurist versuchen und

gründete mit seinem Partner eine Kanzlei. Sie verdienten gutes Geld. Trotzdem wollte er im Grunde seines Herzens weiterhin in die Politik. Immer wieder kam ihm Washington in den Sinn, der Mittelpunkt der Macht. Dort wollte er arbeiten und sich mit den Besten messen. Noch nie war er an seine Grenzen gestoßen. Chuck glaubte an die menschliche Willenskraft und an harte Arbeit. Wenn man nur oft genug mit dem Hammer gegen eine Mauer schlug, würde sie schließlich in sich zusammenfallen.

1969, als er 37 Jahre alt war, kam er endlich als einer von unzähligen Assistenten des Präsidenten der Vereinigten Staaten ins Weiße Haus. Er war noch nicht einmal im besten Alter und beriet schon den mächtigsten Mann der westlichen Welt. Gewiss, zuerst war er nur ein Gesicht in der Menge, doch schon bald verlangte der Präsident ausdrücklich nach ihm. Aus dem Oval Office war er irgendwann nicht mehr wegzudenken. Auch hier war er an die Spitze vorgerückt. Er hatte hart gearbeitet und Opfer gebracht. Das zahlte sich jetzt aus.

Chuck Colson hatte nicht nur etwas erreicht, sondern lieferte nach den Standards der meisten Menschen überdurchschnittlich gute Arbeit ab. Es gab nichts, was er nicht fertiggebracht hätte. Und nun, als rechte Hand von Richard Nixon, fragte er sich, ob es etwas gäbe, das er aus Gewissensgründen nicht tun würde.

Leistungsabzeichen

Irgendwie will jeder von uns etwas leisten und schaffen. Hier im Westen liegt uns das einfach in den Genen. Die ersten Siedler in Nordamerika waren Christen, die glaubten, dass Gott harte Arbeit und bedingungslosen Einsatz belohnt. Die Vereinigten Staaten von Amerika sind ein großangelegtes

Experiment der Freiheit: Jeder Mensch kommt so weit, wie ihn seine Arbeit trägt, und kann dabei Wohlstand erwerben.

Das Problem liegt allerdings darin, dass wir Gefahr laufen, einen König gegen den anderen auszutauschen. Wenn Sie bis hierhin gelesen haben, sind wir uns hoffentlich einig, dass es zum Menschsein dazugehört, vor irgendetwas oder irgendjemandem die Knie zu beugen. In unserer Kultur ist die persönliche Leistung ein mächtiger und für viele attraktiver Götze.

Denken Sie einmal über Ihre Kindheitserlebnisse nach. Vielleicht sind Sie vom Wölfling zum Pfadfinder aufgestiegen. Die Pfadfinder sind im Übrigen eine wunderbare Organisation, in der jede Menge positiver Werte vermittelt werden – vor allem aber die Bedeutung von Leistung. Man meistert eine Aufgabe und bekommt dafür ein Abzeichen. Vielleicht sind Sie selbst Pfadfinder oder etwas Ähnliches gewesen. Erinnern Sie sich noch, wie gut es sich anfühlt, wenn der Gruppenleiter Ihnen ein Abzeichen an die Kluft heftet?

Vielleicht haben Sie im Sport auch viele Leistungsabzeichen und Urkunden erhalten. Sie arbeiteten hart, um jedes Jahr noch mehr Auszeichnungen und Pokale zu gewinnen. Viele Kinder, vor allem die besonders ehrgeizigen, lernen, ihren Wert und ihre Identität an dem festzumachen, was sie erreichen. Sie setzen ihre Hoffnung auf das, was sie eines Tages einmal erreichen könnten.

Und so können die Leistungsabzeichen, die Ehrennadeln, die Pokale im Regal, die Orden, Medaillen, Urkunden, Zeugnisse, Beförderungen und Gehaltserhöhungen zu einem Götzen werden, vor dem wir niederknien. Sie repräsentieren alles, was wir durch unseren Einsatz und unsere Leistung erreicht haben. Ein Götze könnte übrigens auch eine Liste mit Punkten sein, die wir jeden Tag abhaken, eine Küche, die immer makellos sauber ist, oder ein perfekt gemähter Rasen. Natürlich ist an alledem nichts Schlechtes. Ich kann damit sogar

Gott die Ehre geben. Doch wenn sich unser Leben nur noch darum dreht, diese Dinge zu erledigen, stellen wir möglicherweise irgendwann fest, dass da kaum noch Platz für Gott ist. Vielleicht endet das Ganze dann damit, dass der Gottesdienstbesuch ebenfalls nur noch ein Punkt auf unserer To-do-Liste ist, den wir jeden Sonntag abhaken.

Die wichtigste Entscheidung

Als sich die Dinge ereignen, von denen im 10. Kapitel des Lukasevangeliums berichtet wird, hat Jesus nur noch etwa sechs Monate auf der Erde vor sich. Er weiß, dass ihm nicht mehr viel Zeit bleibt, und er weiß auch, was auf ihn zukommen wird. Über den Weg nach Jerusalem und auch über das, was ihn dort erwarten wird, klärt er seine Jünger irgendwann auf. Jesus ist zweifellos jemand, der viel erreicht hat. Er hat einige Jahre öffentlich gepredigt und Wunder vollbracht, und das hat genügt, um unsere Welt auf den Kopf zu stellen. Das allein ist schon beeindruckend. Jesus hat mehr erreicht als jede andere historische Persönlichkeit.

Doch er führt keine Liste mit Zielen, die er jeden Tag erreichen will und dann abhaken kann. Er ist kein Sklave seines Terminkalenders. Er tut einfach das, was sein Vater ihm aufträgt. Regelmäßig nimmt er sich Zeit, um allein zu sein und zu beten. Wenn viel Trubel herrscht, denken die Jünger vielleicht hin und wieder, dass Jesus eigentlich keine Zeit hat, um sich mit Kindern abzugeben, und viel mehr mit erwachsenen Menschen sprechen sollte, doch er teilt ihnen mit: „Lasst die Kinder zu mir kommen."

Obwohl er so viel zu tun und nur wenig Zeit hat, lesen wir im 10. Kapitel des Lukasevangeliums, dass Jesus sich die Zeit nimmt, um Maria und Marta zu besuchen, mit denen er befreundet ist. Sie sind die Schwestern von Lazarus und Jesus hat zu dieser Familie eine ganz besondere Beziehung. Marta, so wird in der Bibel erzählt, lädt Jesus in ihr Haus ein, und dann erleben wir zwei völlig verschiedene Schwestern: Eine rennt hin und her, um es dem hohen Besuch gemütlich zu machen, die andere sitzt still zu Jesu Füßen und hört ihm zu.

> *Marta aber war unentwegt mit der Bewirtung ihrer Gäste beschäftigt. Schließlich kam sie zu Jesus und fragte: „Herr, siehst du nicht, dass meine Schwester mir die ganze Arbeit überlässt? Kannst du ihr nicht sagen, dass sie mir helfen soll?" Doch Jesus antwortete ihr: „Marta, Marta, du bist um so vieles besorgt und machst dir so viel Mühe. Nur eines aber ist wirklich wichtig und gut! Maria hat sich für dieses eine entschieden, und das kann ihr niemand mehr nehmen"* (Lukas 10,40–42).

In diesen wenigen Sätzen passiert eine ganze Menge. Wenn wir diese Geschichte im Hinblick auf Götzendienst lesen, fallen uns jedoch zwei Formulierungen auf.

- Marta ist beschäftigt.
- Maria hat sich entschieden.

Wenn wir den Götzen der Leistung anbeten, wird dieser dafür sorgen, dass wir immer beschäftigt sind. Er lenkt uns davon ab, Zeit mit Jesus zu verbringen, indem er uns immer an das erinnert, was alles noch zu erledigen ist. Wie oft hegen wir den guten Vorsatz, Zeit mit Jesus zu verbringen, nur um abends festzustellen, dass wir diesen Punkt auf unserer Liste nicht abgearbeitet haben!

Es gibt unterschiedliche Gründe, warum der Gott der Leistung den Kampf um unser Herz so häufig gewinnt. Zunächst einmal gibt er uns eine Messlatte an die Hand. Vielen von uns fällt es leichter, Zeit auf etwas zu verwenden, wenn wir messbare Ergebnisse sehen können. Ich kann sehen, dass ich die ganze Wohnung geputzt und aufgeräumt, den Rasen gemäht habe, etwas repariert, die Ablage gemacht oder den Lebensmitteleinkauf erledigt habe. Wenn ich mir Zeit für die Begegnung mit Jesus nehme, sehe ich das Ergebnis nicht sofort, doch wenn ich ein Zimmer streiche, fällt der Unterschied zwischen vorher und nachher sofort ins Auge. Wenn ich bete und Gott anbete, gibt es keine sichtbaren Beweise dafür, dass ich etwas erreicht habe, doch wenn ich Überweisungen tätige, habe ich etwas vorzuweisen.

Marta ist mit ihren Vorbereitungen beschäftigt. Das ist die Tyrannei der dringend zu erledigenden Aufgaben. Hier geht's um die Liste der Dinge, die ich sofort abarbeiten muss. Und irgendwie schaffen wir es nicht, alles unterzubringen. Was Marta tut, ist ja an sich weder schlecht noch eine Sünde, sondern sogar gut, weil sie es für Jesus macht. Jesus aber sagt, dass Maria die bessere Entscheidung getroffen hat. Was wir tun, mag gut sein, doch wenn es etwas Besseres gibt, verkehrt es sich in etwas Schlechtes.

Auch hier sehen wir wieder, dass viele Götzen, die eine Schlacht um unser Herz führen, uns nicht mit eindeutig schlechten oder sündhaften Taten ködern. Im Grunde geht es beim Götzendienst nur um eines: unsere Entscheidung. Das haben wir bei Mose gesehen, bei Josua und bei Elia. Und nun hören wir es von Jesus. Er lobt Maria für ihre Entscheidung.

Wettbewerbsdenken

Marta legt noch eine weitere Eigenschaft an den Tag, die typisch ist für jeden, der mit dem Götzen der Leistung zu kämpfen hat: Sie vergleicht sich mit anderen und führt innerlich Buch. Sie betont, dass sie ja viel mehr geleistet hat als Maria.

Erfolgsmenschen verstehen es, aus fast allem einen Wettbewerb zu machen. Und es gibt zwei miteinander verbundene

Symptome, die darauf hindeuten, dass der Gott der Leistung auch in Ihrem Leben Fuß gefasst hat.

1. Sie sind ständig frustriert, weil andere Menschen aus Ihrer Sicht einfach nicht genug zustande bringen. Marta ist frustriert, weil Maria nicht so richtig in ihrem Team mitspielt, doch Maria begreift offenbar nicht einmal, dass sie überhaupt bei einem Wettbewerb mitmacht. Diese Frustration darüber, dass andere nicht ihren Teil der Arbeit erledigen, äußert sich in Form von Kritik. Marta kritisiert Marias mangelnde Produktivität. Kritisieren auch Sie andere dafür, dass sie sich nicht genug einsetzen oder ihre Aufgaben nicht gut genug erledigen? Vielleicht kritisieren Sie den Betreffenden auch nicht offen, sondern sind einfach so frustriert, dass Sie das Gefühl haben, Sie müssten jetzt endlich einmal etwas sagen, weil Sie sonst platzen.
2. Das zweite Symptom ist die ständige Unzufriedenheit mit sich selbst, weil man hinter den eigenen Erwartungen zurückbleibt. Thomas J. DeLong, Professor an der *Harvard Business School*, führte eine Studie mit fünfhundert „Hochleistern" durch. Über vierhundert von ihnen „stellten den eigenen Erfolg infrage und verwiesen auf mindestens einen Berufskollegen, der ihrer Ansicht nach erfolgreicher war als sie selbst".[22] Das Interessante daran ist, dass sich die Befragten aus den Führungsriegen großer amerikanischer Unternehmen rekrutierten. Trotzdem machten sie sich selbst unglücklich, indem sie sich andauernd mit anderen verglichen und das Gefühl hatten, sie leisteten nicht genug und müssten sich abhetzen, um mit diesen gleichzuziehen.

Wenn wir den Götzen der Leistung anbeten, wird es uns am wichtigsten, dass wir Dinge erledigen und sie *richtig* erledigen. In Psalm 46, Vers 11 erinnert uns Gott daran: „Seid stille und erkennet, dass ich Gott bin!" (Luther). Es ist kaum möglich, vor dem Götzen der Leistung niederzuknien und gleichzeitig still zu sein und Gott, den Herrn, anzubeten. Wenn es Ihnen schwerfällt, zur Ruhe zu kommen und zu erkennen, dass Gott allein der Herr ist, sollte Ihnen das eine Warnung sein. Im zweiten Teil des Verses heißt es weiter: „Ich will der Höchste sein unter den Heiden, der Höchste auf Erden." Wenn wir unser Tempo drosseln und innehalten, um zu erkennen, dass Gott der Herr ist, werden wir daran erinnert, dass er über diese Erde herrscht. Die ganze Welt hält er in seiner Hand. Wenn Sie das nächste Mal merken, dass Sie andere kritisch beurteilen wollen oder mit sich selbst ins Gericht gehen, möchte ich Sie ermutigen, an Maria zu denken und sich für das Bessere zu entscheiden. Atmen Sie tief durch. Seien Sie still. Erkennen Sie, dass Gott allein der Herr ist.

Der Mann fürs Grobe

Chuck Colson hatte sein ganzes Leben lang an Gott geglaubt. Als Marine hatte er oft in der Abendkühle auf Deck gestanden und sich am Anblick des Himmels erfreut. In solchen Augenblicken fiel es ihm leicht zu glauben, dass jemand das Firmament mit all seinen Sternen und Galaxien in seiner ganzen Schönheit erschaffen hatte. Doch es musste sich um jemanden handeln, der weit von den Menschen entfernt war, viel zu mächtig und zu großartig, um sich für ihren belanglosen Alltag zu interessieren.

Außerdem hatte Chuck keineswegs das Gefühl, auf Hilfe von oben angewiesen zu sein. Bisher hatte er es ganz gut allein geschafft und war in gewisser Weise sein eigener Gott. Er war in einer Zeit groß geworden, in der jeder Mensch für sich allein verantwortlich war und man alles tat, was nötig war, um sich durchzuschlagen. Als er nun im Weißen Haus tätig war, bedeutete das eben, den einen oder anderen, der im Weg stand, niederzutrampeln. Wenn man nur inständig genug an „die Sache" glaubte und die Vision mittrug, die dahinterstand, heiligte der Zweck eben die Mittel.

Zum amerikanischen Präsidenten hatte Chuck inzwischen eine enge Beziehung aufgebaut, denn er stand loyal zu ihm und war bereit, alles zu tun, was von ihm verlangt wurde. Und das, ohne Fragen zu stellen. Mittlerweile wurde er in juristischen Grauzonen eingesetzt, den inoffiziellen Kanälen des Weißen Hauses. Seine Anweisungen erhielt er von Nixon persönlich. Und er berauschte sich an seiner Macht – die gesamte Kommunikation des Weißen Hauses unterstand ihm. Er war in der Lage, Strippen zu ziehen und offizielle und inoffizielle Mitteilungen zu beeinflussen.

Zu seinem vierzigsten Geburtstag bekam er 1971 ein eigenartiges Geschenk. Das *Wall Street Journal* brachte ein Bild von ihm auf der Titelseite und dazu eine ihrer typischen Titelzeilen. „Chuck Colson, der neue Insider", hieß es dort. Der Untertitel lautete: „Der Mann fürs Grobe im Weißen Haus." Der dazugehörige Artikel porträtierte einen Mann, der bereit war, absolut alles zu tun, egal, wie sehr er sich dabei die Hände schmutzig machte, einen Mann, der sich bedingungslos für den Erfolg seines Gebieters einsetzte.

Der Mann fürs Grobe. Wenn jemand gefeuert werden musste, schickte man Chuck Colson vor, den ehemaligen Captain der Marines. „Dieser Mann geht für mich durch Türen, ohne sie vorher zu öffnen", meinte Nixon, der Colson den anderen als leuchtendes Beispiel hinstellte. „Chuck ist der Einzige hier, der etwas bewegt", sagte er auch. „Von der Bürokratie lässt er sich auch nicht eine Sekunde lang aufhalten. Er geht einfach los und erledigt das, was erledigt werden muss."

Das *Wall Street Journal* hatte Colson für den Artikel nicht interviewt. Dafür zitierten sie Menschen, die in der Vergangenheit mit ihm zu tun gehabt hatten. Eine Zeile aus diesem

Artikel sollte ihn sein ganzes weiteres Leben verfolgen. Ein Senator lobte ihn für seine Hartnäckigkeit, seine Führungsstärke und Härte. Dann fügte er noch hinzu, dass Colson so „hart sei, dass er seine eigene Großmutter überfahren würde".

Damals schien das nur eine nebensächliche Bemerkung zu sein, doch aufgrund von Chuck Colsons wachsendem Bekanntheitsgrad wurde sie immer wieder aufgegriffen. Noch Jahrzehnte später sprach man von „Chuck Colson, der damit geprahlt hatte, dass er seine eigene Großmutter überfahren würde" – obwohl er natürlich niemals so etwas von sich selbst gesagt hatte. Als ich ihn für dieses Buch interviewte, brachte er seine Besorgnis darüber zum Ausdruck, dass ihn dieser Satz bis ins Grab verfolgen würde.

Als 1972 die Präsidentschaftskampagne anlief, gehörte Chuck Colson zu den vier oder fünf Männern, die Nixon am nächsten standen, und er war eine Schlüsselfigur im Komitee zur Wiederwahl des Präsidenten. Er sollte einen Erdrutschsieg über den demokratischen Kandidaten George McGovern einfahren. 1968 hatte er Hubert Humphrey nur mit einer hauchdünnen Mehrheit besiegt, doch dieses Mal hatte er leichtes Spiel. Das Volk hatte seinen Mann zum Präsidenten gewählt. Das war die Art von Bestätigung, nach der er sich gesehnt hatte.

Die Siebziger waren eine gute Zeit, um in den Hallen der Macht zu wandeln. Doch schon damals gingen einige wenig bekannte Reporter der *Washington Post* dem Hinweis auf vermeintliche „Klempner" in einem Büro-Hotel-Gebäudekomplex nach, in dem sich auch das Hauptquartier der Demokratischen Partei befand. Dort hatte es einen Einbruch gegeben. In der Gerüchteküche brodelte es, und man erzählte sich, dass der innerste Machtzirkel im Weißen Haus dafür verantwortlich sei.

Wochen und Monate vergingen und die Story schaffte es schließlich aus dem Mittelteil auf die Titelseite. Auch der

Name des Gebäudes war in der öffentlichen Diskussion ange-kommen: *Watergate.*

Und die Zeit würde kommen, wenn diese Reporter und viele andere dem großen Mann im Weißen Hause auf den Zahn fühlen würden und ebenso seinen Helfern, die im Hintergrund lauerten – unter ihnen auch ein Berater namens Charles Colson.

Das Bessere wählen

Die meisten von uns können Marta gut verstehen, weil wir in einer Kultur leben, in der die Ablenkungen nur so auf uns einströmen. Wir sind die hyperaktive ADHS-Generation: Wir sind immer in Bewegung, wollen immer irgendetwas erledigen. Unaufhörlich meldet sich das Smartphone, um uns daran zu erinnern, dass wir eine SMS beantworten müssen oder zu spät zu einer Verabredung kommen.

Jesus war bei Marta zu Besuch, und man kann sich gut vorstellen, dass ihr Enkel sie eines Tages danach fragen würden: „Wie war das denn damals? Jesus bei euch zu Hause? Das muss doch wirklich toll gewesen sein. Was hat er gesagt? Und wie war das in seiner Gegenwart?" Und dann müsste sie antworten: „Also, ehrlich gesagt habe ich nach dem guten Geschirr gesucht. Das hat mir meine Großmutter vermacht, und ich musste es einfach hervorholen, wenn Jesus uns schon mal besucht! Da habe ich gar nicht richtig gehört, was er uns zu sagen hatte. Ich habe nur hin und wieder ein paar Gesprächsfetzen aufgeschnappt, wenn ich durchs Zimmer ging. Wenn du es genauer wissen willst, musst du deine Großtante Maria fragen."

Wie oft wurden wir schon abgelenkt, sodass wir einen Augenblick verpasst haben, in dem Gott zu uns sprach? Wie oft will Gott uns etwas mitteilen, doch jedes Mal springt der

Anrufbeantworter an, weil wir gerade keine Zeit haben, um das Gespräch anzunehmen. Das ist die gefährliche Art des Götzendienstes, weil er in gute Tugenden und traditionelle Werte verpackt daherkommt. *Du musst hart arbeiten, Maria. Sei doch kein Drückeberger! Wer soll das denn hier alles erledigen?*

Ich frage mich, wie wichtig all diese Dinge für Marta noch waren, nachdem man ihren Freund gekreuzigt hatte, er wieder auferstanden und zum Himmel aufgefahren war. Ich frage mich, was sie dann dafür gegeben hätte, nur einige Augenblicke zu seinen Füßen zu sitzen.

„Maria hat das Bessere gewählt" (Einheitsübersetzung).

Diese Wahl können wir an jedem einzelnen Tag treffen, wenn wir nämlich den Entschluss fassen, dass unsere Beziehung zu Gott wichtiger ist als alles andere, was auf der Tagesordnung steht. Ich weiß, dass ich das schon einmal gesagt habe, aber ich möchte diesen Punkt ganz deutlich machen: Wenn wir mit unserem Leben Gott die Ehre geben wollen, dann gehört dazu auch, dass wir die uns anvertrauten Aufgaben zuverlässig erfüllen und uns darum bemühen, gesteckte Ziele zu erreichen. Doch das ist nicht das *Wichtigste*. Das ist nicht einmal die Messlatte, an der der Wert unseres Lebens bemessen wird. Wenn wir unser Leben diesen Zielen widmen, werden sie für uns zum Götzen – ein Haufen von Medaillen und Verdienstabzeichen, die wir zu einem goldenen Kalb eingeschmolzen haben. Vergessen Sie nicht: Das Volk hatte „eine Götterfigur, die uns den Weg zeigt" (2. Mose 32,1) gefordert. Genau das wünschen wir uns auch von unseren Leistungen – sie sollen uns den Weg durchs Leben ebnen.

Und als die Gruppe um Aaron das Götzenbild fertiggestellt hatte, sagten die Menschen: „Das ist unser Gott, der uns aus Ägypten befreit hat!" (2. Mose 32,4). Das ist doch verrückt, oder? Wie können sie sich denn ein Götzenbild basteln und dann behaupten, dieser Götze hätte sie schon bis an diesen Punkt ihrer Reise begleitet?

Doch genau das will uns auch der Gott namens Leistung vorgaukeln. Wir beginnen, an das zu glauben, was wir erreicht haben. Was wir selbst getan haben, definiert mit der Zeit, wer wir sind. Wir sind das, was wir erreicht haben. Wenn man heutzutage einen Erwachsenen kennenlernt, stellt man sich oftmals mit Namen und Beruf vor: „Hallo, ich heiße Kyle und bin Pastor" oder: „Hallo, ich heiße Judith und bin Innenarchitektin." Ich weiß, dass wir das nur aus Gewohnheit tun, doch irgendwie kommt es mir so vor, als schließe sich unser Beruf mit Bindestrich an unseren Namen an. Was übrigens auch der Weg ist, auf dem die Nachnamen entstanden sind. Der Müller namens Johannes wurde zu Johannes Müller, aus dem Bäcker namens Peter wurde Peter Bäcker.

Ich habe einmal eine Geschichte von Sheila Walsh gelesen, der Sängerin, die auch als Komoderatorin bei der Fernsehsendung *700 Club* arbeitete. 1992 auf dem Höhepunkt ihres Erfolgs, fiel sie in ein emotionales Loch. Morgens stand sie noch vor der Kamera, abends wurde sie in eine psychiatrische Klinik eingeliefert.

Der Arzt fragte sie: „Wer sind Sie?"

Sie erwiderte: „Ich bin Komoderatorin beim ‚700 Club'."

Das meine er nicht, entgegnete der Arzt, und daraufhin erklärte sie, dass sie auch Schriftstellerin und Sängerin sei.

Der Psychiater hakte weiter nach: „Aber wer sind Sie?"

Sie seufzte und meinte: „Ich habe keine Ahnung."

Und dann erklärte ihr der Arzt, dass das genau der Grund sei, warum sie hier sei.

„Ich maß mich an dem, was andere Leute von mir hielten", schreibt sie. „Das brachte mich langsam, aber sicher um. Bevor ich ins Krankenhaus ging, meinten einige meiner Kollegen vom ‚700 Club': ‚Mach das bloß nicht. Du wirst nie wieder irgendwo öffentlich auftreten können. Wenn man erst erfährt, dass du in der Psychiatrie warst und Psychopharmaka nimmst, ist es damit aus und vorbei.'"

Ihr machte das aber kaum etwas aus, denn eigentlich *hatte* sie schon alles verloren. Und manchmal ist genau das nötig, damit wir wieder mit Gott in Kontakt kommen. Die Götzenbilder müssen verbrannt werden, und das kann unglaublich schmerzhaft sein. Wir müssen eine Menge Müll abladen, bevor wir das eine in den Händen halten, das sich wirklich zu haben lohnt. Doch wir hängen sehr an unserem Müll. Manchmal scheint es fast so, als sei er ein Stück von uns.

Musik war schon immer ein wichtiger Teil von Sheila Walshs Leben gewesen, und daher ist es nicht weiter überraschend, dass Gott sie durch Liedtexte ansprach. Am absoluten Tiefpunkt ihrer Krise entdeckte sie eine kleine Kirche in Washington, D.C. Sie setzte sich hinein, um still zu beten und wieder Verbindung mit Gott aufzunehmen. Dabei fiel ihr ein altes Kirchenlied ein: „Nothing in my hands I bring. Simply to thy cross I cling" – „Nichts kann ich dir bringen, ich klammere mich einfach an dein Kreuz."[23] Gott will von uns keinen beeindruckenden Lebenslauf sehen. Er will uns selbst. Es erfordert einen großen Glauben, all diesen Müll loszulassen und sich mit beiden Händen an das Kreuz zu klammern.

Willkommen in der Tretmühle

Gegen Ende seines Lebens begriff Chuck, dass das Leben aus Weggabelungen und Entscheidungen besteht. Jungen Leuten riet er: „Haltet hin und wieder inne und zieht Bilanz. Wer seid ihr, was tut ihr? So etwas habe ich niemals gemacht. Ich war zu beschäftigt."

Rückblickend sah er ein, dass er weit gekommen war, aber das Leben nicht genossen hatte. Dafür hatte er keine Zeit gehabt. Die Arbeit war ihm heilig gewesen. Er hatte gearbeitet, und das hatte immer mehr Arbeit nach sich gezogen. Es hörte niemals auf. Chucks Kinder wurden groß und nie hatte er

genug Zeit für sie. Mit Leib und Seele hatte er sich der Wiederwahl des Präsidenten verschrieben, der ihm für seine Amts-
zeit einen Platz im Kabinett oder irgendeine andere Position
versprochen hatte – alles, was er nur wollte, damit er weiterhin die Dinge tat, die er bisher getan hatte.

Hin und wieder hörte er seine Kollegen davon reden, dass
man sich in Washington traf und zusammen ausging, die
Freizeit zusammen verbrachte, und dann stellte er fest, dass
ihm das fremd war. „Wer bin ich?", fragte er sich in solchen
Augenblicken. „Warum mache ich das alles? Wohin soll das
noch führen?" Doch die große Frage lautete unablässig: „Was
kommt als Nächstes?" Das war für ihn schon immer eine
brennende Frage gewesen: Schule, Universität, Militär, Jura,
Politik – welche Welt sollte er sich als Nächstes unterwerfen?
Inzwischen war er einundvierzig und hatte seine Spuren in
der amerikanischen Geschichte hinterlassen. Doch er fragte sich, was passieren würde, wenn er an eine Grenze stieß,
an einen Punkt, an dem es nicht mehr weiterging. Innerlich
fühlte er sich leer, das konnte er nicht ignorieren. Vielleicht,
so meinte er, war er nur erschöpft. Doch immer öfter schos-
sen ihm Fragen durch den Kopf, die er sich früher nie gestellt
hatte.

Amerika hatte noch nie so etwas wie den Watergate-Skan-
dal erlebt. Es war, als käme das Land völlig zum Stillstand,
während die Untersuchungen liefen, die Reporter weitere
Enthüllungen veröffentlichten und der Präsident, ebenso leis-
tungsorientiert und vom Ehrgeiz getrieben wie Chuck Colson,
erleben musste, dass ihm alles durch die Finger rann – alles, wofür er sein gesamtes Leben gearbeitet hatte. Zwei Jahre
nach seinem Erdrutschsieg sah er sich mit der Tatsache konfrontiert, dass er sich zwischen einem Amtsenthebungsver-
fahren und dem Rücktritt entscheiden musste.

Auch gegen Chuck richtete sich der Volkszorn. Ihm
fiel nur eine Lösung ein: in seinen alten Beruf als Jurist

zurückzugehen. Als er weder ein noch aus wusste, besuchte er einen alten Freund und Mandanten, Tom Philipps, Direktor von *Raytheon,* einem amerikanischen Rüstungs- und Elektronikkonzern. Chuck respektierte ihn. Er gehörte zur selben Generation wie er und teilte seine Arbeitsethik. Es überraschte ihn ein wenig, wie ruhig und gefasst Tom an diesem Tag war; und sein Schreibtisch war tatsächlich leer. Man erzählte sich, dass Tom irgendeine Art von religiösem Erlebnis gehabt habe. Chuck erkundigte sich, was denn passiert sei.

Sein Freund wollte zunächst nicht mit der Sprache herausrücken. Dann blickte er zur Seite und meinte: „Ich habe Jesus gefunden. Mein Leben gehört jetzt ihm."

Für Chuck war das verrücktes Geschwätz. Hin und wieder zum Gottesdienst zu gehen war ja in Ordnung, aber davon zu reden, dass man Jesus „gefunden" oder ihm sein Leben übergeben hatte – das ging einfach nicht. Nicht im Nordosten der Vereinigten Staaten.

Andererseits war Chuck auch nicht länger so großspurig wie früher; er war vor Gericht geladen und von Geschworenen befragt worden. Die amerikanischen Medien zogen seinen Namen in den Dreck. Dass sein Freund so ruhig bleiben konnte, darüber konnte er nur staunen. Ein wenig später rief er Tom an und bat, ihn noch einmal besuchen zu dürfen. „Ich möchte mehr über deine religiöse Erfahrung hören", meinte er.

Die beiden setzten sich auf die Veranda, und Tom sprach darüber, dass er auf einer Evangelisationsveranstaltung von Billy Graham gewesen war. Er zog ein kleines Buch aus der Tasche – *Pardon, ich bin Christ* von C. S. Lewis – und las laut einen Abschnitt vor, in dem Lewis von der „großen Sünde", dem Stolz, sprach. Es war klar formuliert, sprach seinen Intellekt an und stellte Chucks Denken auf den Kopf. Seit seiner Kindheit war Stolz für ihn das Wichtigste gewesen: Stolz auf seine Arbeit, Stolz auf den Namen, den er sich gemacht hatte, Stolz auf seine Leistung. Doch nun begriff er, dass der Stolz auch eine finstere Seite hatte. Er konnte einen Menschen mehr antreiben, als ihm guttat. Er konnte dazu führen, dass man arrogant wurde und auf andere Menschen herabsah.

In diesem Buch geht es um mich, schoss es Chuck durch den Kopf. *Genau so geht es mir.* Angesichts dieser Erkenntnis fühlte er sich nackt und hilflos. Selbst die Gerichte konnten ihm keine schmerzlichere Strafe auferlegen. Der Mann fürs Grobe war entwaffnet worden.

Tom wollte mit ihm beten und Chuck einladen, ein neues Leben zu beginnen. Dazu war Chuck noch nicht bereit, doch er wollte das Buch von C. S. Lewis mit nach Hause nehmen und lesen. Auf der Heimfahrt schrie er zu Gott. Seine Angst saß so tief, dass er fürchtete, das Auto in den Graben zu fahren. Chuck parkte schließlich am Straßenrand. Er saß einfach da, dachte nach und redete mit dem Gott, für den er in der Vergangenheit niemals Zeit gehabt hatte. Mit einem Mal hatte er das Gefühl, dass Gott ihm zuhörte. So etwas hatte er noch nie erlebt. Er war doch eigentlich ein bodenständiger Typ. Hatte er vielleicht den Verstand verloren?

Am nächsten Morgen, so dachte er bei sich, wäre das alles vergessen. Dann wäre er wieder ganz bei Sinnen. Aber nein, diese neuen Gedanken begeisterten ihn immer noch – und er spürte inneren Frieden, *wirklichen* Frieden. Die schreckliche Last, Chuck Colson zu sein, der Erfolgsmensch, der alles unter Kontrolle hatte, war ihm von den Schultern genommen worden.

Jetzt konnte er erkennen, dass er voller Sünde war und schwach. Seltsamerweise fühlte er sich dadurch erleichtert. Nun kam es nicht mehr auf ihn an, weil er alles vor Gott bringen konnte.

Er vertiefte sich in Lewis' Buch, las, unterstrich, dachte nach, las es noch einmal. Von diesem Tag an gehörte sein Leben Christus. Doch wie sollte er die juristische Seite dieser Angelegenheit angehen? Chuck dachte nach und fand einen

Anklagepunkt, an dem er sich schuldig bekennen konnte. Daraufhin wurde er verurteilt und saß seine Strafe ab. Die Medien fanden natürlich heraus, dass er zum Glauben gekommen war, und gaben ihn der Lächerlichkeit preis. Zweifellos handelte es sich nur um ein geschicktes Manöver, um möglichst unbeschadet davonzukommen, verkündeten die Experten.

Für ihn spielte das keine Rolle. Obwohl sich die Öffentlichkeit über ihn das Maul zerriss, wusste er, dass er nun ein neuer Mensch war. Die Macht der alten Götzen war zerbrochen und er hatte die wahre Quelle der Macht entdeckt. *Schon seltsam*, dachte er, als man ihn in seine Zelle führte. *Seltsam, dass ein Mann hinter Gittern landet und sich doch freier fühlt als jemals zuvor in seinem Leben.*

Vergänglich

Etwas zu leisten und zu erreichen ist ja nichts Schlechtes, bis es für uns zum Götzen wird. Wir können mit unseren Errungenschaften unsere Welt lebenswerter machen. Letzten Endes jedoch können wir unser Leben nicht darauf bauen, weil das wie alles in unserer Welt der Vergänglichkeit unterworfen ist. Darum schreibt Paulus in seinem zweiten Brief an die Gemeinde in Korinth: „Deshalb lassen wir uns von dem, was uns zurzeit so sichtbar bedrängt, nicht ablenken, sondern wir richten unseren Blick auf Gottes neue Welt, auch wenn sie noch unsichtbar ist. Denn das Sichtbare vergeht, doch das Unsichtbare bleibt ewig" (2. Korinther 4,18).

Vor einigen Jahren fragte man eine Gruppe von Menschen, die alle mindestens fünfundneunzig Jahre alt waren: „Wenn Sie Ihr Leben noch einmal von vorn beginnen könnten, was würden Sie anders machen?"

Es gab keine Antworten zum Ankreuzen, sondern jeder durfte frei formulieren. Natürlich gab es ganz unterschiedliche

Erwiderungen, doch drei Themenkreise tauchten immer wieder auf:

1. „Wenn ich mein Leben noch einmal von vorn beginnen könnte, würde ich mehr nachdenken."
2. „Wenn ich mein Leben noch einmal von vorn beginnen könnte, würde ich mehr riskieren."
3. „Wenn ich mein Leben noch einmal von vorn beginnen könnte, würde ich mehr Dinge tun, die auch noch nach meinem Tod Bestand haben."[24]

Ich glaube, dass man von diesen Menschen und all ihren gesammelten Lebensweisheiten eine Menge lernen kann. Im Grunde sagen sie: „Ich wünschte, ich wäre ein bisschen auf die Bremse getreten und wäre alles etwas langsamer angegangen. Ich wünschte, ich wäre nicht immer nur auf Nummer sicher gegangen, sondern hätte gelegentlich etwas riskiert. Und ich wünschte, ich wäre nicht nur auf rostige Ehrenabzeichen aus gewesen, sondern auf das, was in der Ewigkeit zählt."

Wenn auch Sie ein „Leistungsjunkie" sind, ein Erfolgsmensch, dann hoffe ich, dass diese Erkenntnis Sie jetzt wachrüttelt. Nehmen Sie sich Zeit, darüber nachzudenken, wer Sie sind und wer Sie sein werden, wenn über alle Ihre irdischen Leistungen Gras gewachsen ist. Denken Sie über die Worte nach, die Jesus an Marta richtete, vergessen Sie nicht, dass Chuck Colson seine Lektion auf die harte Tour lernte, und entscheiden Sie sich nicht einfach für das, was gut ist, sondern für das, was am besten ist.

Ein neuer Lebenslauf

Einem vom Ehrgeiz getriebenen Leistungsmenschen kommt ein Gefängnisaufenthalt in etwa so vor, als würde man einem

Süchtigen die Drogen wegnehmen. Chuck Colson musste lernen, nichts zu tun. Ihm ging durch den Kopf, was ihm sein Vater beigebracht hatte: „Nimm jede Arbeit an, egal, wie niedrig sie auch sein mag." Er war nun aus seiner Kanzlei in die Gefängniswäscherei gewechselt.

Außerdem schrieb er und kümmerte sich um andere Mitgefangene. Es war für ihn eine ganz neue Erfahrung, Menschen zu helfen, die weder lesen noch schreiben konnten. Nun merkte er, dass es ihm wirklich gefiel, anderen Menschen zu helfen. Seine alten Ideale hatten sich nicht geändert. Er glaubte immer noch, dass man hart arbeiten musste, um die Gesellschaft zum Besseren zu verändern. Doch dieses Mal engagierte er sich nicht, um etwas zu leisten und persönlich weiterzukommen. Dieses Mal setzte er sich ein, um Gott die Ehre zu geben.

Trotzdem: Aus einem weltlichen Blickwinkel betrachtet hatte er keine Zukunft mehr, nicht nachdem man ihn öffentlich gedemütigt und ins Gefängnis gesteckt hatte. Noch verstand er nicht, dass Gott seine eigenen Pläne mit ihm hatte und dass seine Zeitrechnung anders aussieht. Von allen an der Watergate-Affäre beteiligten Personen wurde er als Vorletzter aus der Haft entlassen, und er konnte nicht ahnen, dass das Beste erst noch kommen würde. Er gründete die *Prison Fellowship* („Gefängnis-Gemeinschaft"), die einen enormen Einfluss auf das amerikanische Gefängnissystem haben sollte. Darüber hinaus veröffentlichte er viele Bücher und erreichte Millionen von Menschen durch eine täglich ausgestrahlte Radiosendung und unzählige andere, die seine Geschichte hörten.

Als er 2012 starb, passierte der Trauerzug auf dem Weg zur *National Cathedral* auch den Watergate-Hotelkomplex. Doch niemand zitierte den Satz, nach dem er so ehrgeizig sei, dass er seine eigene Großmutter überfahren würde. Man sprach überhaupt kaum von Politik. Stattdessen sprach man davon, dass er ein liebevoller Vater gewesen war und der geduldige

Großvater eines autistischen Kindes; man sprach von dem Mann, der sich für die Schwachen einsetzte, Gescheiterte mit offenen Armen aufnahm und die Wahrheit sagte.

Man zitierte Abraham Kuyper, einer der großen Vorbilder von Colson, der einmal angemerkt hatte: „In unserer gesamten menschlichen Existenz gibt es nicht einen einzigen Quadratzoll, über den Christus, der Herr, nicht ausrufen würde: ‚Meins, das gehört mir!'"

Chuck, der die alten Götzen zerschmettert hatte, liebte dieses Zitat, weil er verstanden hatte, dass sich sein Leben nicht über das definierte, was er geleistet hatte, sondern zu wem er gehörte.

Auf der Website zndr.vn/QMv8MG erzählt Chuck Colson seine Geschichte.

GÖTZEN-CHECK

Wird Ihr Leben vom Leistungsdenken geprägt?
Denken Sie einmal an Ihre Kindheit zurück. Wurde Ihnen eingebläut, dass Sie in der Schule oder bei außerschulischen Aktivitäten Höchstleistungen bringen müssten? In welchem Bereich wollten Sie Spitzenleistungen abliefern?

Noch einmal: Das alles ist im Rahmen der Erziehung durchaus positiv zu sehen. Es ist gut, etwas zu erreichen, doch manchmal setzt sich in uns die Vorstellung fest, dass wir das sind, was wir leisten, dass das unseren Wert definiert und unsere Existenz rechtfertigt.

Woran machen Sie anderen gegenüber Ihre Identität fest? Und gegenüber sich selbst?

Die meisten von uns nennen zunächst ihren Namen, wenn sie sich vorstellen, und dann wahrscheinlich ihren Beruf. Das ergibt auch Sinn: Unsere Identität hat eine Menge damit zu, womit wir uns einen großen Teil des Tages beschäftigen und welche Begabungen wir haben. Doch in welchem Ausmaß definieren wir uns durch unsere Arbeit? Bin ich das, was ich beruflich tue? Ist Arbeit in meinem Leben der entscheidende Faktor, der mich antreibt?

Warum und wofür arbeiten Sie?

Denken Sie einmal darüber nach, worauf Sie im Augenblick hinarbeiten. Harte Arbeit ist nichts Schlechtes, aber warum leisten Sie sie? Wollen Sie sich selbst etwas beweisen? Wollen Sie Ihre Konkurrenten ausstechen und zeigen, dass Sie der oder die Beste sind? Oder setzen Sie Ihre Arbeitskraft zur Ehre Gottes ein?

Wann fühlen Sie sich am ehesten schuldig oder machen sich selbst Vorwürfe?

Sind Sie frustriert und fühlen Sie sich schlecht, wenn Sie auch nur einen oder zwei Tage nicht viel schaffen?

Gordon MacDonald erläutert in seinem Buch *Ordne dein Leben* den Unterschied zwischen Berufung und Getriebensein. Menschen, die vom Ehrgeiz getrieben werden, haben immer viel zu tun, und für sie zeigen sich darin ihr Erfolg und ihre Bedeutung. In der Regel arbeiten sie nicht allzu gern, sondern erfreuen sich nur an den Ergebnissen, weil sie damit ihr Ziel erreicht haben. Bei allem, was sie tun, spielen Schuldgefühle als Motivationsfaktor eine große Rolle.

Berufen ist dagegen ein Mensch, der gelernt hat, Freiheit im Willen Gottes zu finden. Er erlebt Gott im Verlauf des gesamten Arbeitsprozesses, nicht nur in den Ergebnissen. Außerdem konkurriert er weniger mit anderen Menschen und gesteht sich auch zu, scheitern zu dürfen. Diese Freiheit, auch einmal versagen zu dürfen, führt ironischerweise oft dazu, dass man Größeres erreicht.

Arbeit und Leistung werden von Gott gesegnet. Das ist schon so, seit Adam und Eva im Garten Eden von Gott Aufgaben zugeteilt wurden. Auf diese Weise kann man die Freude am Dienst für Gott erleben. Wenn die Arbeit jedoch einen anderen Stellenwert einnimmt, kann sie unser Leben vergiften.

Ich weiß, dass Sie dieses Kapitel jetzt gerne abschließen und zum nächsten übergehen würden, damit Sie dieses Buch bald als gelesen abhaken können. Aber nehmen Sie sich, bevor Sie umblättern, doch einmal etwas Zeit, um sich dieses Lied anzuhören: zndr.vn/QMvdzS.

TEIL 4

DER TEMPEL DER LIEBE

KAPITEL 11
DER GOTT DER ROMANTISCHEN LIEBE

Wahrscheinlich gibt es in jeder Straße ein Mädchen, das eigentlich ein halber Junge ist. Wenn die Jungs Fußball spielen, sind sie normalerweise nicht überrascht, wenn einer der Mitspieler, nun ja, ein Mädchen ist. Das war eigentlich schon immer so.

Nur dass jeder davon ausgeht, dass so ein Mädchen irgendwann zu etwas heranwächst, das wir gern als das „Mädchen von nebenan" bezeichnen.

Shannon machte jedoch keine Anstalten, sich in diese Richtung zu entwickeln. Seit ihrer Kindheit war sie ein eher jungenhaftes Mädchen gewesen und sie betonte auch weiterhin ihre maskuline Seite. Mit der Zeit hielt sie sich selbst für einen großen Irrtum auf zwei Beinen. Als Gott sie erschaffen hatte, so dachte sie, hatte er die Persönlichkeit eines Jungen in den Körper eines Mädchens gesteckt. Und früher oder später müssen solche Gedanken zu Frust und Verzweiflung führen.

Es gab einen Grund für diese Entwicklung. Shannon war ein Opfer sexuellen Missbrauchs. Eine solche Erfahrung kann einen Menschen auf ganz unterschiedliche Art und Weise kaputt machen. Bei Shannon führte das zu der Erkenntnis, dass sie sich in Gefahr begab, wenn sie ein Mädchen war. Wenn sie hübsch und feminin aussah, machte sie das erst recht zur Zielscheibe. Mädchen tat man schlimme Dinge an. Wenn sie kein Mädchen war, würde man sie vielleicht in Ruhe lassen.

Der Missbrauch hatte ebenfalls zur Folge, dass sie Beziehungen zum anderen Geschlecht in einem völlig falschen Licht sah. Zwar verbrachte sie ihre Zeit mit jungen Männern und spielte auch eine Runde Baseball mit ihnen, doch sie hatte überhaupt keine Ahnung, wie sie über den Sport hinaus Kontakte zu ihnen knüpfen sollte.

Am schlimmsten war, sie glaubte von sich, dass sie als Mensch wertlos sei. Denn warum hätte ihr sonst jemand so etwas antun sollen?

Der Mann, der sie missbraucht hatte, war jemand, dem sie unter normalen Umständen hätte vertrauen sollen. Worauf konnte sie dann noch bauen? Das war eine rhetorische Frage, denn eine Antwort gab es darauf nicht.

Shannon legte sich daher eine harte Schale zu. Sie trug ihr Haar kurz, konzentrierte sich auf den Sport und lief so schmutzig und verschwitzt herum wie nur irgend möglich. Darin spiegelte sich wider, wie dreckig sie sich innerlich fühlte. Sie gab sich sarkastisch und burschikos, doch das war nur eine Maske, mit der sie verbergen wollte, wie depressiv und durcheinander sie in Wirklichkeit war.

Im Großen und Ganzen konnte sie damit umgehen, bis die Pubertät einsetzte. Davor konnte Shannon einfach ein kleines Mädchen sein, das auf Bäume kletterte, sich für Baseball begeisterte und Fangen spielte. Doch mit der Pubertät änderte sich alles. Die Mädchen lackierten sich jetzt die Fingernägel und redeten über Klamotten. Diese Welt war ihr völlig fremd. Und auch mit den Jungen war es jetzt anders. Es war nicht länger cool, als Mädchen wie ein Junge zu sein, denn nun ging es nicht mehr um Sport, sondern darum, dass man sich voneinander angezogen fühlte.

Shannon hatte in dieser Welt keinen Platz. *Mein Leben ist ein Irrtum, ich bin eine Missgeburt,* dachte sie sich. *Das war's.*

Als sie darüber nachdachte, merkte sie, dass sie sich nach Liebe sehnte – sie wollte sie geben und empfangen. Liebe konnte sie von dieser Schande erretten und ihr das Gefühl geben, etwas wert zu sein. Wie viele Heranwachsende übertrug sie ihre Gefühle ins Sexuelle. Sie sehnte sich so sehr nach jemandem, der sich um sie kümmerte, dass sie auf ihre Missbrauchserfahrungen zurückgriff und sexuelle Handlungen mit Zuneigung gleichsetzte. Für sie lag auf der Hand, dass sie so am besten um Aufmerksamkeit heischen und irgendeine Art von Liebe finden konnte.

Das war ungesund und selbstzerstörerisch. Doch etwas anderes kannte sie nicht. Für sie war das Ganze ein Deal: *Ich bin damit einverstanden, dass du dieses und jenes mit mir tust, und im Gegenzug schenkst du mir Liebe und Annahme.* Doch natürlich ergab sich daraus keine echte Beziehung. Sie bot Sex an und mehr als das bekam sie auch nicht zurück. Dass sie sich Jungen an den Hals warf, trug nicht gerade dazu bei, dass sie sich als Mädchen in ihrer Haut wohler fühlte. Sie sehnte sich nach der Liebe und Anerkennung ihrer Geschlechtsgenossinnen. Es war fast unvermeidlich, dass sie überlegte, ob sie vielleicht lesbisch sei. Dieser Frage ging sie aber nicht offen nach, sondern sie versuchte, sie durch den Konsum von Pornografie zu lösen.

Wieder einmal versuchte sie ein Problem zu ergründen, indem sie es sexualisierte. Das hatte ihr jedoch nicht geholfen, Jungen zu verstehen, und es half ihr nicht dabei, Mädchen zu verstehen. Auch hier vermittelte ihr ihre Sehnsucht nach Liebe nicht das Gefühl, angenommen zu werden oder irgendwo dazuzugehören. Im Gegenteil: Je mehr sie nach Liebe suchte, desto einsamer fühlte sie sich. Sie wollte einfach nur lieben und geliebt werden. Sie bot sich Männern an, konsumierte insgeheim lesbische Pornos und versuchte, damit ihre Sehnsucht nach Nähe zu stillen. Stattdessen fühlte sie sich aber zunehmend isoliert.

Romantische Mythen

In unserer Kultur wird die romantische Liebe als das größte und edelste Gut überhaupt gefeiert. Man will uns weismachen, dass jeder Einzelne von uns das Bedürfnis nach romantischer Liebe in sich trägt, sodass wir uns instinktiv dieses kribbelnde Gefühl wünschen, das wir als Verliebtheit bezeichnen. Wir verbringen unser Leben damit, den Seelenverwandten zu finden, der irgendwo da draußen nur auf uns wartet.*

Das bedeutet jedoch für diejenigen unter uns, die nicht verheiratet sind oder zumindest einen Freund oder eine Freundin haben, dass wir erst dann zufrieden und innerlich heil sind, wenn wir in einer Beziehung leben. Und diese Botschaft wird uns schon früh vermittelt. Als meine mittlere Tochter vier Jahre alt war, sah sie sich einmal einen Disney-Film über einen Prinzen und eine Prinzessin an. Sie wissen schon: „... und wenn sie nicht gestorben sind, dann leben sie noch heute." Als der Film zu Ende war, fragte sie mich: „Papa, wen werde ich mal heiraten?" Ich sagte, dass sie sich im Augenblick keine Sorgen darüber machen müsse und ich schon die richtige Entscheidung treffen würde, wenn die Zeit gekommen wäre. Doch mit diesem Film hatte sie die gar nicht so subtil vermittelte Botschaft aufgeschnappt: „Wenn du keinen Prinzen hast, kannst du auch keine Prinzessin sein."

Sogar seine Gemeinde kann einem Single manchmal den Eindruck vermitteln, dass er oder sie ohne Partner irgendwie nicht ganz vollständig ist. Ich habe mich mal in einer christlichen Buchhandlung umgeschaut, welche Bücher für christliche Singles angeboten wurden. Es gab etwa zwanzig verschiedene – siebzehn davon beschäftigten sich mit der Wahl des zukünftigen Partners. Am besten gefiel mir der Titel: *Wenn Männer wie Busse sind, wie kann ich dann einen erwischen?* Und wohlmeinende Personen sagen Sachen wie zum Beispiel: „Wenn du einen wunderbaren Menschen finden willst, musst du selbst wunderbar sein." Mit anderen Worten:

---

* Weil es auf unserem Planeten mehr Männer als Frauen gibt, ist das statistisch gesehen unmöglich. Und außerdem: Wenn es wirklich so etwas wie Seelenverwandtschaft gäbe, müsste nur ein einziger Mensch etwas falsch machen, um allen anderen die Aussicht auf den richtigen Partner zu vermasseln. Wollte ich nur mal gesagt haben.

„Wenn du nicht mit jemandem zusammen bist, stimmt irgendetwas nicht mit dir."

Für viele Menschen wird die romantische Liebe daher zum Mittelpunkt ihres Lebens. Unsere Populärkultur vermittelt uns, dass es nur auf Liebe ankommt. *All you need is love.* Es gibt unzählige Klischees, doch egal, welches Sie sich herausgreifen, fest steht, dass romantische Liebe das wichtigste Thema ist, mit dem wir uns beschäftigen. Praktisch alle Lieder, die wir uns anhören, drehen sich um diese Art von Liebe, und das ist schon länger so. In Amerika werden pro Sekunde durchschnittlich fünfeinhalb Liebesromane aus dem Harlequin Verlag verkauft, der der größte Liebesroman-Verlag der Welt ist.[25]

DAS ULTIMATIVE NARKOSEMITTEL

Die Psychologin Dorothy Tennov prägte in den Siebzigerjahren den Begriff *Limerenz,* mit dem sie das Gefühl bezeichnet, bis über beide Ohren verliebt zu sein, einschließlich der chemischen Vorgänge, die dabei im Körper ablaufen. Waren Sie schon einmal ganz krank vor Liebe?

Tennov befragte in einer Studie fünfhundert Personen, wie es in ihrem Leben mit der Liebe stehe. „Limerenz" beschreibt die starke emotionale Bindung, die ein Mensch empfindet, der sich zu einem anderen außerordentlich hingezogen fühlt.

Ein solcher Zustand hat Konsequenzen: Man kann kaum noch einen klaren Gedanken fassen und sich auf nichts konzentrieren, abgesehen vom Objekt der Begierde. Man stellt den anderen auf ein Podest und findet keine einzige negative Eigenschaft an ihm, man macht sich Sorgen darüber, ob die eigenen Gefühle erwidert werden, befürchtet, abgewiesen zu werden. Dazu stellen sich körperliche Nebenwirkungen ein: Herzrasen, Appetitverlust und eine fast lähmende Schüchternheit, wenn wir dem Objekt unserer Zuneigung nah sind.

Dopamin, das vom Körper produzierte Glückshormon, wird im Zustand der Limerenz ausgeschüttet, sodass Liebe einen Stimulationseffekt zur Folge hat, was zu erhöhter Energie und verringertem Appetit führt. Das fühlt sich gut an, ist jedoch ein zweischneidiges Schwert, weil Zurückweisung einen gefährlichen Zusammenbruch nach sich ziehen kann. Ein erhöhter Dopaminausstoß kann mit verringerter Ausschüttung von Serotonin einhergehen, einem Hormon, das uns gute Entscheidungen treffen lässt. Das erklärt auch, warum Menschen, die bis über beide Ohren verliebt sind, manchmal auf verrückte Ideen verfallen, die sie normalerweise nie in die Tat umsetzen würden.

Wissenschaftler, die sich mit Limerenz beschäftigten, sagen, dass diese nach 18 bis 36 Monaten spontan zum Erliegen kommt. Wenn sich das Paar immer noch gut versteht, beginnt ein neues Stadium, das einer tieferen, weniger verstörenden und angenehmeren Art der Liebe. Die Flitterwochen sind vorüber und nun kann die Ehe wirklich beginnen.[*]

Limerenz ist ein relativ neues Forschungsgebiet, erklärt jedoch viele Aspekte der manchmal wunderbaren, mitunter aber auch übergeschnappten Erfahrungen, die ein Mensch mit romantischer Liebe machen kann.

[*] Frank Tallis: „Crazy for you", in: The Psychologist 18, Nr. 2 (Februar 2005), S. 72–74

Die Beatles sagen uns: *All you need is love*. Burt Bacharach bekräftigt, dass die Welt jetzt nur eines braucht: *Love, sweet love*. *Love makes the world go round*. Robert Palmer stellte sich der Tatsache: Er war *addicted to love* – süchtig nach Liebe.

Meatloaf versichert uns, dass er alles für die Liebe tun würde. Ja, er würde bis in die Hölle gehen und zurück. Das verwirrt mich immer ein wenig, denn ein paar Zeilen später singt er, dass er *alles* für die Liebe tun würde, *but I won't do that* – alles, bis auf eines. Ich habe mich immer gefragt, was er damit meint. Wo zieht er die Grenze? Will er die Fernbedienung nicht mit seiner Liebsten teilen? Oder den Toilettendeckel nicht runterklappen? Die Augenbrauen nicht trimmen? Wollte sie, dass er seinen Nachnamen ändert? Für eine potenzielle Mrs Meatloaf ist das ja keine unvernünftige Forderung.

Jedenfalls wirft dieser Song eine wichtige Frage auf: Würden Sie für die Liebe wirklich alles tun?

Falls ja, hat die romantische Liebe in Ihrem Leben jetzt offiziell den Status eines Götzen inne.

Und nun ein überraschender Gedanke: Es ging nie darum, dass sich Ihr Leben um romantische Liebe dreht. Ein Großteil dessen, was wir heute unter romantischer Liebe verstehen, war in Wirklichkeit eine Erfindung der abendländischen Kultur, die erst im Mittelalter aufkam. Von C. S. Lewis, einem der bedeutendsten Gelehrten auf dem Feld der klassischen Philologie, stammt das Werk *The Allegory of Love*. Darin zeigt er auf, dass die mittelalterlichen Minnesänger die Vorstellung von romantischer Liebe zwischen Mann und Frau erst populär machten. Von dort aus verbreitete sich dieser Gedanke dann in unserem Teil der Welt. Lewis schrieb sogar, dass diese Entwicklung stärkere Auswirkungen hatte als die Reformation. Sie führte dazu, dass wir heute glauben, das höchste Ziel unseres Leben sei es, Liebe zu finden, emotionale, dramatische, leidenschaftliche, romantische Liebe.[26]

Nicht, dass es vorher keine romantische Zuneigung gegeben hätte. Lesen Sie in der Bibel einmal das Hohelied, falls Sie daran Zweifel gehegt haben sollten. Doch die romantische Liebe als Lebensinhalt, von der man förmlich besessen ist, die wir finden müssen, um nicht unglücklich zu sein – das ist eine Erfindung unserer Kultur. Gott hat uns so geschaffen, dass wir uns nach einer engen Beziehung sehnen, nach einem besonderen Menschen, mit dem wir durchs Leben gehen, jemand, der uns zur Seite steht. Doch in der Moderne haben wir diese Vorstellung so sehr überhöht, dass sie völlig verrückte Proportionen annimmt. Romantische Liebe – das ist der Schlüssel zur Zufriedenheit, das fehlende Puzzleteil, damit wir uns vollständig fühlen.

Vom Komponisten Richard Rodgers und dem Liedtexter Oscar Hammerstein stammt der Song *Falling in Love with Love* – „Sich in die Liebe verlieben" – und damit waren sie auf der richtigen Spur. Wenn wir gesehen haben, wie der Cowboy mit seinem Mädchen in den Sonnenuntergang reitet, oder miterlebt haben, wie sich Harry und Sally kennenlernen oder wie Romeo unter Julias Fenster steht, dann zieht uns das Konzept Liebe einfach an. Wir sehnen uns danach, dass es rote Rosen regnet und dass auch unsere Geschichte mit den Worten endet: „Und sie lebten glücklich und zufrieden bis ans Ende unserer Tage."

Romantische Liebe ist an sich etwas Gutes, doch wenn wir sie zu einem wesentlichen Teil unseres Lebens erklären, wird sie zum Götzen. Wenn wir all unsere Hoffnung auf romantische Liebe setzen und große Opfer dafür bringen, sollten wir uns die Frage stellen, ob dieses wunderbare Geschenk Gottes nicht an Gottes Stelle getreten ist. Wenn das geschieht, leben wir in seltensten Fällen „glücklich und zufrieden bis ans Ende unserer Tage".

Auf der Suche nach Liebe

In 1. Mose 29 stoßen wir auf eine Liebesgeschichte, die uns eher an eine Realityshow erinnert als an einen Text aus den ersten Seiten der Bibel. Man könnte auch sagen, wir haben es hier mit einer Art antikem „Der Bachelor" zu tun.

Abrahams Enkel Jakob hat sein Elternhaus verlassen und sich zu einem Verwandten namens Laban aufgemacht. Als er dort eintrifft, verliebt er sich auf den ersten Blick in Labans Tochter Rahel. „Laban hatte zwei Töchter; die ältere hieß Lea und ihre jüngere Schwester Rahel. Lea hatte glanzlose Augen, Rahel aber war eine sehr schöne Frau. Jakob liebte sie. Darum antwortete er: ‚Ich will sieben Jahre für dich arbeiten, wenn du mir Rahel gibst!' ‚Einverstanden', sagte Laban, ‚ich gebe sie lieber dir als einem fremden Mann. Bleib so lange bei mir!'" (1. Mose 29,16–18).

Jakob hat sich verliebt? Was weiß er denn zu diesem Zeitpunkt überhaupt über Rahel? Eigentlich doch nur, dass sie eine klasse Figur hat und gut aussieht. Jedenfalls ist er bis über beide Ohren in sie verliebt und schließt mit ihrem Vater einen Handel ab: Sieben Jahre will er für diesen arbeiten, um ihn dann um ihre Hand zu bitten. Er ist bereit, auf dem Altar der romantischen Liebe ein riesiges Opfer zu bringen. Ich vermute, dass die meisten von Ihnen für die Liebe auch schon verrückte Dinge getan und große Opfer gebracht haben.

Als meine Frau und ich noch nicht verheiratet waren, lud ich sie einmal zu einer *Stars on Ice*-Veranstaltung ein. Sie liebt Eiskunstlauf, die Kostüme, die Musik, die anmutigen Bewegungen. Ich erinnere mich noch daran, wie die Läufer in ihren knappen Kostümchen herauskamen und auf dem Eis tanzten. Ich selbst hasste jede einzelne Sekunde davon. Das hatte ich schon im Vorfeld gewusst, doch die Karten hatte ich trotzdem besorgt. Inzwischen sind wir siebzehn Jahre verheiratet, und meine Frau weiß mittlerweile, dass es nur eine Möglichkeit gibt, um mich dazu zu kriegen, mir Leute anzugucken, die mit Schlittschuhen auf dem Eis unterwegs sind: Sie müssen gepolsterte Trikots tragen und einen Stock in der Hand halten und auf beiden Seiten der Eisfläche stehen Tore.

Ich gebe nur ungern zu, dass das nicht ganz der Wahrheit entspricht. Meine Frau müsste nur mit den Wimpern klimpern, und ich wäre überglücklich, Geld und Zeit dafür zu opfern, um mit ihr eine Eiskunstlaufveranstaltung anzusehen. Warum? Weil ich aus Liebe alles für sie tun würde, sogar das.*

Die Sache, für die wir die größten Opfer zu bringen bereit sind, hat das größte Potenzial, für uns zum Gottesersatz zu werden. Wenn wir Gott in unserem Leben wirklich an die erste Stelle setzen wollen, dann bedeutet das natürlich nicht, dass wir unseren Ehepartner nicht mehr so aufopferungsvoll lieben sollen. Im Gegenteil. Im Epheserbrief ruft Paulus die Männer auf, ihre Frauen so zu lieben, wie Christus die Gemeinde liebte und sich für sie hingab (Epheser 5,25).

Doch weiter mit der Geschichte von Jakob: Dieser liebt Rahel, doch Lea bringt er keinerlei romantisches Interesse entgegen. Leas Augen werden als „glanzlos" oder „matt" bezeichnet. Das bedeutet nicht, dass sie schlecht sehen konnte oder eine dicke Hornbrille trug. Vielmehr wird ihr Aussehen hier mit dem ihrer Schwester verglichen. Es ist durchaus denkbar, dass diese Formulierung damals eigentlich als Kompliment gemeint ist. Aber stellen Sie sich einmal vor, Sie haben einen Freund, der Sie mit einem Mädchen verkuppeln will. Neugierig erkundigen Sie sich: „Wie sieht sie denn aus?", und er antwortet: „Sie hat hübsche Augen", dann wissen Sie, dass Sie in Schwierigkeiten stecken.

---

* Und sie hat eine wunderbare Figur und ist außergewöhnlich schön. (Diese Fußnote habe ich eingefügt, nachdem sie die Rohfassung des Buchs gelesen hatte. Bitte erzählen Sie ihr nichts davon. Aber wenn Sie sich schon entschließen, ihr davon zu erzählen, dann verraten Sie ihr auf keinen Fall, dass ich Sie gebeten habe, nichts davon zu erzählen.)

Sieben Jahre arbeitet Jakob also, um Rahel endlich heiraten zu können, und in 1. Mose 29, Vers 20 lesen wir einen unglaublich romantischen Vers: „Die sieben Jahre vergingen für Jakob wie im Flug. Dass er so lange für Rahel arbeiten musste, störte ihn nicht, weil er sie sehr liebte." Wie süß! Im nächsten Vers meint Jakob dann zu Laban: „Die Zeit ist um! Gib mir Rahel, für die ich gearbeitet habe!"

Na schön. Das klingt nicht mehr ganz so süß. Diesen Spruch würde man wohl kaum auf einer Glückwunschkarte finden. Aber sieben Jahre sind auch eine ziemlich lange Wartezeit.

Um es kurz zu machen: Man feiert Hochzeit. Vermutlich füllt Laban seinen frischgebackenen Schwiegersohn mit Wein ab. Jakob stolpert betrunken in sein Zelt, und dann schickt man, wie es Brauch ist, seine Frau zu ihm hinein, damit die beiden die Ehe vollziehen. Am nächsten Morgen wacht er auf, dreht sich um, öffnet die Augen, und ein Paar glanzloser Augen starrt zurück. Eigentlich hat er gedacht, er hätte Rahel geheiratet, doch irgendwie ist er am Vortag die Ehe mit Lea eingegangen.

Ich weiß, was Sie jetzt denken: *Wie konnte das denn passieren?* Ich bin nicht sicher, vermute aber, dass er sturzbetrunken war, dass es im Zelt stockdunkel war und er erst bei Tageslicht merkte, dass es sich um Lea handelte. Klingt nach einer schlechten Komödie.

Schlagartig ist Jakob wieder nüchtern, schlüpft in seine Hosen und rennt aus dem Zelt, um seinen Schwiegervater zu suchen. Zweifellos kocht er vor Wut. Laban versucht, einen neuen Deal auszuhandeln, und erklärt Jakob, dass er Rahel ebenfalls heiraten kann, wenn er noch mal sieben Jahre Dienst drauflegt. Der hat keine andere Wahl, als auf diesen Vorschlag einzugehen. Nun hat er zwei Frauen und ein großes Chaos. Doch nicht Jakob gehört in dieser Geschichte mein Mitgefühl, sondern Lea. Sie liebt ihren Mann wirklich. Alles würde sie dafür geben, dass er ihre Liebe erwidert. Vergebens. Und zweifellos fühlt sie sich ohne die Liebe und Zuneigung ihres Mannes irgendwie unvollständig.

Du vervollständigst mich ... irgendwie

Neulich stieß ich auf eine Website mit den zehn romantischsten Zitaten der Filmgeschichte. Die meisten würden Sie vermutlich wiedererkennen. Die Nummer 1 war dieser Liste zufolge eine Zeile aus dem Film *Jerry Maguire – Spiel des Lebens*, in dem Tom Cruise eine Hauptrolle spielt. Falls Sie ihn gesehen haben, erinnern Sie sich vielleicht daran, wie Cruise sich Renée Zellweger zuwendet und mit Tränen in den Augen und bebenden Lippen sagt: „Du vervollständigst mich." Das ist der eigentliche Höhepunkt dieses Films. Was Jerry Maguire weder im beruflichen Erfolg noch in flüchtigen Beziehungen finden konnte, findet er schließlich in der romantischen Liebe.

Doch in Wirklichkeit ist es doch eher so: Wenn von diesem Film jemals eine Fortsetzung gedreht werden sollte – das möchte ich hiermit aber keinesfalls anregen –, würde es vermutlich so laufen, dass sie ihn nicht länger vervollständigt und er sie ebenfalls nicht. Zwar haben sie zu Anfang, im Stadium der leidenschaftlichen Liebe und der großen Gefühle, wirklich den Eindruck, dass sie sich ergänzen und vervollständigen. Doch das wäre nicht von Dauer. Wahrscheinlich würden die beiden sich im zweiten Teil jemand anderen suchen, wieder in der Hoffnung, vom neuen Partner vervollständigt zu werden.

Was geschieht denn, wenn wir glauben, dass wir ohne Lebensgefährten unvollständig sind? Wir gehen auf die Suche. Alles steht auf „Pause". Nichts zählt wirklich, bis wir nicht jenen Partner gefunden haben, der mit uns durchs Leben gehen soll. Ein Freund von mir ist Ende zwanzig und Single. Vor einigen Jahren hat er sich ein Haus gekauft. Als ich ihn besuchte, sprach ich ihn darauf an, dass es abgesehen von einer Matratze auf dem Boden und einem kleinen Tisch in der Küche überhaupt keine Möbel im Haus gab. Er erklärte mir, dass er sich bewusst dagegen entschieden hatte, Möbel zu kaufen, denn wenn er eines Tages heiraten würde, würde seine Frau doch sicher gerne alles selbst aussuchen. Na ja ... damals hatte er noch nicht einmal eine Freundin. Nur in seiner Fantasie, die zu den Möbeln in seiner Fantasie passte. Zwei Jahre später wartet er immer noch darauf, dass er dieser ganz besonderen Frau begegnet, damit das Leben endlich anfangen kann.

Wenn wir von jemand anderem als von Gott erwarten, dass er uns vervollständigt und unser Leben füllt, ist das Götzendienst. Außerdem hat es keinen Zweck, weil Gott der Einzige ist, der uns wirklich „komplett" machen kann. Wir sind auf ihn hin geschaffen. Wenn wir einen Partner, eine Partnerin finden, mit dem bzw. der wir für den Rest unseres Lebens zusammenbleiben, ist das ein wundervolles und kostbares Geschenk, doch es war niemals so gedacht, dass es die Beziehung zu dem ersetzen sollte, der uns dieses Geschenk gemacht hat.

Achtung, ich verrate jetzt gleich die Pointe: Wenn man die Beziehung zu einem anderen Menschen zu seinem Götzen erhebt, wird das letzten Endes zu Enttäuschung und Verbitterung führen. Wenn ich einen fehlerhaften Menschen zu meinem Götzen mache, wird er mich zwangsläufig enttäuschen. Wenn ich zu jemandem sage: „Ich möchte, dass du mir Zufriedenheit schenkst. Ich will, dass du mich rettest. Ich möchte, dass du meinem Leben Bedeutung schenkst", dann sage ich damit im Grunde: „Sei mein Gott!" Damit setzt man seinen Partner ganz schön unter Druck. Und mit der Zeit wird das der Beziehung einen ganz schönen Knacks versetzen.

Wie alle Götzen verspricht auch der Gott der romantischen Liebe sehr viel und bringt uns nur Schmerz. Der Adrenalinspiegel einer neuen Liebe bleibt nicht dauerhaft auf seinem hohen Niveau. Die Flitterwochen gehen irgendwann zu Ende.

Sie und ich wurden nämlich für eine viel tiefere und reichere Liebe erschaffen als die, die eine Beziehung zwischen zwei Menschen jemals bieten kann.

Eine neue Liebe

Im Lauf der Jahre schenkt Lea und nicht Rahel ihrem Mann viele Kinder. Deren Namen legen Zeugnis ab von der Enttäuschung und dem Kummer, der ihr Liebesleben bestimmt.

Ihren ersten Sohn nennt Lea „Ruben" – „Seht, ein Sohn" –, denn „der Herr hat mein Elend gesehen; jetzt wird mein Mann mich lieben, weil ich ihm einen Sohn geboren habe" (1. Mose 29,32).

Dann bringt sie einen zweiten Sohn zur Welt und ruft aus: „Der Herr hat gehört, dass ich nicht geliebt werde. Darum hat er mir noch einen Sohn geschenkt!" (Vers 33). Sie nennt diesen Sohn „Simeon" – „Der Herr hat gehört".

Beim dritten Sohn sagt sie: „Jetzt wird sich Jakob mir endlich zuwenden, weil ich ihm drei Söhne geboren habe!" (Vers 34). Deshalb nennt Lea ihn „Levi" – „Zuwendung".

Mit jedem neuen Sohn hofft Lea, dass ihr Mann sie nun endlich lieben wird. Vielleicht wird er sich jetzt zu ihr hingezogen fühlen. Doch jedes Mal werden ihre Erwartungen nicht erfüllt. Lea setzt ihre Hoffnung auf die romantische Liebe, doch jedes Mal wird sie aufs Neue zurückgewiesen und enttäuscht. Das schmerzt.

Doch in Vers 35 lesen wir von einer überraschenden Wendung: „„Ich will den Herrn preisen!', sagte sie und nannte ihn Juda (‚Lobpreis'). Danach bekam sie keine Kinder mehr."

„Ich will den Herrn preisen." Lea stürzt ihren Mann vom Thron ihres Lebens – dieser Platz gehört jetzt Gott. Dieses Mal setzt sie ihre Hoffnung nicht auf Jakob, sondern auf den Herrn. Wie oft hat der Gott der Liebe Sie schon mit gebrochenem Herzen im Stich gelassen? Dieses Mal sollten vielleicht auch Sie den Herrn preisen.

Sie gibt ihrem Sohn den Namen „Juda". Im Hebräischen bedeutet das „Lobpreis". Und wenn wir die ersten Seiten des Neuen Testaments aufschlagen, sehen wir zu Beginn des Matthäusevangeliums den Stammbaum Jesu. Dort stoßen wir auf Folgendes, wenn wir den Ästen dieses Baumes folgen: Jakob war der Vater von Juda und seinen Brüdern. Weder Josef noch Benjamin werden namentlich erwähnt – Jakobs Lieblingssöhne, die ihm Rahel geboren hatte –, sondern Juda, der vierte Sohn der ungeliebten Ehefrau. Mit der Erwähnung seines Namens wird daran erinnert, dass eine Frau ihren Blick wieder auf Gott richtete – und dass er einer der Vorfahren Jesu ist.

Die meisten von uns haben wie Lea schon einmal erlebt, wie schmerzhaft es sein kann, wenn uns jemand zurückweist, den wir lieben.

Ein Freund gab mir vor einiger Zeit eine Liste mit Sätzen, mit denen man eine Beziehung beendet, ergänzt um die Angabe, wie diese bei demjenigen ankommen, mit dem man Schluss macht. Wenn der eine zum Beispiel sagt: „Ich möchte auch mal mit jemand anderem ausgehen", hört der andere: „Ich will mal sehen, ob ich nicht noch einen besseren Partner als dich finde." Wenn der eine sagt: „Aber wir können ja Freunde bleiben!", hört der andere: „Wage es ja nicht, noch einmal Kontakt mit mir aufzunehmen." Wenn der eine sagt: „Du bist zu gut für mich", hörte der andere: „Ich bin zu gut für dich." Wenn der eine sagt: „Es liegt nicht an dir, sondern an mir", hört der andere: „Es liegt nicht an mir, sondern an dir." Die Beispiele waren ziemlich lustig. Bis ich auf einen Satz stieß, den ich mir selbst einmal hatte anhören müssen.

Lea entschloss sich, ihre Identität, ihren Wert und ihre Hoffnung an Gott festzumachen. Es musste sie erst ein Mann zurückweisen, bis sie entdeckte, dass Gott sie bedingungslos liebte und annahm.

Ja, in diesem Fall gilt nicht „Geld regiert die Welt", sondern „Liebe regiert die Welt". Und in gewissem Sinn hatten die Beatles recht: *All you need is love.* Aber es ist eine andere Art von Liebe, als die meisten Menschen erwarten würden. Gottes Liebe ist alles, was wir brauchen. Er ist der Einzige, der unsere innere Leere auf Dauer füllen kann. Wenn uns die Einsamkeit zusetzt, können wir darin die Stimme Gottes vernehmen, der uns zur Gemeinschaft mit ihm einlädt. Er will uns die Liebe schenken, die wir überall gesucht und nicht gefunden haben.

Der Gemeinde in Korinth sagt Paulus etwas, das für unsere Ohren ziemlich schockierend klingt. Er ermutigt Singles und Witwen, unverheiratet zu bleiben. Hören Sie einmal auf seine Argumentation: „Wer unverheiratet ist, kann sich uneingeschränkt darum kümmern, wie er dem Herrn gefällt. Ist aber jemand verheiratet, so kümmert er sich um viele Dinge und will seiner Frau gefallen. Darum ist seine Aufmerksamkeit geteilt. Eine unverheiratete Frau sorgt sich uneingeschränkt darum, mit Leib und Seele zum Herrn zu gehören. Aber eine verheiratete Frau sorgt sich um menschliche Belange und will ihrem Mann gefallen" (1. Korinther 7,32–34).

Wenn Sie nicht verheiratet sind, können Sie viel mehr Zeit und Kraft für Gott aufwenden. Verstehen Sie das nicht falsch: Die Ehe ist eine gute Sache. Gott hat nichts gegen die Ehe, immerhin hat er sie selbst erfunden. Doch so fantastisch menschliche Liebe auch sein kann, Gottes Liebe kann sie niemals ersetzen.

Die Leere im menschlichen Herzen wartet darauf, von Gott gefüllt zu werden und nicht von Menschen.

Dass du lebst, ist kein Fehler

Rückblickend konnte Shannon sich nicht daran erinnern, dass sie sich in irgendeiner Weise für Gott interessiert hätte. Doch es war eindeutig, dass Gott sich für sie interessierte und ihr nachging.

In der Oberstufe hatte sie einen Lehrer, der Christ war. Er sagte Shannon, dass er für sie bete, und das führte dazu, dass sie sich hin und wieder über Gott unterhielten.

In ihrem Leben gab es eine geistliche Leere, und das wusste sie auch. „Ich brauche irgendetwas", meinte sie zu ihm, „ich brauche irgendetwas in meinem Leben, das mich ausfüllt." Daraufhin erklärte er ihr, was es bedeutete, von Jesus Christus angenommen und geliebt zu werden. „Komm doch mal mit meiner Frau und mir in den Gottesdienst", schlug er ihr vor. „Wir halten dir einen Platz frei."

Eines Sonntags beschloss sie, es einmal zu versuchen. Obwohl sie ihren Gottesdienstbesuch nicht angekündigt hatte, sah sie, dass der Lehrer und seine Frau in der letzten Reihe saßen und ihr einen Platz freigehalten hatten, nur für den Fall, dass sie vielleicht kommen würde. Es war ein seltsames Gefühl, dass sich jemand so um sie sorgte. Auf dem Heimweg schrie sie zu Gott. „Ich weiß nicht, ob es dich wirklich gibt", betete sie. „Ich weiß nicht, ob ich das alles glauben kann oder nicht. Aber ich brauche dich! Irgendetwas brauche ich!"

Shannon wurde Christin und kam zur Gemeinde. Für sie war diese Gemeinde eine Art Krankenhaus, in dem Gott ihre Verletzungen heilte. Sie hörte, wie er zu ihr sprach – dieselben Sätze, die er zu jedem von uns spricht: „Dass du lebst, ist kein Fehler. Ich mache keine Fehler. Du bist meine wunderschöne Tochter, die ich leidenschaftlich liebe, voll und ganz und bis in Ewigkeit. Komm in meine Arme. Ich habe dir vergeben, für immer. Bei mir findest du die Liebe und die Nähe, die du immer gesucht hast. Bei mir findest du die Heilung, nach der du dich immer gesehnt hast."

Auch wenn Shannon Brian niemals kennengelernt hätte, wäre es für sie genug gewesen, dass Jesus sie liebte und annahm. Sie wusste ohne jeden Zweifel, dass ihr Leben „vollständig" war, weil sie zu Jesus gehörte. Doch als sie ihm ihr Leben anvertraute, entdeckte sie, dass er sie noch auf andere Weise segnen und ihr Gutes tun wollte.

Zweieinhalb Jahre ließen sich Shannon und Brian Zeit, um ihre Beziehung wachsen zu lassen. Auch kamen sie überein, in dieser Phase auf Zeichen körperlicher Zuneigung zu verzichten: Über Umarmungen und Händchenhalten gingen sie nicht hinaus. Brian verstand, dass Shannon einiges aufzuarbeiten hatte, und war mit dieser Vereinbarung zufrieden. „Ich möchte einfach nur mit dir zusammen sein", sagte er.

Und sie fand heraus, wie wunderbar und bereichernd die Beziehung zwischen Mann und Frau sein kann, wenn sie in die Liebe und Anbetung des einen wahren Gottes eingebunden ist.

Mehr über Shannon und ihre Geschichte erfahren sie hier: http://zndr.vn/QMvgeZ.

GÖTZEN-CHECK

Sind Sie von Ihrem Liebesleben enttäuscht?
Wenn Sie Single sind: Ist Ihr Leben Ihrer Meinung nach irgendwie unvollkommen, weil Sie den Einen oder die Eine noch nicht gefunden haben?

Wenn Sie verheiratet sind: Haben Sie das Gefühl, dass Ihr Mann oder Ihre Frau Sie immer wieder enttäuscht? Fragen Sie sich manchmal, ob Sie den falschen Menschen geheiratet haben und Ihr Seelenverwandter noch irgendwo da draußen ist?

Ihre Antwort auf diese Fragen gibt Aufschluss darüber, worauf Sie Ihre Hoffnungen setzen. Und worauf Sie Ihre Hoffnungen setzen, weist wiederum darauf hin, welchen Gott Sie in Wirklichkeit anbeten.

Wofür bringen Sie die größten Opfer?
Die meisten von uns könnten wahrscheinlich eine Geschichte darüber zählen, wie wir für jemanden, in den wir verliebt waren, große Opfer gebracht haben. Gott möchte zweifellos, dass wir selbstlos und opferbereit sind, wenn wir solch eine romantische Liebe erleben, doch wie groß sind diese Opfer im Vergleich zu den Opfern, die Sie im Rahmen Ihrer Beziehung zu Gott bringen?

Stellen Sie sich einmal einen Altar vor, der für Ihre Beziehung zu Gott steht. Welche Opfer haben Sie dort aus Liebe zu ihm gebracht?

Wer vervollständigt Sie?
Vielleicht kämpfen Sie gerade mit Eheproblemen. Hält dieser Kummer Sie von Gott fern? Sieht Ihre Ehe vielleicht wie von Lea aus? Kümmern Sie sich mit

ganzer Kraft darum, eine zerbrochene Beziehung zu kitten, vergessen darüber aber, Gott zu loben und anzubeten? Wenn der traurige Fall eintritt, dass sich die Situation nicht bessert: Sind Sie trotzdem innerlich ruhig und zufrieden, weil Sie ja immer noch Ihre Beziehung zu Gott haben?

Vielleicht sind Sie aber auch Single. Was halten Sie von Paulus' Vorschlag, sich umso mehr für das Reich Gottes einzusetzen? Manchmal müssen wir Götzen erst vom Thron stürzen, bevor wir für die Segnungen bereit sind, die Gott uns schenken will. Könnte es sein, dass sich all Ihre Gedanken so darum drehen, den Partner fürs Leben zu finden, dass Sie sich nicht genug darauf konzentrieren, der Mensch zu werden, der Sie nach Gottes Willen werden sollen?

ENTSCHEIDUNG FÜR JESUS
JESUS, MEINE IDENTITÄT

Götzen besiegt man nicht, indem man sie entfernt, sondern indem man sie durch etwas anderes ersetzt.

Der Gott der romantischen Liebe trat in unser Leben. Er eroberte unser Herz im Sturm. Wir erlagen seinem Zauber. Im Hintergrund lief leise Musik. Unser Herz klopfte. Die Hände waren feucht. Das Leben glich einem kitschigen Liebesfilm.

Wir hatten uns verliebt, verliebt in die Vorstellung eines „Seelenverwandten", jemand, der nur für uns gemacht worden war. Wir beide würden uns unsere eigene kleine Welt erschaffen und alle anderen aussperren. Wir würden die angefangenen Sätze des anderen beenden, über unsere Scherze lachen und uns tief in die Augen sehen.

Doch irgendetwas ging schief. Als der Zauber verflogen war, entdeckten wir, dass Menschen eben nur Menschen sind. Und keinem Mensch gelingt es auch nur annähernd, Gott zu sein.

Kein Mensch, so entdeckten wir, kann alle unsere Bedürfnisse stillen. Kein Mensch verdient es, dass wir ihn so unter Druck setzen. Doch Jesus kann das. Wir sind wertvoll, weil wir zu ihm gehören. Es war befreiend, die Fesseln der Suche nach dem Ich abzustreifen und Jesus zu finden, der uns sagen kann, was es wirklich bedeutet, am Leben zu sein. Jesus sagte einmal, dass niemand mehr liebt als jemand, der sein Leben für einen Freund hingibt. Und das bewies er dann auch.

KAPITEL 12
DER GOTT DER FAMILIE

C. S. Lewis, der große britische Schriftsteller und Verfasser von „Die Chroniken von Narnia", nahm einmal einen Bus zum Himmel.

Natürlich war es nur eine Fantasiereise, die er in der wunderbaren Allegorie *Die große Scheidung* zu Papier brachte. In diesem Buch geht er der Frage nach, warum sich ein Mensch dafür oder dagegen entscheidet, sich ganz auf Gott einzulassen. Er führt uns vor Augen, dass wir im Grunde am Himmelstor stehen und uns zwischen der ewigen Herrlichkeit Gottes und den leeren Illusionen dieser Erde entscheiden – und das bezeichnet er als *die große Scheidung* zwischen Himmel und Erde.

In seinem Buch steigt der Ich-Erzähler mit schattenhaften Mitreisenden, deren irdisches Leben ebenfalls zu Ende ist, in diesen Bus. An einer Art Zwischenhalt, an dem sie ihre endgültige Entscheidung hinsichtlich der Ewigkeit treffen müssen, steigen sie aus. (Natürlich geht die Sache mit der Erlösung anders vor sich; dieses Buch ist eine Art langes Gleichnis.)

Jeder Neuankömmling wird von einer strahlenden, großen Gestalt begrüßt, die sich vom Himmel aus auf den Weg gemacht hat, um ihren alten Freund zu begrüßen und zu ermutigen, den Schritt in den Himmel und die Gegenwart Gottes zu wagen. Dabei handelt es sich nicht um Engel, sondern um Bekannte und Freunde aus ihrem irdischen Leben, die inzwischen gestorben und errettet sind.

Zu den irdischen Neuankömmlingen gehört auch Pam. Sie ist enttäuscht, dass man ihr ihren jüngeren Bruder Reginald zur Begrüßung geschickt hat. Sie hätte sich gewünscht, ihren Sohn Michael zu sehen, der der Mittelpunkt ihres Lebens war.

241

Reginald erklärt ihr, dass sie dafür noch nicht bereit ist. Zuerst muss sie sich danach sehnen, Gott zu begegnen, und danach wird sie die anderen Segnungen des Himmels empfangen. Gott ist nicht der Weg zum Himmel, sondern der Himmel ist ein Weg zu Gott, und auch für Pam wird in dieser Hinsicht keine Ausnahme gemacht.

Reginald erklärt ihr: „Ich fürchte, der erste Schritt wird dir sehr schwer fallen. ... Aber danach wird es fast wie von selbst gehen. Sobald du lernst, jemand anderen neben Michael zu akzeptieren ..."

Pam versteht nicht, wovon ihr Bruder überhaupt redet. Sie entgegnet: „Aber egal. Ich mache alles, was nötig ist. Aber was soll ich tun? Komm schon. Je eher ich anfange, desto eher lassen sie mich meinen Jungen sehen."

Reginald setzt ihr auseinander, dass sie mit dieser inneren Haltung nicht weiterkommt. „Du behandelst Gott nur als Mittel, um an Michael heranzukommen", erklärt er. Sie müsse lernen, sich nach Gott um seiner selbst willen zu sehnen. Er darf nicht an zweiter Stelle stehen, ja, nicht einmal den ersten Platz mit jemandem teilen.

„Du existierst als Michaels Mutter nur, weil du zuerst als Gottes Geschöpf existierst. Diese Beziehung ist älter und enger", sagt Michael. Dann erläutert er Pam: „Menschliche Wesen können einander nicht wirklich auf die Dauer glücklich machen. ... Du kannst ein Mitgeschöpf nicht wahrhaft lieben, solange du nicht Gott liebst."

Nun wird deutlich, dass Pam von der Liebe zu ihrem Sohn regelrecht besessen war. Nach dem Tod ihres Jungen ließ sie sein Zimmer zehn Jahre lang unverändert. Ihre anderen Kinder vernachlässigte sie, auch ihren Mann und ihre Eltern, was diese sehr schmerzte und enttäuschte. Alles wurde auf dem Altar der Bewunderung für ihren Sohn geopfert.

„Niemand hat das Recht, zwischen mich und meinen Sohn zu treten. Nicht einmal Gott", verkündet Pam. Und es wird deutlich, dass sie so sehr auf ihrer Meinung beharrt, dass sie damit über ihr ewiges Schicksal entschieden hat.[27] Nach Lewis' Auffassung ist es nicht so, dass Gott uns nicht in den Himmel ließe; vielmehr sperren wir uns selbst aus. Wenn wir nicht lernen zu sagen: *„Dein* Wille geschehe", wird Gott eines Tages zu uns sagen: „Nun gut, dann soll *dein* Wille geschehen."

Bei manchen lässt diese Geschichte ein leises Unbehagen zurück. Sollte Gott der Frau nicht wenigstens zugutehalten, dass sie ihren Sohn so sehr geliebt hat? Zumindest liebte sie ja *irgendjemanden* und in diesem Fall handelte es sich eben zufälligerweise um ihren Sohn. Und was könnte es Edleres geben als Mutterliebe? Das ist doch etwas Gutes und nicht schlecht, oder?

Das Problem liegt darin, wie Reginald richtig formuliert, dass die Beziehung zu Gott als die „ältere und engere" anerkannt werden muss. Das wichtigste Gebot ist es, Gott, den Herrn, zu lieben. Erst an zweiter Stelle steht das Gebot, einander zu lieben.

Stellen Sie es sich einmal so vor: Ihr Leben ist wie das Rad eines Fahrrads. Jede Speiche steht für eine der wichtigen Beziehungen, die Ihr Leben prägen. Die eine Speiche repräsentiert Ihre Mutter, eine andere Ihren Vater. Eine Speiche steht für Bruder oder Schwester, eine weitere für Ihren Ehepartner. Eine Speiche für jedes Kind und so weiter. Wir neigen jedoch dazu, Gott zu einer *weiteren* Speiche im Rad zu machen, doch genau daran ist Gott nicht interessiert. Gott will die Nabe in der Mitte sein, von der alle Speichen ausgehen. T. S. Eliot erklärte einmal, dass Gott „am Ruhepunkt einer sich drehenden Welt" steht.

Unsere Beziehung zu unserem himmlischen Vater spielt eine grundlegende Rolle, wenn es darum geht, wer wir sind und warum wir erschaffen wurden. Ja, wir sollen unsere Kinder, Eltern, Geschwister und Ehepartner von Herzen lieben, doch immer im Kontext unserer ersten und wichtigsten Liebe zu Gott. Gott allein gebührt Anbetung. Ihm gebührt unsere tiefste Liebe, denn sie ist die Quelle unserer Liebe zu anderen Menschen. Erst wenn wir Gott lieben, können wir wirklich anfangen, andere zu lieben.

In den Zehn Geboten wird uns aufgetragen, unsere Eltern zu *ehren*. Doch nur Gott, den Herrn, sollen wir *anbeten*.

Für mich ist das eine „Oberste-Knopf-Wahrheit". Wenn ich es morgens eilig habe, knöpfe ich mir mein Hemd manchmal falsch zu. Ist Ihnen das auch schon mal passiert? Wie viele andere auch knöpfe ich mein Hemd von oben nach unten zu, nur dass ich oft mit dem ersten Knopf im falschen Knopfloch lande. Mein Fehler fällt mir aber gewöhnlich erst auf, wenn ich unten angekommen bin und merke, dass jeder einzelne Knopf im falschen Knopfloch sitzt. Wenn Sie den ersten Knopf richtig hinbekommen, klappt der Rest auch. Wenn man es beim ersten Knopf dagegen falsch macht, stimmt der Rest ebenfalls nicht. Man sieht einfach lächerlich aus.

Gott hat unser Leben so eingerichtet, dass die Anbetung seiner Person gleichsam der oberste Knopf ist. Wenn die Beziehung zu Gott stimmt, werden sich alle anderen Beziehungen, ob nun zu Angehörigen oder Freunden, besser zusammenfügen. Wenn aber die Beziehung zu Gott nicht in Ordnung ist, wird auch alles andere schieflaufen.

Darum muss die Mutter in Lewis' Allegorie zunächst die grundlegende Liebe zu Gott entdecken, bevor sie ihrem Sohn oder irgendjemand anderem im Himmel begegnen darf. Sie hat etwas Wunderbares – die Liebe einer Mutter zu ihrem Kind – in einen hässlichen Götzen verkehrt, der alle anderen Beziehungen entstellt.

Augustinus, einer der frühen Lehrer und Philosophen der Christenheit, bezeichnete diese Götzen als „unordentliche Neigungen der Seele". Damit meinte er legitime Objekte der Zuneigung, bei denen jedoch wie bei einem falsch geknöpften Hemd die Reihenfolge nicht mehr stimmt.

Und gerade weil Eltern ihre Kinder und ein Kind seine Eltern lieben sollten, werden diese Beziehungen leicht zu Götzen erhoben. Wir tun genau das, was wir tun sollten, begreifen jedoch nicht, dass wir die Rangfolge durcheinandergebracht haben.

„Aber ich kann doch meine Kinder nicht weniger lieben", wenden Sie nun vielleicht ein. Nein, das können Sie nicht, und dazu will ich Sie in diesem Buch auch gar nicht auffordern, aber Sie können sie *anders* lieben. Sie können sie vor dem Hintergrund Ihrer ersten und wichtigsten Liebe zu Gott lieben. Dann werden Sie entdecken, dass aus dieser Liebe etwas viel Größeres, Besseres und Fruchtbareres hervorgeht.

Auf die Probe gestellt

Eine der erschütterndsten Geschichten der gesamten Bibel finden wir in 1. Mose 22. Sie erinnert an den Abschnitt in *Die große Scheidung*, über den wir gerade nachgedacht haben, nimmt jedoch ein gutes Ende. Die Geschichte von Abraham und Isaak stellt uns vor die Frage: Was würde geschehen, wenn wir beweisen müssten, dass wir Gott mehr lieben als irgendjemand anderen oder irgendetwas anderes? Abraham sollte später eine entscheidende Gestalt in der Geschichte der Menschheit werden. Er war der Begründer eines neuen Volkes, eines Volkes, durch das auch andere an seinem Segen teilhaben würden. Wenn man das Fundament eines großen Gebäudes legt, das hoch in den Himmel ragen soll, überprüft man es besonders sorgfältig und schaut nach, ob es auch ja keine Risse aufweist. Genauso verfährt Gott mit dem Begründer dieser Nation.

Gott legt Abraham verschiedene Prüfungen auf. Einmal muss er dem Versprechen Glauben schenken, dass er mit seiner Frau noch ein Kind haben wird, obwohl beide schon alt sind und in ihrer Jugend kein Kind zeugen konnten. Gott erwählt dieses alte unfruchtbare Paar, doch würden sie das auch glauben?

Nachdem er ihnen das Kind versprochen hat, geschieht zunächst lange Zeit gar nichts. Abraham und Sara müssen viele Jahre lang einfach nur darauf vertrauen. Diese Prüfung bestehen sie, bis schließlich ihr Sohn Isaak geboren wird.

Doch das war, wie sich herausstellt, noch nicht die Abschlussprüfung. Dieses allerletzte Examen fordert ihren Glauben auf unglaubliche Art und Weise heraus. Gott sagt ihm: „Geh mit deinem einzigen Sohn Isaak, den du liebst, in das Land Morija. Dort zeige ich dir einen Berg. Auf ihm sollst du deinen Sohn Isaak töten und als Opfer für mich verbrennen!" (1. Mose 22,2).

„Deinen einzigen Sohn Isaak, den du liebst." Ich finde es faszinierend, dass hier in der Bibel zum ersten Mal der Begriff „lieb haben" oder „lieben" auftaucht, und zwar im Zusammenhang mit einem geliebten Sohn, der geopfert werden soll. Das wird natürlich zum großen Thema der Bibel selbst werden. Zum ersten Mal taucht dieser Gedanke hier im 1. Buch Mose auf, in der Geschichte von Abraham. Es erstaunt mich immer wieder, welche innere Geschlossenheit die Bibel aufweist.

Wichtig ist hier vor allem, dass wir eines verstehen: Gott wusste genau, was er von Abraham verlangte. Er ist keine entrückte kosmische Gottheit, die nicht einmal ansatzweise begreift, was ein Mensch bei dieser Forderung empfindet. Gott, der die Vergangenheit, die Gegenwart und die Zukunft vor Augen hat, weiß, dass er eines Tages seinen einzigen geliebten Sohn selbst opfern wird.

Wenn wir diese Geschichte im 1. Buch Mose lesen, werden wir gleich am Anfang darauf hingewiesen, dass es sich lediglich um eine Prüfung handelt. Und wir wissen, dass Gott in der Bibel niemals von seinem Volk Menschenopfer verlangt, sondern diese im 5. Buch Mose sogar verbietet. Doch zu diesem

Zeitpunkt existiert das 5. Buch Mose noch nicht, und Abraham ahnt nicht, dass es sich nur um eine Prüfung handelt.

Außerdem darf man nicht vergessen, wie sehr Abraham und Sara dieses Kind lieben. Der Name, den sie ihm gegeben haben, bedeutet auf Deutsch „Gelächter". Nachdem sie so viele Jahrzehnte auf dieses Kind gewartet hatten, war die Freude bei seiner Geburt natürlich groß, denn diese kam einem Wunder gleich. Als einige Fremde zu Besuch kamen – bei denen es sich in Wirklichkeit um Engel handelte –, die die Geburt ankündigten, traf das Sara so unvorbereitet, dass sie in Gelächter ausbrach. Sie war neunzig Jahre alt und hätte eigentlich schon Urenkel haben sollen. Sara musste lachen.

Und dann kam das Warten und mit ihm die Zweifel. Was, wenn das alles nur ein grausamer Scherz gewesen war? Was, wenn sie einfach alt wurden und ihnen die Fantasie einen Streich gespielt hatte? Was, wenn Gott seine Meinung geändert hatte?

Was muss das für ein Tag gewesen sein, als Isaak geboren wurde! Wie müssen sie gelacht haben! Wie viele Freudentränen müssen sie vergossen haben, wie sehr müssen sie Gott gedankt haben!

Nun haben sie also einen Sohn, den sie über alles lieben. Nachts stehen sie Hand in Hand in der Tür und beobachten ihn, während er schläft. Wenn er eine Erkältung hat oder Fieber, pflegen sie ihn und beten inständig, dass er wieder gesund wird. Sie sind begeistert, als er Laufen und Sprechen lernt. Mittlerweile ist er zu einem Jungen herangewachsen, der seinem Vater zur Hand geht – und das macht jeden Vater stolz.

Doch nun geschieht das Undenkbare: Unvermittelt befiehlt Gott Abraham, dieses ganz besondere, aufgrund einer Verheißung geborene Kind zu opfern. Es zurückzugeben.

Aus dem Lachen wird Weinen.

Die größten Geschenke und die größten Prüfungen

Wer Kinder hat, bekommt weiche Knie, wenn er die Geschichte von Abraham und Isaak liest. Wir schlüpfen in die handelnden Personen einer Geschichte und identifizieren uns mit ihnen. Und in dieser Geschichte wird Abraham zu einem biblischen Helden, mit dem niemand tauschen möchte. Wir wissen genau, wie es ist, seine Kinder zu lieben. Jedes Kind ist etwas Besonderes, ein Wunder Gottes. Für unsere Kinder würden wir unser Leben geben, ohne auch nur eine Sekunde darüber nachzudenken.

Doch wir müssen den Rahmen etwas weiter stecken. Es geht hier nicht nur um Kinder. Wen lieben Sie über alles, wen würden Sie beschützen? Für wen würden Sie Ihr Leben geben? Für einen kleinen Bruder oder eine kleine Schwester? Für Ihren Vater oder Ihre Mutter? Ihren Ehepartner? Vielleicht auch für Ihren besten Freund, denn auch er kann Ihnen so nahestehen wie ein Angehöriger.

Gott allein weiß, was DesiRae und ich für unsere vier Kinder empfinden. Mit Worten kann man das nicht beschreiben. Dabei erleben wir etwas, das uns wirklich Angst macht: Die größten Geschenke, die Gott uns macht, sind auch die größten Prüfungen, die er uns auferlegt.

Je schöner etwas ist, desto leichter kann es für uns zum Götzen werden. Je mehr ich befürchte, es zu verlieren, desto wahrscheinlicher wird es, dass ich es in gewisser Weise anbete. Wenn Gott uns ein Kind anvertraut, macht er uns damit ein wunderbares Geschenk und sagt: „Ich möchte, dass ihr dieses Kind habt. Ich habe es eigens für euch erschaffen. Aber könnt ihr es auch lieben, ohne es anzubeten? Könnt ihr diesem Geschenk den richtigen Stellenwert zuordnen? Könnt ihr euer Kind so lieben, dass ihr darüber eine noch tiefere Liebe für den empfindet, der euch dieses Geschenk gemacht hat?"

Ich habe meine Frau eigentlich gar nicht verdient. Gott hat

sie extra für mich geschaffen – und deshalb muss ich mich in Acht nehmen, dass ich darüber nicht vergesse, einzig und allein Gott anzubeten. Ich vermute, dass es in Ihrem Leben auch einen Menschen oder eine Sache gibt, die Ihnen ähnlich wichtig ist – und dieses Geschenk ist Ihr Prüfstein.

Abraham war reich, doch in dieser Hinsicht stellte Gott ihn nicht auf die Probe. Reichtum, Erfolg, Ehe – für Abraham waren das keine „unordentlichen Neigungen". Wenn es überhaupt etwas gab, das Abraham davon abbringen konnte, seinen Blick auf den Herrn zu richten, dann war das sein Sohn.

In Vers 3 lesen wir, dass Abraham früh am nächsten Morgen aufbricht und sich auf den Weg zu dem Ort macht, an den Gott ihn sendet. Falls er innerlich einen Kampf auszufechten hat, dauert der jedenfalls nicht sehr lange. Er steht mit den Hühnern auf, sattelt sein Maultier und bereitet sich innerlich vor. Je länger er die Abreise hinauszögert, das weiß er wohl, umso schwerer wird es ihm fallen, Gott zu gehorchen.

Stellen Sie sich einmal vor, wie Abraham schweigend mit seinem Sohn und einigen Knechten auf den Berg Morija zugeht. Die Reise dauert ein paar Tage, und Abraham muss das Gefühl gehabt haben, dass er sich auf einer Beerdigungsprozession befindet. Natürlich weiß keiner der anderen, was ihn dort erwartet. Sie fragen sich nur, warum Abraham nicht so fröhlich wirkt wie sonst.

Schließlich erblicken sie in der Ferne den Berg Morija und Abraham erklärt seinen Knechten: „Der Junge und ich gehen auf den Berg, um Gott anzubeten; wir sind bald wieder zurück" (1. Mose 22,5).

Er weist die Knechte an zurückzubleiben, während er mit seinem Jungen auf den Berg steigen will, um Gott anzubeten. Achten Sie auf dieses Wort – *anbeten*. Das ist ein wichtiger Punkt. Denn dass diese Formulierung hier vorkommt, sagt uns alles über Abraham. Gott ist ihm wichtiger als alles andere; er entscheidet sich bewusst dafür, ihn anzubeten.

Noch ein anderes Wort fällt uns ins Auge: *wir*. „Der Junge und ich gehen auf den Berg, um Gott anzubeten; *wir* sind bald wieder zurück", meint Abraham. Aber wie genau wollen „wir" denn zurückkommen? Eigentlich hätte er doch sagen müssen: „Wir gehen auf den Berg, um Gott anzubeten, ich bin bald wieder zurück", oder? Im Neuen Testament lesen wir von Abrahams Glauben. Er ist davon überzeugt, dass Gott seinen Sohn von den Toten auferwecken kann. Ja, er vertraut Gott immer noch voll und ganz. Schließlich hat Gott ihm versprochen, dass er durch seinen Sohn zum Stammvater eines ganzen Volks werden wird.

In der Bibel heißt es weiter: „‚Vater?', fragte Isaak. ‚Ja, mein Sohn.' ‚Feuer und Holz haben wir – aber wo ist das Lamm für das Opfer?' ‚Gott wird schon dafür sorgen, mein Sohn!'" (Verse 7–8).

Und so gehen sie weiter, bis sie schließlich den Ort erreichen, den Gott Abraham genannt hat. Abraham errichtet den Altar, schichtet das Holz auf, und dann können wir uns nur fragen, was in ihm vorgegangen sein mag, als er seinen Sohn fesselt und auf den Altar legt, wo eigentlich das Opfertier hingehört. Von Abrahams Empfindungen sagt die Bibel nichts, sondern sie berichtet nur von seinem Gehorsam.

Er greift nach dem Messer. Es ist der letzte und schwerste Augenblick seiner Prüfung, doch Abraham zögert nicht, bis eine Stimme aus dem Himmel ertönt: „Leg das Messer beiseite, und tu dem Jungen nichts! Jetzt weiß ich, dass du Gott gehorsam bist – du bist sogar bereit, deinen geliebten Sohn für mich zu opfern!" (Vers 12).

Ist Isaak für seinen Vater eine „unordentliche Neigung", wie Augustinus das ja nennt? Nein. Im ersten Gebot heißt es, dass wir keine anderen Götter neben Gott haben sollen, das zweite verbietet uns, Götzenbilder zu machen. Nicht einmal in der Gestalt eines geliebten Kindes.

WEN LIEBE ICH?

2007 führte die *Barna Group* eine Umfrage unter mehr als eintausend Personen durch. Sie sollten angeben, welche Beziehung ihnen am wichtigsten sei. Das Ergebnis: Sieben von zehn Erwachsenen bedeuteten ihre Verwandten und ihre Familie mehr als Gott. Weitere Ergebnisse:

- Einer von dreien gab an, dass der unmittelbare Familienkreis (Vater, Mutter, Kinder) für ihn wichtiger sei als Gott.
- 22 Prozent gaben an, dass die wichtigste Beziehung in ihrem Leben die zu ihrem Ehepartner sei.
- 17 Prozent räumten ihren Kindern die Spitzenposition ein.
- 3 Prozent entschieden sich für ihre Eltern.
- Nur 2 Prozent gaben einen Freund oder eine Freundin an.
- 19 Prozent erklärten, die wichtigste Beziehung für sie sei die zu Gott, Jesus Christus, der Dreieinigkeit oder Allah. Am ehesten wurde diese Angabe von Menschen über vierzig gemacht.[*]

[*] Jennifer Riley: „Study: God Relationship Not Most Important to Americans", in: *Christian Post, 17.* März 2008, www.christianpost.com/news/study-god-relationship-not-most-important-to-americans-31548 (aufgerufen am 25. September 2013).

Abraham besteht diese Prüfung. Er hat sein Leben ganz in Gottes Hand gelegt, und das versetzt ihn in die Lage, seinen Sohn so zu lieben, wie Gott es sich gedacht hat. Er wird seinen Sohn nicht weniger lieben, weil er ihm fast genommen worden wäre. Im Gegenteil. Wir können sicher sein, dass Isaak ihm noch wertvoller wurde.

Niemals hat Gott Menschenopfer als Ausdruck unserer Verehrung gefordert, und das wird er auch niemals tun. Trotzdem frage ich mich, wie Sie oder ich bei dieser Prüfung abgeschnitten hätten. Ich frage mich, wie tief unsere Liebe und Hingabe zu Gott sind. Wenn Sie sich zwischen der Gabe und dem Geber entscheiden müssten – wofür würden Sie sich dann entscheiden?

Unordentliche Neigungen

Während ich an diesem Kapitel arbeitete, sprach ich zufällig mit einer jungen Mutter, die mir genau zuhörte, als ich ihr erzählte, worum es hier geht. Sie nahm sich Zeit, um darüber nachzudenken, und meinte schließlich, dass ihr ihre Kinder zu Götzen geworden seien. Ich hakte nach, wie sie zu dieser Schlussfolgerung gekommen sei. Daraufhin erklärte sie mir, dass die Kinder für sie gar nicht an allererster Stelle stünden. Das Problem lag vielmehr darin, dass sie in gewisser Hinsicht die Fäden in der Hand hielten. Was die Kinder taten, entschied letztlich darüber, wie sie sich fühlte. Wenn die Kinder sich gut benahmen und keine Wutanfälle bekamen, war es für sie ein guter Tag. Andernfalls war der Tag für sie gelaufen. Wenn es den Kindern gut ging, ging es ihr auch gut. Wenn die Kinder schlechte Laune hatten, hatte sie auch schlechte Laune.

Ihre Kinder hatten es in der Hand, ob sie selbst innerlich ruhig war oder verärgert, enttäuscht oder fröhlich. Sie begriff, dass sie die Kontrolle darüber ausübten, wer sie war und zu welchem Menschen sie im Lauf der Zeit werden würde. Genau das tut auch ein Götze: Er erschafft uns neu nach seinem Bild.

In 2. Petrus 2, Vers 19 bringt Petrus das treffend auf den Punkt: „Denn von wem ich mich überwältigen lasse, dessen Gefangener werde ich."

Diese Frau wollte sich jedoch ausschließlich von der Liebe Christi motivieren lassen, nicht von den wechselnden Stimmungen anderer Menschen.

Leben auch Sie in einer solchen Beziehung? In Amerika gibt es eine Redewendung: „Wenn Mama nicht glücklich ist, ist keiner glücklich." Vielleicht ist da etwas Wahres dran, doch wenn ein Familienmitglied dauerhaft über unsere Gefühlslage und unsere Gedanken bestimmt, kann das darauf hinweisen, dass Gott durch etwas anderes ersetzt wurde. In einem anderen Kapitel haben wir darüber nachgedacht, wie wir damit beginnen, etwas, das nicht Gott ist, göttliche Eigenschaften zuzuschreiben: Wir suchen dann an den falschen Orten Zufriedenheit, Bedeutung und sogar Rettung. Doch Gott ist ein leidenschaftlich liebender Gott und er erwartet auch von uns ungeteilte Liebe. Er will uns all das schenken, und er ist auch der Einzige, der das kann.

Wenn uns die Geschichte von Abraham und Isaak verstört, dann auch das, was Jesus bei einer Gelegenheit sagt. Über diesen Abschnitt wird ebenfalls nur selten gepredigt. Jesus sagt dort zu einer Menschenmenge: „Wenn jemand zu mir kommt und hasst nicht seinen Vater, Mutter, Frau, Kinder, Brüder, Schwestern und dazu sich selbst, der kann nicht mein Jünger sein" (Lukas 14,26; Luther).

Das ist ein gutes Beispiel für einen Vers, den man nicht aus dem Zusammenhang reißen darf. Aus dem Gesamtzusammenhang der Bibel wissen wir, dass wir unsere Angehörigen lieben sollen. Eines der Gebote trägt uns ausdrücklich auf, dass wir unsere Eltern ehren sollen, und wir wissen, dass Jesus dem Gesetz Gottes niemals widersprechen würde. Wenn wir also ein wenig tiefer graben, entdecken wir, dass in der jüdischen Kultur mit „hassen" ein weniger ausgeprägtes Maß an Liebe gemeint war. Die Übersetzung *Hoffnung für alle* bringt das gut auf den Punkt: „Wenn einer mit mir gehen will, so muss ich für ihn wichtiger sein als seine Eltern, seine Frau, seine Kinder, seine Geschwister, ja wichtiger als das eigene Leben."

Wir reden hier also nicht darüber, dass man seine Familie nicht lieben darf, sondern darüber, dass die Liebe zu Gott im Mittelpunkt stehen soll. Das findet seinen Ausdruck darin, dass wir Gott anbeten. Diesen Platz im Mittelpunkt, den Thron Ihres Lebens, teilt Gott mit niemandem – nicht mit Ihrem Ehepartner, nicht mit Ihren Kindern und auch nicht mit Ihren Freunden. Sie dürfen sich keinen Götzen machen, welcher Art auch immer.

Was geschieht, wenn irgendetwas den Platz in unserem Herz einnimmt, der eigentlich Gott gebührt? Damit tun wir uns offensichtlich selbst weh. Unsere Bekannte, deren Kinder es in der Hand hatten, wie sie sich gerade fühlte, ist dafür ein Beispiel, ebenso wie die Frau in C. S. Lewis' Geschichte, die sich selbst aus dem Himmel ausschloss, weil ihr Sohn für sie zum Götzen geworden war.

Doch wir verletzen auch andere Menschen. Wenn eine Beziehung den Platz in unserem Leben einnimmt, der Gott zukommt, wird sie letzten Endes dadurch zerstört. Oder um es positiv zu sagen: Wenn wir Gott am meisten lieben, können wir auch andere Menschen am besten lieben. Ich möchte Ihnen anhand einiger Beispiele zeigen, was geschieht, wenn wir einen anderen Menschen auf den Thron unseres Herzens setzen.

Unrealistischer Druck

Dieses Thema haben wir im vergangenen Kapitel bereits kurz angerissen, doch ich möchte noch einmal darauf zurückkommen. Haben Sie mal darüber nachgedacht, wie sehr Sie jemanden unter Druck setzen, wenn Sie von ihm erwarten, dass er Ihr Gott wird?

Die Wendungen „Er betet sie förmlich an" oder „Er liebt sie abgöttisch" kommen nicht von ungefähr. So handelt ein Ehemann, der seine Frau auf ein Podest hebt. Sie ist sein Ein und Alles, und wenn sie gute Laune hat, geht es ihm auch gut. Doch bald wird sie beginnen, die Last der Verantwortung zu spüren, ihn bei Laune zu halten.

Eine verliebte Frau, die ihren Mann rückhaltlos bewundert, mag das Gefühl haben, doch nur das Beste für ihre Ehe zu tun. Doch wenn sie die Grenze überschreitet und aus echter Liebe eine „unordentliche Neigung" und vielleicht sogar Götzendienst wird, belastet sie die Ehe damit. Er darf niemals einen schlechten Tag haben. Wenn sie sich etwas von ihm wünscht, er diesem Wunsch aber nicht nachkommt, hat sie das Gefühl, dass etwas mit ihrer Ehe nicht stimmt. Vielleicht macht sie dann irgendwann sogar den Schritt vom Götzendienst zum Ehebruch.

Wir sagen einem Menschen: „Ich lege mein Glück in deine Hände." Niemand, der noch ganz bei Sinnen ist, wäre mit so einem Arrangement glücklich, denn so etwas darf man niemandem zumuten. Kein Mensch kann so etwas leisten. Nur Gott.

Überzogene Erwartungen

Kinder leiden oft darunter, Erwartungen erfüllen zu müssen, obwohl die Messlatte viel zu hoch ist. Denken Sie zum Beispiel an ehrgeizige Eltern, die ihre Kinder zu sportlichen oder schulischen Höchstleistungen anstacheln. Manche Eltern vergleichen ihre Kinder ständig mit den Kindern ihrer Freunde. Oder sie betrachten ihre Kinder in gewisser Weise als Stellvertreter und fühlen sich selbst wertvoller, wenn ihre Kinder etwas leisten.

Ein Kind spürt das. Vielleicht handelt es sich um ein aufgewecktes Mädchen, das ein Stipendium an einer Eliteuniversität bekommen könnte. Andauernd erinnern ihre Eltern sie: „Gute Noten reichen nicht. Du musst die *Beste* sein. Engagierst du dich auch in genügend Gruppen und Organisationen? Das macht sich immer gut, wenn du zu dieser Uni zugelassen werden willst." Und die Tochter denkt sich: *Es würde mir gar nichts ausmachen, mal eine Zwei zu kriegen. Aber meine Eltern würde es umbringen; mein Zeugnis ist ihr Lebensinhalt.*

In letzter Zeit ist der Begriff der „Helikopter-Eltern" aufgekommen, die so bezeichnet werden, weil sie unaufhörlich über ihren Kindern „schweben". „Mein ganzes Leben dreht sich um die Kinder", versichern sie lächelnd und setzen voraus, dass das etwas *Gutes* ist. Dabei kann es ihre Kinder sogar davon abhalten, ein gesundes und normales Leben zu führen. Sie können schließlich nicht alle Bundeskanzler werden.

Wer als Seelsorger tätig ist, hat oft mit Menschen zu tun, die in ihrer Kindheit und Jugend das Gefühl hatten, sie könnten ihre Eltern niemals zufriedenstellen. Was immer sie auch leisteten, es war nie genug. Und noch heute tun sie alles, damit ihr Vater und ihre Mutter endlich einmal stolz auf sie sind. Der Druck, den sie vonseiten ihrer Eltern zu spüren bekommen, weil sie ihren Erwartungen gerecht werden müssen, führt zu lebenslanger Unsicherheit. Ständig, so hat man den Eindruck, wollen sie im Alleingang ein Tor schießen oder ein Einserzeugnis nach Hause bringen. Wer seinen Selbstwert und seine Identität nur über sein Kind findet, macht dieses Kind zu seinem Götzen. Und damit verlangt man eine ganze Menge von ihm, selbst wenn es sich um einen erstklassigen Schüler oder Studenten handelt.

Unberechtigte Enttäuschung
Ein Freund von mir las als Junge gerne Comics. Darin gab es Werbeanzeigen, in denen so erstaunliche Dinge wie Röntgenbrillen oder Thors Hammer angeboten wurden, alles für nur einen oder zwei Dollar. Ganz besonders faszinierte ihn jedoch

ein Set von einhundert Spielzeugsoldaten, die in einer schweren Truhe geliefert werden sollten. Die Abbildung in der Anzeige ließ ihn vor Ehrfurcht erstarren: eine mächtige Truhe mit Bronzebeschlägen und schweren Vorhängeschlössern, die aussah, als hätte man sie auf einer Expedition durch ganz Südamerika geschleppt, bis zum Rand gefüllt mit Spielzeugsoldaten in allen erdenklichen Kampfhaltungen. Er sparte die zwei Dollar zusammen und schickte die Bestellung los.

Die sechs Wochen Wartezeit für Bearbeitung und Versand zogen sich unglaublich in die Länge. Er konnte schon vor sich sehen, wie zwei oder drei Träger an der Haustür klingelten und unter dem Gewicht dieser unglaublichen Truhe ächzten.

Dann kam mit der Post eine winzige Schachtel aus Pappe, etwa fünf mal zehn Zentimeter groß. Darin fanden sich ameisengroße Spielzeugsoldaten aus papierdünnem Plastik, die alle gleich aussahen. Wenn man sie nur schief ansah, fielen sie schon von allein auseinander.

Auch wenn er noch ein Kind war, wusste er, dass es unvernünftig war zu erwarten, dass man für zwei Dollar so ein tolles Spielzeug bekam wie das, von dem er geträumt hatte. Und er vermutete stark, dass man auch mit der Röntgenbrille nicht durch irgendwelche Gegenstände hindurchsehen konnte.

Manchmal fällt es uns leichter zu verstehen, dass Dinge wie Geld oder Vergnügungen uns im Grunde keine Zufriedenheit schenken können. Aber mit der Familie ist das doch etwas anderes, oder? Gott selbst hat sie uns geschenkt und sie ist das Fundament unserer Gesellschaft. Also neigen wir zu dem Glauben, dass wir uns den Himmel auf die Erde holen können, wenn nur mit der Familie alles stimmt.

Doch die tiefste Freude finden wir nur in einer einzigen Quelle. So wunderbar Ehe und Elternschaft auch sind: Wir müssen uns bewusst sein, dass sie niemals vollkommen sind und uns letzten Endes keine bleibende Zufriedenheit schenken können. Wenn wir von einer Beziehung erwarten, dass sie das leistet, werden wir unweigerlich enttäuscht sein, wenn das Päckchen ankommt.

Unverdiente Kritik

Als ich vor einiger Zeit mit dem Auto unterwegs war, ging mir das Benzin aus. Ich hatte gewusst, dass der Tank fast leer war, fuhr aber trotzdem weiter, weil ich dachte, dass der Preis ein wenig sinken würde, wenn ich noch ein bisschen wartete. Vielleicht würde ich sogar eine fantastische Tankstelle finden, die in einer Zeitschleife steckte und noch die Preise von 1995 verlangte. Nichts von alledem geschah und irgendwann ging der Motor aus. Ich stieg aus und machte mich zu Fuß auf den Weg.

Ich ärgerte mich. Ärgerte mich über mein Auto. Schlug die Tür zu, damit es auch ja mitbekäme, wie ich mich fühlte. Ich trat gegen die Reifen, um meiner Enttäuschung Luft zu machen. Wie konnte mir mein Auto so etwas antun? Ich weiß, dass das lächerlich war, aber wir alle haben so unsere irrationalen Momente. Es ist völlig unsinnig, von einem Auto etwas zu erwarten, für das es nicht gebaut wurde. Es ist genauso unsinnig, wie sich über einen Menschen zu ärgern, weil er uns weder Lebensglück noch Zufriedenheit schenken kann, denn das liegt nicht in seiner Macht. Ich kann mein Auto nicht dafür kritisieren, dass es nicht auch ohne Benzin fährt. Dafür wurde es einfach nicht gebaut.

Wenn ich andere Menschen unaufhörlich dafür kritisiere, dass *ich* mich innerlich leer fühle, mache ich ihnen das Leben schwer, weil ich etwas von ihnen verlange, wofür sie nicht geschaffen wurden. Sie können mir Liebe und Freude schenken, doch wirklich tiefe Zufriedenheit kann nur von Gott kommen. Unser Familienleben und die Beziehungen, in denen wir leben, sind oft von Kritik geprägt, weil wir uns davon etwas erhoffen, das nur Gott uns geben kann. Daher müssen sie notwendigerweise an dieser Aufgabe scheitern.

Unfaire Vergleiche

Noch eine letzte Konsequenz der „unordentlichen Neigungen": Wir beginnen unfaire Vergleiche anzustellen. Der eine denkt sich: *Ich führe keine glückliche Ehe, mein Freund schon. Also ist meine Frau dran schuld. Ich bin wohl mit der falschen Frau verheiratet.*

Und dann fängt er an, seine Frau mit anderen Frauen zu vergleichen, immer aus seiner Frustration heraus und immer auf unfaire Art und Weise. Unfair ist dieser Vergleich natürlich schon deshalb, weil der Mann auf Frauen schielt, die möglicherweise in einer ganz anderen Situation sind, und das mit dem Hintergedanken, sie könnten seine innere Leere vielleicht ausfüllen.

Wenn wir unsere ganze Hoffnung auf die Familie setzen, begehen wir all diese Fehler und verletzen letzten Endes die Menschen, die uns nahestehen, weil wir sie zu Götzen erheben. Das ist ein furchtbarer Fehler, der beim Ehepartner oder Kind zu Groll, Verbitterung und negativen Emotionen führt.

Denken Sie einmal darüber nach: Was wäre denn, wenn Menschen, die uns nahestehen, wirklich alle unsere Hoffnungen erfüllen würden? Was wäre, wenn die Tochter sich als Mathe-Genie entpuppen würde? Wenn die Frau ihrem Mann jeden Wunsch von den Augen ablesen würde? Würde sich damit wirklich etwas ändern?

Nein, denn wir sind von Anfang an von völlig falschen Voraussetzungen ausgegangen: *Wenn nur endlich X eintrifft, bin ich voll und ganz zufrieden.* Diesen Gedanken, der im Mittelpunkt des Götzendienstes steht, können wir niemals ganz überwinden. Wenn die Tochter lauter Einser in Mathe nach Hause bringen würde, wären die Eltern immer noch nicht zufrieden. Sie würden ein anderes Gebiet finden, auf dem die Tochter noch nicht perfekt ist, ihr neue Ziele setzen und sie wieder zu Höchstleistungen anspornen. Wenn X erst einmal eingetroffen ist, wird es durch Y ersetzt.

Auf dem Altar

Wir können nicht erwarten, dass Dinge oder Menschen die innere Leere füllen, die allein Gott füllen kann. In welchem Licht sollten wir dann unsere familiären Beziehungen betrachten? Sollten wir unsere Angehörigen weniger lieben? Natürlich nicht. Aber wir sollten sie *anders* lieben.

Was können Sie also tun? Sollten Sie jetzt zu Ihrem Ehepartner sagen: „Du bist nicht länger das Wichtigste für mich?" Versuchen Sie doch mal, Ihrem Mann oder Ihrer Frau das ins Ohr zu flüstern, und warten Sie ab, was passiert. Den romantischen Abend können Sie vermutlich abhaken. Doch genau darin liegt eine gewisse Ironie: Wenn wir diese Beziehungen aus dem Mittelpunkt herausrücken und Jesus den Platz einräumen, der ihm zukommt, ist das das Liebevollste, was wir für die Beziehungen in unserem Leben tun können. Meiner Familie kann ich keine größere Liebe erweisen, als mich auf Jesus auszurichten. Denn das führt zu den liebevollsten Beziehungen innerhalb der Familie, die man sich überhaupt vorstellen kann. Vielleicht sollten wir sagen: „Ich liebe dich viel zu sehr, um dich zum Mittelpunkt meines Lebens zu machen."

Wenn Jesus wirklich mein Herr ist, kann ich meinen Platz als Ehemann, Vater und Freund am besten ausfüllen, denn dann kann ich Gottes Segen für diese Beziehungen mit offenen Händen empfangen. Ich bete dafür und wünsche mir, dass ich meine Familie genug liebe, um sie Gott auf dem Altar darzubringen, mit allem anderen, was ich habe und bin. Mit anderen Worten: Ich möchte im Geiste das tun, was Abraham im wörtlichen Sinn tat.

O ja: Es gibt noch einen Nachtrag zur Geschichte von Abraham. Daran wird die Poesie und Symmetrie der Geschichtsschreibung deutlich, wenn man sie aus der Perspektive Gottes sieht.

Abraham lebte in Beerscheba, einer kleinen Oase in der Wüste. Gott schickte ihn auf eine dreitägige Reise zum Berg Morija. Eine ganz schön weite Strecke also. Was steckte dahinter? Nach diesen Ereignissen verstrichen eintausend Jahre. In 2. Samuel 24, Verse 21 bis 25 erfahren wir, dass David, der König Israels, ein kleines Stück Land kaufte, um dort einen Altar zu errichten und Gott anzubeten. Genau an dieser Stelle hätte Abraham fast seinen Sohn geopfert. Und auf diesem Grundstück sollte Salomo später den großen Tempel von Jerusalem errichten (nachzulesen in 2. Chronik 3).

Weitere tausend Jahre gingen ins Land. Und wieder brachte ein Vater seinen Sohn zum Opfer dar. Dieses Mal ging es nicht um eine Prüfung. „Gott hat seinen eigenen Sohn nicht verschont, sondern ihn für uns alle dem Tod ausgeliefert. Sollte er uns da noch etwas vorenthalten?" (Römer 8,32).

Wozu Gott Abraham aufgefordert hatte, was er aber letzten Endes nicht zuließ, war er nun bereit, selbst auf sich zu nehmen – aus Liebe zu Ihnen und mir. Er hatte die Wahl. Auf der einen Seite sein geliebter Sohn, sündlos und vollkommen. Auf der anderen Seite Sie und ich, verstrickt in die Sünde, die uns unwürdig macht, seinen Segen zu empfangen. Nur durch ein Opfer konnte er uns mit sich versöhnen. Und so sehr hat Gott die Welt geliebt, dass er seinen einzigen Sohn hingab.

Sie sind aufgerufen, sich für Gott zu entscheiden und ihn anzubeten statt irgendeinen Götzen, doch das eine sollen Sie wissen: Er hat sich bereits für Sie entschieden.

GÖTZEN-CHECK

Welcher Mensch oder welche Menschen sind Ihnen auf dieser Welt am wichtigsten?
Über diese Frage brauchen Sie sich nicht mit anderen auszutauschen. Denken Sie einfach im Stillen darüber nach und reden Sie mit Gott darüber: Wen lieben Sie so sehr, dass Sie Ihr Leben für ihn geben würden?

Bei Verheirateten ist das in der Regel der Ehepartner, bei Eltern sind das fast immer die Kinder. Und das ist auch gut so, denn das ist ein Zeichen unserer tiefen Liebe.

Nehmen Sie sich einen Augenblick Zeit, um die Opfer, die Sie für den betreffenden Menschen auf sich nehmen würden, mit den Opfern zu vergleichen, die Sie gebracht haben, um Jesus Christus nachzufolgen. Haben Sie schon einmal aus Hingabe zu Christus etwas geopfert?

Gibt es Beziehungen in Ihrem Leben, die beeinflussen, ob Sie fröhlich oder traurig sind, gute oder schlechte Laune haben?
In welchem Ausmaß beeinflusst dieser Mensch, beeinflussen diese Menschen Ihre Stimmung?

Inwieweit bauen Sie Ihr Leben um diese Beziehung herum?

Es lohnt sich, das einmal mit den Gefühlen zu vergleichen, die Sie in der Beziehung zu Gott erleben. Letzteres kann durchaus auch eine stillere und besinnlichere Erfahrung sein. Können Sie trotzdem sagen, dass Sie dort ähnlich tiefe Gefühle verspüren wie im Hinblick auf Ihre Familie? Ja, ich weiß, das ist eine schwere Frage.

Die Beziehungen, in denen unser Gefühlsleben am lebendigsten und tiefsten ist, weisen darauf hin, wer oder was die Kontrolle über uns ausübt.

Können Sie in Ihren familiären Beziehungen Zeichen von „unordentlichen Neigungen" entdecken? Inwiefern würde sich das ändern, wenn Sie Gott in den Mittelpunkt Ihres Lebens rücken?
Schauen Sie sich die Symptome der „unordentlichen Neigungen" an, über die ich am Ende des letzten Kapitels gesprochen habe. Entdecken Sie etwas davon in Ihrer Beziehung zu Ihrer eigenen Familie wieder?

Stellen Sie sich vor, Sie würden Gott mit voller Hingabe anbeten und Jesus Christus kompromisslos nachfolgen. Und nun stellen Sie sich vor, dass Sie Ihre Familie und auch sich selbst mit Ihrem ganzen Sein auf dem Altar darbringen. Sie sagen Gott: „Ich bekomme es nicht allein hin. Dich bete ich an, dich allein, und ich vertraue darauf, dass du mich zu dem Vater/der Mutter/dem Ehepartner/dem Kind machst, das du im Sinn hattest, als du mich erschaffen hast. Ich liebe diese Menschen von ganzem Herzen, aber sie sollen nicht mehr mein Lebensinhalt sein. Nur du schenkst meinem Leben Sinn. Hilf mir, der Mensch zu werden, der ich sein soll, damit du diese Beziehungen segnen kannst. Mögen diese wunderbaren Gaben bewirken, dass ich dir immer mehr gehöre."

ENTSCHEIDUNG FÜR JESUS
JESUS, MEIN ALLES

Götzen besiegt man nicht, indem man sie entfernt, sondern indem man sie durch etwas anderes ersetzt.

Der Gott der Familie malte uns ein wunderbares Bild vor Augen. Es zeigte eine Familie, die sich beim Weihnachtsfest um den Tisch versammelt hatte. Alle schauten hungrig auf die gebratene Gans. Eltern, Kinder und Großeltern hatten sich versammelt, und man sah sofort, dass Liebe und Eintracht herrschten.

Wer würde sich von einer solchen Szene nicht anrühren lassen? So etwas wünschen wir uns doch alle. Der Gott der Familie trieb vielleicht das falscheste Spiel von allen, denn er wirkte so ehrbar und korrekt. Was er uns schmackhaft machen wollte, gehört ohnehin zu den besten Gaben Gottes. Doch der Götze bot uns eine verdrehte und verzerrte Fassung dieses Geschenks an.

Er bot nämlich keine Familie an, sondern einen Kokon, einen Ort, an dem wir den Rest der Welt ausschließen. Er bot uns enge Beziehungen an, in denen jeder für jemand anderen den Götzen spielen muss. Er nannte es Liebe, doch rückblickend sah es mehr nach Verzweiflung aus. Wir liebten unsere Kinder, bis wir sie mit unserer Liebe erdrückten. Wir erwarteten, ja, forderten viel von unseren Ehen, bis wir sie dadurch belasteten.

Jesus zeigte uns, wie Familie eigentlich gedacht war. Er half uns zu verstehen, dass sich in den Beziehungen zu Hause die Beziehung zwischen ihm und uns widerspiegelt. Christi Liebe lehrt uns, wie wir einander lieben sollen. Wir sagten: „Die Familie ist mein Ein und Alles", doch erst als Jesus unser Ein und Alles wurde, entdeckten wir, was die Familie wirklich sein kann.

KAPITEL 13
DER GOTT DES EGOS

Vor einiger Zeit las ich in einem Blog von einem 1964 veröffentlichten Buch mit dem Titel *The Three Christs of Ypsilanti* („Die drei Christusse von Ypsilanti"). Es beruhte auf einer von Dr. Milton Rokeach durchgeführten psychiatrischen Fallstudie.

Rokeach behandelte drei Patienten in einer psychiatrischen Klinik in Ypsilanti, Michigan. Ihre Namen waren Leon, Clyde und Joseph, und sie litten unter Größenwahn, einer recht weitverbreiteten psychischen Störung. Diese drei Männer glaubten nun alle, sie seien Jesus Christus. Haben Sie schon einmal vom „Messiaskomplex" gehört? Bei diesen dreien ging es noch einen Schritt weiter. Der Arzt gab sein Bestes, sie mit der Realität zu konfrontieren, doch es erwies sich als schwierig, zu ihnen durchzudringen. In seinem Buch erzählte er davon, wie er versuchte, die Männer davon zu überzeugen, dass keiner von ihnen der Mensch gewordene Gott war.

Er ließ die drei Männer einige Jahre zusammenleben. Sie nahmen alle Mahlzeiten gemeinsam ein. Sie teilten sich ein Zimmer. Jeden Nachmittag besuchten sie zusammen eine Therapiesitzung. Dr. Rokeach hoffte, sie würden in die Realität zurückfinden, wenn sie den ganzen Tag mit Personen zusammen waren, die sich ebenfalls für Gott hielten. Sein Ansatz führte zu einigen interessanten Gesprächen.

Einer der Männer erwähnte beispielsweise: „Ich bin der Messias, der Sohn Gottes. Ich wurde auf die Erde gesandt, um die Menschheit zu erlösen."

„Woher wissen Sie das?", hakte Rokeach nach.

„Von Gott persönlich", antwortete der Patient unweigerlich.

Doch dann warf einer der anderen sofort ein: „Ich habe dir nie so etwas gesagt!" Und wenn sich noch der Dritte in das

Gespräch einmischte, brach das Chaos aus. Auf dem Höhepunkt der hitzigen Diskussion ging jeder der „Christusse" einfach davon aus, dass er der echte sei und die beiden anderen lediglich Patienten einer Nervenklinik.

Leider schaffte Rokeach es nicht, die Männer davon zu überzeugen, dass sie nicht Gott waren. Sie waren gefangen in ihrer auf den Kopf gestellten Realitätswahrnehmung, hielten sich selbst für den Mittelpunkt des Universums und meinten, die Welt drehe sich um sie.

Die erste und wichtigste Grundlage unserer Realität ist die: Es gibt einen Gott und dieser Gott bin nicht ich. Wenn das erst einmal feststeht, müssen wir unsere Entscheidung treffen. Die folgenden Möglichkeiten stehen zur Wahl:

Ich weiß, dass Gott, der Herr, der Herr der ganzen Schöpfung, existiert.

Ich weiß auch, dass der Gott des Egos existiert, der ebenfalls Anspruch auf den Thron erhebt.

Wem will ich dienen?

Ich bin ein fehlerhafter Mensch und verspüre die Neigung, mich selbst anzubeten. Ich höre, wie mir jemand die Lüge ins Ohr flüstert, die schon Adam und Eva zu hören bekamen: „Wenn ihr davon esst, werden eure Augen geöffnet – ihr werdet sein wie Gott und wissen, was Gut und Böse ist" (1. Mose 3,5). Mit andere Worten: „Warum denn dienen? Ihr könnt doch herrschen! Ihr habt das Zeug dazu, euer eigener Gott zu sein." Jeder Tag ist ein Gang in den Garten Eden und an jedem Tag wartet die Schlange auf uns. An jedem Tag muss ich von Neuem die Entscheidung treffen: Will ich Gott anbeten und meinen wahren Platz im Universum finden, die Stellung, die er mir zugedacht hat? Oder will ich mich selbst anbeten und zu dem Schluss kommen, dass ich auf mich allein gestellt ein besseres Leben führen kann, als es sich der Schöpfer allen Lebens für mich ausgedacht hat?

Es ist kein Zufall, dass ich mir den Götzen des Egos, den

Ich-Gott, bis zuletzt aufgehoben habe. Im Laufe Ihres Lebens werden Ihnen die Götzen, über die wir bislang gesprochen haben, immer wieder einmal über den Weg laufen. Doch mit diesem Götzen bekommen Sie es jeden Tag zu tun, sogar viele Male am Tag.

Wie man den Ich-Götzen erkennt

An bestimmten Symptomen kann ich erkennen, dass der Gott des Egos versucht, sich auf den Thron meines Lebens zu drängen.

Eines davon ist *Arroganz*. Ich habe immer recht. So wie ich es mache, ist es am besten. Der Ich-Götze hört nicht auf den guten Rat anderer Menschen.

Beim letzten Weihnachtsfest packten wir die Geschenke im Haus meiner Schwiegereltern aus. Ich versuchte, ein Spielzeug für eines der Kinder auf dem Fußboden im Wohnzimmer zusammenzubauen, während mein Schwiegervater im bequemen Sessel saß und sich eine Jagdsendung im Fernsehen anschaute – eine Sendung, die mir die Botschaft vermittelte: „Mein Schwiegersohn wird niemals ein richtiger Mann sein, weil er weder auf Tiere schießt noch irgendetwas zusammenbaut." Ich weiß nicht, woran er sich mehr ergötzte: an der Fernsehsendung oder an meinem Versuch, das Spielzeug zusammenzusetzen. Ich spürte, wie ich immer mehr unter Druck geriet, als ich versuchte, eine Schraube hineinzudrehen. Irgendwie wollte sie nicht fassen. Mein Schwiegervater meinte: „Ich glaube, die hat ein Linksgewinde." Ich verstand das so, dass man die Schraube andersherum drehen musste. Allerdings war ich der Meinung, er hätte das gerade erfunden, um mich vor den anwesenden männlichen Verwandten lächerlich zu machen. So leicht ließ ich mich nicht ins Bockshorn jagen. Ich wusste doch genau, dass man eine Schraube rechts herum dreht, um sie festzuziehen, und links herum, um sie zu lösen. Also drehte ich sie rechts herum, in der Gewissheit, dass es so etwas wie Schrauben mit Linksgewinde gar nicht gibt, denn ich war zu stolz, um auf den Rat meines Schwiegervaters zu hören.* Deswegen möchte ich Ihnen eine Frage stellen. Wann haben Sie zum letzten Mal gesagt: „Da lag ich falsch", „Du hast recht", „Ich hätte auf dich hören sollen" oder: „Deine Idee gefällt mir besser"? Auch wenn wir es selbst nicht merken, legen wir vielleicht manchmal eine Spur von Arroganz an den Tag.

Ein weiteres Symptom, das auftreten kann, wenn ich den Götzen des Ich anbete, ist *Unsicherheit*. Denn dieser Götze macht sich andauernd Gedanken darüber, was die anderen wohl über ihn denken, und er gerät in Panik, wenn er etwas versucht und scheitert. Unter solchen Umständen wird man unweigerlich unsicher, denn wenn ich mein eigener Gott bin, dreht sich alles nur um mich.

Und dann verspürt man auch ständig das Bedürfnis, sich zu *verteidigen*. Haben Sie schon einmal erlebt, dass Sie einen Gegenvorschlag oder einen Anflug von Kritik als persönlichen Angriff wahrgenommen haben? Nun ja, wenn man sein eigener Gott ist, ist man vollkommen, und niemand anders darf sich herausnehmen, mich zu kritisieren.

Der Gott des Ichs macht einen Menschen *einsam*, weil er so seine Probleme mit Gleichrangigen hat, und mit Autorität erst recht. Er braucht Jasager um sich herum, die ihn unaufhörlich bestätigen.

Hören Sie einmal auf das, was Gott dazu sagt: „Du bist hochmütig und behauptest voller Stolz: ‚Ich bin Gott und wohne wie ein Gott auf meiner Insel mitten im Meer!' Doch auch wenn du dich selbst für einen Gott hältst, bist du nur ein

---

* Mein Lektor meint, ich solle noch erzählen, wie die Geschichte ausgegangen ist. Aber wenn ich keine Lust dazu habe, mache ich das einfach nicht.

Mensch!" (Hesekiel 28,2). Der Gott des Ich ist der hartnäckigste Götze überhaupt.

Götzen auf dem Kriegspfad? Im Grunde geht es um den Kampf zwischen mir und Gott, um Fleisch gegen Geist. Alle anderen Götzen entthronen Gott und setzen mein Ego an seine Stelle.

ES GEHT UM MICH

Eine vor Kurzem veröffentlichte Studie von fünf Psychologen deutet darauf hin, dass die Studenten von heute in größerem Maße ich-zentriert sind als früher.

Zwischen 1986 und 2006 beteiligten sich 16 475 Studenten am *Narcissistic Personality Inventory* (NPI). Diesen Persönlichkeitstest gibt es schon seit einigen Jahrzehnten. Der Begriff „Narzissmus" wird allgemein gebraucht, um Selbstsucht, Dünkel und eine egozentrische Persönlichkeit zu beschreiben, vor allem im Hinblick auf soziale Interaktion.

Die Befragten müssen Aussagen wie die folgenden auf einer Skala bewerten: „Wenn ich die Weltherrschaft hätte, ginge es uns allen besser", „Ich halte mich für einen besonderen Menschen" oder „Ich kann so leben, wie ich es für richtig halte".

In den letzten Jahren ist die Zustimmung zu solchen Aussagen sprunghaft angestiegen. Der Leiter der Studie, Professor Jean Twenge von der *San Diego State University*, glaubt, dass unseren Kindern in den letzten Jahren im Übermaß vermittelt wurde, dass sie etwas ganz Besonderes seien, während wir ihnen hätten zeigen sollen, dass sie auch für andere Verantwortung übernehmen sollen.

Die Studie deutet darauf hin, dass Narzissten „eher kurzlebige Liebesbeziehungen pflegen, mit größerer Wahrscheinlichkeit zur Untreue neigen, emotionale Wärme vermissen lassen, mit anderen Menschen ihre Spielchen treiben, unehrlich sind und dazu neigen, über andere Menschen Kontrolle auszuüben und gewalttätig zu werden". Außerdem betrügen Menschen, die bei diesem Persönlichkeitstest eine hohe Punktzahl erreichen, auch eher in Prüfungen. Die Wissenschaftler vertreten die Auffassung, dass die gezielten Anstrengungen zur Steigerung des Selbstwertgefühls, die in den Achtzigerjahren ihren Anfang nahmen, viel mit dieser Entwicklung zu tun haben.[*]

[*] David Crary: „Study: College Students More Narcissistic", in: *Associated Press*, 17. Februar 2007.

Rissige Zisternen

Wir kommen nicht um die Schlussfolgerung herum: Wenn ich den Gott des Ich anbete, tu ich mir damit keinen Gefallen. Dieser Götze kann in vielerlei Gestalt auftreten, doch keine einzige davon schenkt mir wirklich Zufriedenheit. Die Bibel zeigt mit einem Vergleich auf, was geschieht, wenn ich mich selbst auf den Thron meines Lebens setze.

Im Alten Testament spricht Gott durch Jeremia und erhebt Klage gegen sein Volk: „Darum muss ich euch weiterhin anklagen, euch und sogar noch eure Enkel! ... Mein Volk aber hat seinen herrlichen Gott mit einem Götzen vertauscht, der ihm nicht helfen kann! Entsetzt euch darüber, ihr Himmel, zittert vor Schreck und Empörung! Denn mein Volk hat eine doppelte Sünde begangen: Erst haben sie mich verlassen, die Quelle mit frischem Wasser, und dann haben sie sich rissige Zisternen ausgehauen, die das Wasser nicht halten" (Jeremia 2,9.11–13). Zwei Vergehen hält Gott dem Volk vor: Sie haben ihn zurückgewiesen und sich wertlosen Götzen zugewandt. Wenn wir uns selbst auf den Thron setzen, statt Gott diesen Platz einzuräumen, ist das, als würden wir darauf beharren, rissige Zisternen zu graben und daraus zu trinken, obwohl gleich daneben eine Quelle mit frischem Wasser sprudelt.

Als Jeremia lebte, gehörten Zisternen in Israel zum Alltag. Archäologen haben Tausende ausgegraben. Die Hälfte des Jahres regnete es kaum, und deshalb grub man sich damals Zisternen und befestigte sie mit Steinen und Mörtel, damit das Wasser nicht versickerte. Doch immer wieder entstanden Risse, sodass man Wasser verlor. Und selbst wenn sie nicht kaputtgingen, schmeckte das Wasser abgestanden, und oft konnte man den Bedarf damit nicht decken.

Den Menschen muss Jeremias Vergleich damals lächerlich vorgekommen sein. Niemand hätte Wasser aus einer Zisterne geschöpft, wenn es gleich daneben eine Quelle mit kristallklarem Wasser gab. Doch genau damit wird der Götzenkult als lächerlich entlarvt. Wir entscheiden uns für eine rissige Zisterne mit abgestandenem Wasser statt für die Quelle mit frischem Wasser. Wir halten Ausschau nach irgendjemandem oder irgendetwas, das für uns das leisten soll, was uns Gott schenken möchte.

Statt bei Gott Trost zu suchen, wenden wir uns gutem Essen oder stumpfsinnigen Unterhaltungssendungen zu.

Statt bei Gott unseren Wert und unsere Bedeutung zu finden, wenden wir uns unserer Karriere und unseren Leistungen zu.

Statt bei Gott Schutz und Sicherheit zu finden, wenden wir uns dem Geld und unseren Investitionen zu.

Statt bei Gott nach Freude zu suchen, wenden wir uns unserem Ehepartner und unseren Kindern zu.

Statt bei Gott Hoffnung zu suchen, wenden wir uns den Politikern und unserer Gesetzgebung zu. Statt bei Gott Wahrheit zu suchen, wenden wir uns der herrschenden Meinung und dem akademischen Konsens zu. Alle diese Dinge, bei denen wir Hilfe und Unterstützung brauchen, sind an sich nicht verwerflich. Gott gebraucht sie sogar, um seinen liebevollen Plan für uns umzusetzen, doch die Frage bleibt: Haben wir uns den rissigen Zisternen zugewandt statt dem lebendigen Wasser? Ist unsere Hoffnung wasserdicht?

Eine neue Hoffnung

Einmal hüteten wir in den Sommerferien das Haus von Freunden. Es war entsetzlich heiß, und wir waren begeistert, dass wir ihren Swimmingpool im Garten hinter dem Haus benutzen konnten.

Am zweiten Morgen weckte mich meine Frau und meinte, dass der Wasserstand im Pool ein wenig niedrig sei. Sie fragte sich, ob da nicht vielleicht ein kleines Leck wäre. Ich ging hinaus, um nachzusehen. Es war eindeutig, dass irgendwo Wasser herausleckte. Mit der Schwimmbrille meines Sohns auf dem Kopf sprang ich in den Pool. Das Gummi schnürte mir das Blut ab, und ich wusste, dass ich das Leck schnell finden musste. Schon bald entdeckte ich es; es war nicht größer als ein Bleistiftspitzer.

Also machte ich mich zu einem Fachgeschäft in der Nähe auf und bat sie um Rat. Sie verkauften mir einen Flicken und erklärten mir, wie ich ihn anbringen sollte. Das klang nicht allzu schwer. Wieder zu Hause angekommen, folgte ich den Anweisungen ganz genau. Ich strich den Hochleistungskleber auf den Flicken, setzte mir die Schwimmbrille auf und tauchte in den Pool, um den Flicken anzubringen. Als ich ihn gegen die Wand drückte, sah ich voller Schrecken, dass sich das kleine Loch bis zur Größe eines Basketballs ausweitete. Sechzigtausend Liter Wasser strömten in Sekundenschnelle hindurch, sodass ich fast mit hinausgesogen wurde. Ich kämpfte mich gegen die Strömung nach oben und kletterte hinaus. Panisch schnappte ich mir einige Handtücher und versuchte, sie von außen in das Loch zu stopfen. Doch das Loch wurde immer größer. Schließlich gelangte ich zu der Erkenntnis, dass ich nichts dagegen tun konnte. Hilflos stand ich mit meiner Schwimmbrille da und musste tatenlos zusehen, wie das Wasser in den Garten floss. Dann kamen meine Kinder heraus und sahen erschrocken und gleichzeitig enttäuscht dem Spektakel zu. Meinem Jüngsten traten die Tränen in die Augen. Eine meiner Töchter schaute mich an und sprach das aus, was mir im Kopf herumging: „Ist das gerade wirklich passiert?"

Viele von uns haben wahrscheinlich schon einmal so etwas erlebt – metaphorisch gesprochen. Das ist der unausweichliche Augenblick der Wahrheit, wenn man den Götzen des Ich in all seinen Erscheinungsformen anbetet. Das Wasser sprudelt heraus, und obwohl man verzweifelt versucht, die Wassermassen aufzuhalten, kann man nichts dagegen unternehmen.

So ergeht es manchen Menschen mit ihrer Ehe. Sie waren verliebt und glaubten, sie würden glücklich und zufrieden bis an ihr seliges Ende leben. Sie setzten all ihre Hoffnung auf ihren Ehepartner. Doch dann brachten sie einen Flicken nach dem anderen an der gemeinsamen Beziehung an, aber dennoch war die Ehe nicht mehr zu kitten.

So ergeht es manchen Menschen mit ihren Kindern. Sie setzten große Hoffnungen auf sie, hegten viele Träume. Sie gaben ihr Bestes und investierten viel in sie. Und nun geraten sie in Panik, weil sie sehen, welche Entscheidungen die Kinder treffen und wo das alles hinführen wird. Wie konnte das nur geschehen?

So ergeht es manchen Menschen mit ihren Finanzen. Sie hatten sich schon auf den Urlaub oder auf die Rente gefreut. Doch nun müssen sie hilflos zusehen, wie ihre Ersparnisse und Investitionen an Wert verlieren, und damit schwimmt ihnen auch die Hoffnung davon.

In diesem Augenblick bemerkt man, dass die Dinge, auf die man seine Hoffnungen gesetzt hat, nicht „wasserdicht" sind. Panisch und hilflos muss man den Ereignissen zusehen und kann nichts dagegen unternehmen.

Bruce Medes schrieb einmal über eine Frau namens Tammy Kramer, die Verwaltungschefin einer ambulanten Aidsklinik in Los Angeles war. Eines Tages kam ein Patient herein, um sich seine tägliche Dosis Medikamente verabreichen zu lassen. Schweigend saß er auf seinem Hocker und wartete auf den Arzt. Dieser kam nach einiger Zeit. Er war neu in der Klinik und sah den Patienten zum ersten Mal. Nachdem er ihm die Medikamente gegeben hatte, meinte er: „Sie wissen doch, dass Sie nicht mehr lange zu leben haben, oder? Höchstens noch ein Jahr." Tammy Kramer erzählt, dass dieser Patient auf dem Weg nach draußen an ihrem Tresen vorbeikam und sie den Schmerz in seinem Gesicht sehen konnte. Mit zusammengebissenen Zähnen meinte er: „Der Arzt hat mir gerade meine ganze Hoffnung genommen!"

Tammy Kramer entgegnete: „Ja, das hat er vermutlich. Ich vermute, es ist an der Zeit, sich eine andere Hoffnung zu suchen."

Der Gott des Ich in all seinen Erscheinungsformen lässt uns immer enttäuscht und desillusioniert im Regen stehen. Daher stellt sich uns die Frage: Gibt es noch eine andere Hoffnung? Im Brief an die Gemeinde in Rom erzählt Paulus immer wieder von einer Hoffnung, die niemals enttäuscht.

Gott sehnt sich danach, dass Sie von seinem lebendigen Wasser trinken. Jeremia erklärt er, dass der Himmel voller Schrecken zusieht, wenn Menschen, die zu Gott gehören, aus den widerlichen Zisternen trinken und das frische, lebendige Wasser links liegen lassen. Er stellt seinen Kindern reines und Leben spendendes Wasser zur Verfügung und sie lehnen es ab.

Stellen Sie es sich einmal so vor: Sie gehen mit Ihrer Tochter in ein gutes Restaurant und bestellen ein Rinderfilet für sie – das erste ihres Lebens. Das Fleisch brutzelt noch, als die Serviererin es an den Tisch bringt. Es ist perfekt zubereitet. Als Vater oder Mutter müssen Sie einfach lächeln, wenn Sie daran denken, wie Ihr Kind gleich einen Happen abschneidet und probiert. Doch nun stellen Sie sich einmal vor, Ihre Tochter greift in die Hosentasche und zieht mit verschwitzten Fingern eine bereits ausgepackte Minisalami hervor, die schon halb aufgegessen ist. Einige Stellen sind verschimmelt und Flusen aus der Hosentasche haften zu allem Überfluss auch noch daran. Direkt vor ihr steht ein perfekt zubereitetes Steak und sie kaut auf ihrer alten Minisalami herum. Wie würden Sie reagieren? Sie würden sich aufregen. Sie haben für das Steak bezahlt. Sie lieben Ihre Tochter. Sie möchten, dass sie von dem guten Essen probiert, das Sie für sie bestellt haben. Sie wären frustriert und traurig zugleich. So fühlt sich auch Gott, wenn er sieht, dass seine Kinder das abgestandene Zisternenwasser bevorzugen und sein frisches Wasser ablehnen.

Lebendiges Wasser

Lebendiges Wasser – so bezeichnet sich Jesus bei einer Gelegenheit selbst (nachzulesen in Johannes 4). Aus der Bibel erfahren wir, dass Jesus durch Samarien reisen muss. Doch wenn man einen Blick auf die Landkarte wirft, stellt man fest, dass das eigentlich nicht ganz korrekt ist. Er *muss* keineswegs durch Samarien ziehen. Man kann natürlich auch einen Umweg machen. Und die meisten Juden tun damals, was immer notwendig ist, um keinen Fuß auf samaritanisches Gebiet zu setzen. Juden wie Samaritaner hegten viele Vorurteile übereinander. Doch Johannes sagt, dass Jesus durch Samarien reisen *muss*.

Dort lebt eine Frau, die verzweifelt nach etwas sucht, auf das sie ihre Hoffnung setzen kann, doch immer wieder hat sie hilflos zusehen müssen, wie das ganze Wasser herausfließt. Jedes Mal endet ihre Suche mit einer Enttäuschung. Als Jesus durch Samarien zieht, stößt er auf einen Brunnen. Ein Brunnen unterscheidet sich grundlegend von einer Zisterne. Aus einer Zisterne kann man das aufgefangene Regenwasser schöpfen, aus einem Brunnen Grundwasser. Doch wie bei einer Zisterne muss man sich auch bei einem Brunnen anstrengen, um das Wasser heraufzuholen. Und wie Zisternen trocknen Brunnen manchmal aus oder liefern nur abgestandenes Wasser.

Jesus erreicht diesen Brunnen um die Mittagszeit. Es ist heiß und Jesus ist nach der langen Wanderung zweifellos erschöpft. Er setzt sich nieder, um am Brunnen zu rasten. Gegen seinen Durst kann er kaum etwas ausrichten, denn der Brunnen ist vermutlich dreißig Meter tief, und er hat nichts dabei, um Wasser daraus zu schöpfen. Seine Jünger hat er losgeschickt, um im nahe gelegenen Dorf etwas zu essen zu kaufen. Er selbst bleibt zurück, weil er weiß, dass bald diese Frau auftauchen wird.

Als sie am Brunnen ankommt, bittet Jesus sie: „Kannst du mir etwas zu trinken geben?" Sie schaut sich Jesus etwas genauer an und fragt zurück: „Du bist doch ein Jude. Warum sprichst du überhaupt mit mir?" Und Jesus entgegnet: „Wenn du wüsstest, wer ich bin, würdest du mich um Wasser bitten" (nachzulesen in Johannes 4,7–10).

Ich vermute ja, die Frau glaubt, dass dieser Mann einen Sonnenstich hat. Sie weist Jesus darauf hin, dass er ja noch nicht einmal einen Eimer dabeihat, mit dem er Wasser schöpfen könnte. Jesus erklärt ihr, dass sie wieder durstig werden wird, wenn sie von diesem Wasser trinkt. Er aber kann ihr etwas anbieten, nach dem sie nie wieder durstig werden wird. Die Frau geht wahrscheinlich davon aus, dass Jesus ein besonderes Trinkwasser hat, mit dem er ihren körperlichen Durst stillen kann. Sie hat nichts zu verlieren und bittet diesen seltsamen Fremden darum, von diesem magischen Wasser kosten zu dürfen.

Jesus fordert sie auf, nach Hause zu gehen, ihren Mann zu holen und dann wiederzukommen. Sie erklärt ihm, dass sie keinen Mann hat. Darauf entgegnet Jesus mit einem leisen Lächeln: „Das stimmt. Du hast fünf Männer gehabt, und mit dem Mann, mit dem du jetzt zusammenlebst, bist du nicht verheiratet."

Sie merkt, dass er eine Art Prophet ist, und versucht sofort, von sich abzulenken, indem sie das Thema wechselt: Sie stellt ihm eine theologische Frage. Jesus antwortet auch, doch sie versteht immer noch nicht. Deshalb sagt sie: „Ja, ich weiß, dass einmal der Messias kommen soll, der auch Christus genannt wird. Er wird uns schon alles erklären" (Vers 25).

Darauf erwidert Jesus einfach: „Du sprichst mit ihm. Ich bin der Messias" (Vers 26). Das ist die einzige Bibelstelle, in der Jesus freiwillig seine Identität preisgibt. Stellen Sie sich einmal vor, wie das auf die Frau gewirkt haben muss. Ihre Suche ist nun zu Ende. Fünf Männer – das sind fünf verschiedene Brunnen und jeder davon leckte. Keiner davon war völlig wasserdicht. Doch als Jesus ihr enthüllt, wer er ist, weiß sie im tiefsten Inneren, dass sie sich die ganze Zeit nach ihm gesehnt hat.

Ihren Namen erfahren wir nicht. Doch ich glaube, ich bin ihr vor nicht allzu langer Zeit in der Gemeinde begegnet. Ich besuchte eine Frau, die mir erzählte, wie schwierig ihr Leben in den letzten Jahren gewesen war. Nach siebzehn Jahren Ehe hatte sich ihr Mann von ihr scheiden lassen. Dadurch hatte sie alles verloren und saß nun ohne Geld da. Bislang hatte sie sich immer körperlich fit gehalten, zwei Jahre zuvor war sie sogar einen Marathon gelaufen. Doch in letzter Zeit plagte sie eine schmerzhafte Arthritis. So viel hatte sie verloren. Doch als wir uns miteinander unterhielten, horchte ich auf. Sie klang gar nicht so verzweifelt.

Stattdessen erzählte sie mir, dass sie mitten in der Krise Jesus entdeckt hatte, etwas, das sie vorher überhaupt nicht für möglich gehalten hätte. Zahllose Stunden hatte sie bislang damit verbracht, Zisternen zu graben. Sie baute an der Zisterne ihrer Ehe, an der Zisterne des Gelds, an der Zisterne ihrer Gesundheit und Fitness. Überall hoffte sie ein wenig Zufriedenheit zu finden. Keine einzige dieser Zisternen erwies sich als wasserdicht. Und schließlich, als sie schon das Gefühl hatte, verdursten zu müssen, drehte sie sich um und fand unmittelbar neben sich eine Quelle lebendigen Wassers. Sie erklärte es mir mit den folgenden Worten: „Erst als Jesus alles war, was ich hatte, begriff ich, dass ich mich die ganze Zeit nach ihm gesehnt hatte."

Was Jesus dieser Frau sagt, sagt er auch mir und Ihnen: „Wer aber von dem Wasser trinkt, das ich ihm gebe, der wird nie wieder Durst bekommen. Dieses Wasser wird in ihm zu einer Quelle, die bis ins ewige Leben hinein fließt" (Johannes 4,14).

Wonach dürsten Sie? Fühlen Sie sich gestresst und erschöpft und sehnen sich nach Frieden? Sind Sie einsam und sehnen sich nach Liebe? Sind Sie angeödet vom Leben und wollen herausfinden, welchen Sinn und Zweck es wirklich hat? Sehnen Sie sich nach Annahme? Nach Bestätigung? „Jemand" zu sein? Oder dürsten Sie einfach nach mehr? Der Gott des Ich fordert uns erbarmungslos auf, allen diesen Dingen nachzujagen. Doch hinterher sind wir durstiger als jemals zuvor.

Jesus aber lädt uns ein: „Trinke von mir und du wirst niemals wieder Durst haben."

ANMERKUNGEN

1 Tim Challies: *The Next Story: Life and Faith after the Digital Explosion* (Grand Rapids: Zondervan, 2011), S. 184.

2 Erwin Lutzer: *Managing Your Emotions* (Wheaton, IL: Victor Books, 1988), S. 109.

3 Michael Jordan und Mark Vancil: *Driven from Within* (New York: Atria, 2005), S. 110.

4 Paul Copan: *Is God a Moral Monster? Making Sense of the Old Testament God* (Grand Rapids: Baker Books, 2011), S. 35.

5 Paul Thompson: „,My Body Is Only for My Husband': U. S. Christian Model Kylie Bisutti Quit Victoria's Secret Because It Clashed with Her Faith", in: *Daily Mail*, 8. Februar 2012, www.dailymail.co.uk/femail/article-2097793/ Kylie-Bisutti-quit-Victorias-Secret-clashed-Christian-faith. html (aufgerufen am 25. September 2013).

6 Edward F. Murphy: *Handbook for Spiritual Warfare* (Nashville: Thomas Nelson, 1996), S. 239.

7 *Nelson's New Illustrated Bible Dictionary*, hrsg. von Ronald F. Youngblood, F. F. Bruce und R. K. Harrison (Nashville: Thomas Nelson, 1995).

8 Gordon J. Wenham: *Genesis 1–15* (Waco, TX: Word, 1987), S. 226.

9 „Transcript: Tom Brady, Part 3", in: CBS *News, 60 Minutes*, 11. Februar 2009, www.cbsnews.com/2100–18 560_162– 1015 331.html (aufgerufen am 25. September 2013).

10 Derek Abma: „Men Think of Sex Only 19 Times a Day, Report Finds", in: *Vancouver Sun*, November 2011, S. 30.

11 M. Scott Vance: *The Chronicle of Higher Education*, zitiert in: *Christianity Today* 29, Nr. 18 (1. Dezember 1997).

12 „The Impact of Video Gaming and Facebook Addiction", in: *Anti Essays*, www.antiessays.com/free-essays/130731. html (aufgerufen am 25. September 2013).

[13] Martin Lindstrom: *Brandwashed* (New York: Crown Business, 2011), S. 71–73.

[14] Winifred Gallagher: *New: Understanding Our Need for Novelty and Change* (New York: Penguin, 2011), S. 126.

[15] Robert J. Morgan, *Nelson's Complete Book of Stories, Illustrations, and Quotes* (Nashville: Thomas Nelson, 2000), S. 545.

[16] C. S. Lewis: *Pardon, ich bin Christ* (Basel: Brunnen Verlag, 1977²), S. 109.

[17] Aiden Wilson Tozer: *The Best of A. W. Tozer Book One* (Camp Hill, PA: WingSpread, 2007), S. 128.

[18] D. R. W. Wood und I. Howard Marshall: *New Bible Dictionary* (Leicester: Downers Grove, IL: InterVarsity, 1996), S. 143.

[19] Mark Twain: *Mark Twain at Your Fingertips: A Book of Quotations,* zusammengestellt und herausgegeben von Caroline Thomas Harnsberger (Mineola, NY: Dover, 2009), S. 525.

[20] http://www.princeton.edu/main/news/archive/ S15/15/09S18/ (aufgerufen am 25. September 2013).

[21] Billy Graham: *So wie ich bin* (Gießen: Brunnen Verlag, 2001), S. 460.

[22] Thomas J. DeLong: „Why Chronic Comparing Spells Career Poison", in: CNN*Money*, 20. Juni 2011, http://management.fortune.cnn.com/2011/06/20/why-chronic-comparing-spells-career-poison/ (aufgerufen am 25. September 2013).

[23] „Staying Alive, a Leadership Journal Forum", in: *Leadership 23*, Nr. 3, Sommer 2002.

[24] Tony Campolo: *Who Switched the Price Tags?* (Nashville: Thomas Nelson, 2008), S. 26 f.

[25] Patrick T. Reardon: „Lessons in Lust: Following Their Passion, Romance Novelists Go to School to Learn How to Write Hot, Sexy, and Spicy", in: *Chicago Tribune*, 2. August 1999. Der deutsche Cora Verlag ist ein Tochterverlag

der *Harlequin Enterprises und verkauft im Jahr etwa 15 Millionen Liebesromane.*

26 Siehe C. S. Lewis: *The Allegory of Love: A Study in Medieval Tradition* (Oxford, England: Clarendon, 1936).

27 C. S. Lewis: *Die große Scheidung* (Gießen: Brunnen Verlag 1998).

Verlagsgruppe Random House FSC®N001967
Das für dieses Buch verwendete FSC®-zertifizierte Papier
Enso Classic 95 liefert Stora Enso, Finnland.

1. Auflage 2014
Bestell-Nr. 816926
ISBN 978-3-86591-926-7

Umschlaggestaltung: Daniel Eschner
Umschlagfoto:
Bearbeitung: Nicole Schol
Satz: Greiner & Reichel GmbH, Köln
Druck und Verarbeitung: GGP Media GmbH, Pößneck
Nachdruck, auch auszugsweise, nur mit Genehmigung des Verlages.